365

recetas

para el
alma

DR. BERNIE S. SIEGEL

365

recetas
para el
alma

---※---

Valiosos mensajes motivadores de esperanza
y amor para cada día del año

EDICIONES OBELISCO

Si este libro le ha interesado y desea que le mantengamos informado
de nuestras publicaciones, escríbanos indicándonos qué temas son de su interés (Astrología,
Autoayuda, Ciencias Ocultas, Artes Marciales, Naturismo, Espiritualidad, Tradición...) y gustosamente
le complaceremos.

Puede consultar nuestro catálogo en www.edicionesobelisco.com.

Colección Espiritualidad, Metafísica y Vida interior
365 RECETAS PARA EL ALMA
Bernie S. Siegel

1.ª edición: noviembre de 2011

Título original: *365 Prescriptions for the Soul*

Traducción: *Antonio Cutanda*
Maquetación: *Marga Benavides*
Corrección: *Sara Moreno*
Diseño de cubierta: *Enrique Iborra*

© 2004, Bernie S. Siegel
(Reservados todos los derechos)
© 2011, Ediciones Obelisco, S. L.
(Reservados los derechos para la presente edición)

Edita: Ediciones Obelisco, S. L.
Pere IV, 78 (Edif. Pedro IV) 3.ª planta, 5.ª puerta
08005 Barcelona - España
Tel. 93 309 85 25 - Fax 93 309 85 23
E-mail: info@edicionesobelisco.com

Paracas, 59 - Buenos Aires
C1275AFA República Argentina
Tel. (541 - 14) 305 06 33
Fax: (541 - 14) 304 78 20

ISBN: 978-84-9777-787-2
Depósito Legal: B-26.858-2011

Printed in Spain

Impreso en España en los talleres gráficos de Romanyà/Valls S. A.
Verdaguer, 1 - 08786 Capellades (Barcelona)

AGRADECIMIENTO MUY ESPECIAL

*Quiero darle las gracias a Dios.
Pero me gustaría extender también
este agradecimiento tan especial
a Andrea Hurst y sus colegas
por su paciencia y su ayuda.*

DEDICO ESTE LIBRO

*a mis maestros y compañeros del alma en esta vida
y en mis vidas pasadas. Estoy convencido
de que seguirán iluminándome en vidas futuras
hasta que consiga hacer las cosas bien:
a mis padres, Rose y Simon Siegel;
a mi esposa, Barbara (Bobbie) Siegel;
a nuestros hijos, Jonathan, Jeffrey, Stephen,
Carolyn y Keith;
a sus parejas, Judy, Marcia, Roy y Jane;
a nuestros nietos, Charles, Samuel, Gabriel,
Elijah, Simone, Jarrod, Patrick y Jason.
Benditos seáis todos por lo que hacéis por mí,
y ojalá esté yo algún día a la altura de lo que merecéis
como hijo, marido y padre.*

El deseo y la intención son las más dinámicas de nuestras facultades; y funcionan. Son las verdaderas exploradoras del infinito, los instrumentos de nuestro ascenso hasta Dios. La razón llega hasta los pies de la montaña, pero es la laboriosa voluntad, alentada por un corazón apasionado, la que trepa por sus laderas.

EVELYN UNDERHILL

Introducción

He escrito *365 recetas para el alma* con el fin de proporcionarle al lector una guía diaria y recursos para atravesar las aguas turbulentas y los desafíos de la vida. Este libro es la acumulación de las experiencias de mi vida y de los conocimientos que he podido recoger con el estudio de las palabras de los sabios. Las ideas más importantes las he obtenido en mi trabajo con pacientes a los que se les había diagnosticado una enfermedad discapacitadora o que suponía un grave riesgo para su vida. La sabiduría de estas personas y sus enseñanzas cambiaron profundamente mi existencia, y espero que hagan lo mismo contigo.

Las recetas contenidas en este libro son pequeñas dosis de sabiduría que se ofrecen de un modo accesible y que se adecúan fácilmente a nuestras ocupadas vidas. Cada entrada diaria te dirige de forma serena, amorosa y consciente a través de los retos que te plantea la vida, preparándote para cualquier obstáculo que pueda aparecer en el camino. En nuestra actual sociedad mecanizada y tecnológica recibimos muchísima información, pero rara vez se nos educa de verdad. Absorbemos una enorme cantidad de información de los distintos medios de comunicación (televisión, radio, periódicos e Internet), pero ¿acaso esta información nos prepara o nos inspira verdaderamente? Todo el mundo se enfrenta a obstáculos en la vida, y todas aquellas personas que consiguieron superarlos aprendieron algo en el proceso. Todavía puedo escuchar a mi padre diciéndome que una de las mejores cosas que le habían sucedido en la vida fue el hecho de que su padre muriera cuando aún tenía doce años. Aquello le mostró lo que de verdad es importante en la vida, y le enseñó a ser amable con los demás. En ocasiones, necesitamos un desastre para que nos despertemos y nos demos cuenta de las bendiciones de las que disfrutamos.

Ernest Hemingway dijo, «El mundo nos quiebra a todos, y después algunos se hacen fuertes en los puntos de fractura». Como médico, puedo decirte que Hemingway tenía razón, al menos en lo referente a las fracturas de hueso. Pero, ¿para qué esperar a quebrarse o desmoronarse para aprender esta verdad en nuestra vida espiritual y emocional? ¿Por qué no adquirir las herramientas y los conocimientos que nos impidan quebrarnos en una situación difícil, haciéndonos lo suficientemente fuertes como para enfrentarnos a la vida?

Con demasiada frecuencia, necesitamos enfrentarnos al hecho de nuestra propia mortalidad para descubrir lo valioso que es el escaso tiempo del que disponemos en la tierra. Muchas son las personas que creen que el tiempo es oro. Pero el tiempo no es oro; el tiempo lo es todo. Porque, en definitiva, la vida no trata de otra cosa que del modo en que empleamos nuestro tiempo. Si empleamos nuestro tiempo prestando atención a la sabiduría de nuestro corazón, en lugar de a la sabiduría de la cabeza, obtendremos enormes beneficios.

Así pues, ¿por qué no seguir estas «prescripciones del médico»? Mi prescripción para ti es que utilices este libro como parte de tu ritual cotidiano. Tómate tiempo para leer lo que te sugiero cada día, y reflexiona sobre el significado que eso tiene para ti. Permítele que marque la diferencia en tu vida diaria, y deja que sane tu vida y la vida de aquellas personas con las que estás en contacto. Ojalá este libro te dirija hacia un lugar donde tu corazón encuentre al fin la verdadera paz.

Las prescripciones del médico

El símbolo Rx significa «Dispensar tal como se prescribe».[1] En ocasiones, una receta puede ser muy útil, pero la mera información no lleva

---

1   El símbolo Rx, que se utiliza desde muy antiguo para identificar las recetas, tiene su origen en el antiguo Egipto, y al parecer guarda relación con el signo del Ojo de Horus. (N. del T.)

a cambio alguno, a menos que se combine con cierta dosis de inspiración.

Nadie cumplimentará una receta ni podrá recibir ayuda de ella a menos que opte por *seguir sus indicaciones.* Las recetas que te pido que cumplimentes están diseñadas para darte un bienestar total. Proceden de la experiencia y de la sabiduría duramente aprendida bajo el fragor de las dificultades de la vida. Te ayudarán a cultivar el amor, la estima y la valoración de ti mismo, así como a sanar las heridas del pasado, y tengo la esperanza de que te ayudarán a encontrar un verdadero significado en tu vida.

Si estás padeciendo un gran dolor o una enfermedad aguda, quizás optes por un «Q4HPRN», que significa «cada cuatro horas, según las circunstancias».[2] Puedes probar también diferentes prescripciones hasta encontrar lo que mejor te funciona a ti. Por otra parte, ten la tranquilidad de que no vas a tener una sobredosis en tiempos difíciles, y que tampoco vas a tener efectos secundarios adversos. Sin embargo, en un estado estacionario, estable, sugiero el uso de la Rx «TID» o «QID»,[3] que significa tres o cuatro veces al día, para que puedas restablecerte y darle a tu cuerpo un mensaje «vivo» a lo largo del día y cuando te vayas a dormir.

Te sentirás mejor y dormirás mejor si sigues estas prescripciones y las utilizas regularmente.

Paz,
BERNIE S. SIEGEL, *doctor en Medicina*

---

2   Q4H es un acrónimo de la expresión latina *quaque quarta hora,* que se traduciría por «cada cuatro horas». Por otra parte PRN es otro acrónimo procedente del latín, *pro re nata,* que vendría a traducirse por «ocasionalmente», «según las circunstancias» o «según las necesidades». *(N. del T.)*
3   *Ter in die* y *quater in die. (N. del T.)*

RECETA 1

SOULUCIONES[4]

Cuando el alma recurre a todas sus potencias interiores, y cuando el cuerpo recurre a todos sus sentidos externos y los une para el alma, el Espíritu Santo se acerca e insufla paz y quietud en esta unión.
PADRE ANDREW LEONARD
WINCZEWSKI, O. S. B.[5]

¿QUÉ ES UNA *SOULUCIÓN*? En primer lugar, permíteme que defina *solución*. Una solución es algo que procede de nuestro intelecto. Es un intento de resolver un problema o dilema averiguando qué es lo que se puede hacer ante una circunstancia problemática. Procede de la mente, y se basa en el pensamiento.

Por otra parte, una *soul*ución te ayuda a resolver tus problemas adoptando una perspectiva más amplia. Te habla a través de los sentimientos, los sueños y las visiones, y no sólo a través de palabras. Una soulución lleva a la acción correcta, y resuelve verdaderamente los conflictos y las dificultades de un modo tal que se genera una sensación de paz más profunda.

Soulución del día

Acepta la sabiduría de tu alma. Escucha lo que tiene que decir, observa los sueños y las visiones que crea, y responde a tus sentimientos más conmovedores. Lee y presta especial atención a las Souluciones que se ofrecen en este libro.

---

4 *Soulutions* en el original inglés. El autor ha hecho un juego de palabras con *soul*, «alma», y *solutions*, «soluciones». He optado por traducirlo de este modo por no hacerlo con una frase, lo cual impediría la explicación posterior del autor, y basándome en el conocimiento de esta palabra del inglés entre un buen número de hispanohablantes (ej. «música soul»). *(N. del T.)*
5 Iniciales de Orden de San Benito, es decir, «monje benedictino». *(N. del T.)*

DESPACIO

*La vida no se limita a un incremento
de velocidad.*
MOHANDAS GANDHI

MI ESPOSA ME DICE que vaya más despacio, pero todos mis años de formación médica me han enseñado a hacer las cosas rápido con el fin de estar preparado ante una emergencia. Y, aunque no me resulta fácil caminar más despacio y no engullir la comida, ¡sigo intentándolo!

El otro día, un policía me hizo señales con la mano para que aminorara la velocidad al pasar junto a unas obras, y aquello me hizo pensar en el mensaje de mi mujer.

Luego, pocos días después, al salir de mi despacho y encaminarme hacia mi automóvil, escuché a una mujer decir, «¡Más despacio!». Y eso hice. Y cuando aminoré mi marcha, escuché a otra mujer que se echaba a reír. Me volví para ver qué era lo que resultaba tan divertido, y entonces constaté que el motivo de las risas era *yo*. La mujer me dijo que la persona que había dicho «Más despacio» era la madre de un niño pequeño que había echado a correr hacia el aparcamiento al salir del edificio. Yo le contesté: «Ahora ya sabe lo que mi esposa y mi madre me vienen diciendo desde hace años. De modo que sigo las órdenes en cuanto oigo la voz de una mujer que dice "¡Más despacio!"».

A veces, el Creador actúa de maneras muy misteriosas. Si el mismo mensaje te llega desde múltiples y diferentes direcciones, ¡hazle caso!

Soulución del día

*Como dice el poeta sufí Rumi, «Tus críticas pulen mi espejo».
Cuando escuchamos las mismas indicaciones o sugerencias
una y otra vez, puede que las sintamos como críticas; pero, si
te detienes a escucharlas, quizás te ayuden a ir más despacio y
a aspirar la fragancia de las rosas.*

LA MAYOR DE LAS VERDADES

El amor no tiene otro deseo
que el de realizarse.
KHALIL GIBRAN

LA MAYOR DE LAS VERDADES que conozco acerca de la vida es que el amor es la respuesta. Si me planteas que cuál es la pregunta, te diré que es toda pregunta que puedas formular. El amor es siempre la respuesta a toda pregunta y todo problema. Estamos aquí para amar y ser amados, y para aprender unas cuantas cosas durante el proceso.

Jamás podré estar equivocado cuando opto por amar. El amor me recompensa al aportarle significado a mi vida. Cuando opto por amar, sé que estaré siempre en el lugar adecuado y en el momento adecuado. El amor le da a mi vida el orden y la armonía que traen la paz.

Todo cuanto le pido a la vida es que me dé la oportunidad de amar, y ruego para ser capaz de hacerlo, a pesar de mis imperfecciones. Mis días están consagrados a conducirme como si fuera el amante que quiero ser, y sé que algún día me convertiré en quien aspiro a ser. Hasta ese día, aquellos que me rodean siguen agradeciéndome mis intentos.

Soulución del día

Sea cual sea tu problema, la solución es el amor.

RECETA 4

ACEPTACIÓN

Dios, concédeme la serenidad necesaria para aceptar las cosas que no puedo cambiar, el coraje necesario para cambiar las cosas que puedo cambiar, y la sabiduría para conocer la diferencia.

LA ORACIÓN DE LA SERENIDAD

¿QUÉ HAY VERDADERAMENTE DURADERO? El hielo polar se funde. La capa de ozono mengua. Una relación termina. Tu familia o tus amigos se comportan de un modo diferente sin razón aparente. De modo que, ¿en qué puedes confiar? Sólo puedes contar con una cosa: con el cambio. El cambio es una constante omnipresente.

A nivel personal, tú tomas las decisiones sobre cómo cambiar. Pero el resto del universo no está bajo tu control. Todos los universos, incluido el nuestro, son como fragmentos del lienzo de Dios. Está trabajándolos y retocándolos constantemente. El Creador debe de tener sus razones, y tengo la esperanza de poder comprenderlas algún día.

El hecho de comprender no va a eliminar el cambio, pero la aceptación de esta verdad nos permitirá vivir con una mayor paz. Si no nos resistimos al cambio, fluiremos con el proceso de creación y colaboraremos en la realización de una verdadera obra de arte.

Soulución del día

Pronuncia la oración de la serenidad cuando estés preocupado, y recuerda su mensaje.

RECETA 5

COMIENZOS

*Para comenzar de nuevo, tenemos que decir
adiós a aquel que una vez fuimos.*
ANÓNIMO

LA PRIMERA VEZ que me pidieron que ofreciera un informe ante el Consejo de Administración del cielo me puse bastante nervioso. Cuando terminé, dije:

—Fin.

Y Dios dijo:

—No, ése no es el final.

Pensé que me había metido en un aprieto por no haber hecho bien mi trabajo, de modo que dije:

—Aquí termina mi informe. No tengo nada más que decir.

—Lo comprendo –respondió Dios– pero, en el cielo, cuando terminamos un informe, decimos, El Principio. Por ejemplo, ¿acaso termina la Biblia con conclusiones?

—No, termina con Revelaciones –respondí.[6]

—Exacto –dijo Dios– ¿Y la graduación o licenciatura es para ti una finalización?

—No, es un comienzo.

—Exacto de nuevo. Recuerda, Bernie, que la vida es una serie de principios. Los cambios, pérdidas, enfermedades y aflicciones no son finales, sino comienzos. Cambiamos y tenemos que comenzar una nueva vida cada vez. Así pues, ¿qué dices ahora?

—Que intentaré encontrar para mí mismo, para mi familia y para mis pacientes la fortaleza y el coraje necesarios para vivir de ese modo.

Y la reunión se aplazó.

---

6   El Apocalipsis de san Juan, que es el último libro de la Biblia cristiana, recibe en inglés el nombre de *Book of Revelation*, «libro de la Revelación». *(N. del T.)*

Soulución del día

Ten el coraje necesario para comenzar la nueva vida que cada día te trae. Sean cuales sean los cambios o las pérdidas que hayas sufrido, da un paso atrás y comprueba dónde tienes que comenzar.

ALEGRÍA

*Y la Alegría está en Todas Partes;
está en el verdor de la tierra cubierta
de hierba; en el sereno azul del cielo.*
RABINDRANATH TAGORE, *ALEGRÍA*

¿CÓMO ENCONTRAR LA ALEGRÍA EN NUESTRA VIDA? Con demasiada frecuencia llega a costa de un gran precio. Descubres que eres mortal y, de repente, lo que parecía importante hasta aquel momento deja de serlo. Las cosas que solían preocuparte dejan de hacerlo, porque se han convertido en insignificantes. Y lo que de pronto se convierte en importante es la gente a la que amas y que te ama.

Cuando sabes que tu tiempo es limitado cada instante se convierte en algo precioso. Sales por la puerta de tu casa y una simple flor te llena de alegría, porque puede que sea la última flor que veas. El tiempo se convierte en un regalo, no en una carga, porque optas por emplearlo con las cosas y con las personas a las que amas, y dejas de hacer todas aquellas cosas que carecen de sentido. Te vistes con aquello que te gusta, y dejas de preocuparte por lo que puedan pensar los demás. Cuando aprecias el ahora, el tiempo atmosférico se hace fascinante, en lugar de ser un problema. Convierte una ventana cubierta de hielo que te impide ver a través de ella en una sobrecogedora obra de arte.

Disfruta de lo que hay delante de ti, y sobrecógete ante la belleza de la creación. Lo que he aprendido con las palabras «Ver algo por última vez es casi tan bueno como la primera vez» me ha llevado a verlo todo como si fuera la primera vez de nuevo. Me veo a mí mismo cada mañana como a un extraterrestre, y veo el mundo como si fuera mi primer día en la tierra.

Soulución del día

Intenta ser hoy un extraterrestre, y disfruta de la belleza y de la diversidad que existe ante ti.

SOMOS COMO DOS PÁJAROS

El amor lo vence todo;
sometámonos al amor.
VIRGILIO

EL OTRO DÍA VI PASAR VOLANDO A DOS GANSOS. El macho iba delante y le graznaba a su compañera, que iba tras él y que le tranquilizaba a su vez con sus graznidos de respuesta. Eran una unidad, y experimentaban juntos la vida. Su fidelidad les hace tolerables los dolores de la vida a ambos, y les aporta más alegría.

Me recordaron cuando mi mujer y yo salimos con las bicicletas. Yo voy delante o detrás para que ella esté más segura, y hago sonar el timbre de la bici cuando me preocupo por los sitios por los que se está metiendo. Cuando abrimos nuestro corazón a los demás y les dejamos entrar en nuestra vida nuestro viaje se llena de sentido.

Una vez escribí un poema para mi esposa titulado *Una hermosa carga*. En él, hablaba de los viajes que hacemos juntos, especialmente los viajes en avión. Yo siempre llevo todo el equipaje, y le gasto bromas a mi esposa por lo mucho que pesa su maleta, ¡cuando se supone que el amor hace las cargas más ligeras! Ella sabe que su presencia ilumina mis días y hace cualquier viaje más gozoso. Citando las últimas líneas de mi poema:

Viajando solo aprendí
que la carga en realidad no es ligera,
pues un corazón solitario pesa más
que una bolsa en la que ya no cabe nada.

Soulución del día

Las llamadas de las aves y la llamada de tu pareja
son la llamada de la vida.

RECETA 8

HUELLAS

A veces, lo que nos parecen huellas frescas que nos van a llevar a un nuevo destino no son más que la señal de un sendero muy hollado.
LIN ANN HO

AL DÍA SIGUIENTE DE UNA GRAN TORMENTA DE NIEVE, salí de casa a hacer *jogging* con gran dificultad debido al espesor de la nieve. Me di cuenta del esfuerzo que suponía abrirse camino sin un sendero trillado ni huellas que seguir. Al día siguiente fue mucho más fácil. La nieve aún estaba blanda, y me resultó fácil seguir mis propias huellas. Cinco días después, la nieve se había helado, y el rígido y resbaladizo hielo hacía peligroso el intento de seguir mis huellas de días precedentes. Tenía que crear un nuevo sendero, o arriesgarme a romperme un tobillo.

Lo que aprendí fue que en momentos diferentes de mi vida tengo que hacer elecciones diferentes. En ocasiones está bien dejarse llevar. En ocasiones, seguir las huellas de otros es lo más adecuado, y en otras tienes que seguir tu propio camino. A veces, lo adecuado es abandonar los viejos senderos e iniciar uno nuevo. Encontrarás tu camino si prestas atención a lo que sientes que es correcto para ti, y no siguiendo el camino más fácil.

Tienes que recordar que si sigues constantemente las huellas de los demás terminarás perdiendo tu camino. No olvides que, en ocasiones, los senderos de otras personas pueden ser caminos equivocados para ti, o que incluso pueden ponerte en peligro. De modo que encuentra tu propio sendero y deja que los demás sigan el suyo. Puedes tener por guías a verdaderos nativos sólo cuando ellos han compartido tu experiencia.

Soulución del día

Haz tu propio sendero. No sigas a aquellos que no son verdaderos guías; pues, si lo haces, puede que termines perdiéndote para siempre.

RECETA 9

CONTRASEÑAS

*Las contraseñas son aquellas palabras que te
ayudan a atravesar territorios extraños y
peligrosos de la experiencia de la vida.*
BEN ZION

MUCHAS PALABRAS Y REFRANES nos acompañan a lo largo de la vida. Yo los llamo «contraseñas». Cuando me meto en problemas, siempre recuerdo algunas palabras que me ayudan a abordar aquello que me obstaculiza el camino. Hasta un libro entero puede ser una contraseña, si me enseña el modo de manejar algo que el autor ya ha superado por sí mismo.

En ocasiones, puede ser una palabra que, repitiéndola, como un mantra, me sirve de apoyo. O puede ser una contraseña de Internet que me da acceso a una información valiosa. Todos necesitamos encontrar aquellas contraseñas que nos permitan pasar al otro lado, como un pasaporte que te permite atravesar la aduana al entrar en otro país.

Mis contraseñas favoritas son *amor, risa, fe, oración* y *milagro*. Pero utilizo *milagro* más que cualquier otra contraseña porque me mantiene abierto y expectante ante los aspectos positivos de la vida. Para mí, es un recordatorio de lo que decía el doctor Carl Simonton: «Ante la incertidumbre, nada tiene de malo la esperanza».

Soulución del día

Trasmite a los demás tus contraseñas de esperanza.

¡OH, DIOS MÍO!

Yo no te puedo demostrar que Dios existe, pero mi trabajo ha demostrado empíricamente que el patrón de Dios existe en todo ser humano, y que este patrón en el individuo tiene a su disposición las mayores energías de trasformación de las cuales es capaz la vida. Encuentra este patrón en tu propio yo individual y tu vida se trasformará.

C. G. JUNG

¡OH, DIOS MÍO! Cuando ves esas palabras, ¿qué piensas? Muchos utilizamos la palabra «Dios» sin tener una idea clara de lo que decimos. Detente y pregúntate lo que Dios significa para ti. Si alguna vez has tenido que escribir un ensayo sobre Dios, ¿qué dijiste de él, ella, ello? Eres consciente de lo fácil que es meterse en problemas intentando describir a Dios. Las palabras no sirven, y ése es el problema. Hay quien dice, «Dios es amor»; pero no definen el amor, y el amor no tiene un género asociado. Yo no veo a mi Dios como algo con género o con forma humana.

Si yo tuviera que describir a mi Dios, diría, «Mira a tu alrededor y verás a mi Dios. Mi Dios está en ti, y en el árbol, y en el ordenador. Mi Dios tiene muchos rostros, y todos somos uno de ellos. Dios es amor, y mucho más. Dios es todo aquello que no podemos tocar, como la consciencia, la inteligencia y la energía; y Dios es todo aquello que podemos tocar, como la materia y las cosas que importan. Todos somos Dios; o, al menos, una extensión de Dios».

Soulución del día

Considera lo que significa Dios para ti.

SENTIDO DE CABALLO

Hay algo en el exterior de un caballo que es
bueno para el interior del hombre.
WINSTON CHURCHILL

UN DÍA ME ENCONTRÉ UN CABALLO vagando libre en las cercanías de nuestra casa. Salté sobre él y lo llevé de vuelta al camino. Cada vez que se salía del camino, tiraba de las riendas para hacerle volver. Muchos kilómetros después se dirigió a una granja. El granjero dijo:

—Ése es mi caballo. ¿Cómo supo que pertenecía a esta granja?

—No lo sabía –contesté–. El que lo sabía era el caballo. Lo único que hice yo fue mantenerlo en el camino.

El caballo tiene una sabiduría intuitiva, y la sigue.

En otra ocasión intenté impedir que el caballo que montaba se dirigiera bajo un árbol. Me incorporé en la silla y tiré con todas mis fuerzas de las riendas, pero el caballo se salió con la suya y, golpeándome con la rama de un árbol, caí de la silla. El caballo se fue, y yo tuve que esperar. Yo sabía que volvería al establo, y que alguien saldría en mi busca.

En ocasiones tenemos guías y maestros que nos ayudan a mantenernos en el sendero. Otras veces, personas o acontecimientos hacen que nos extraviemos. Pero, en última instancia, todos tenemos que vivir como el caballo, sabiendo el camino de vuelta a casa.

Soulución del día

¿Dónde está tu hogar? Si fueras un caballo y alguien te soltara
las riendas, ¿adónde te encaminarías?

RECETA 12

AGUJEROS NEGROS DE RENOVACIÓN

En la cueva en la que temes entrar se halla el tesoro que buscas.
JOSEPH CAMPBELL

CUANDO TENEMOS NECESIDAD de encontrar nuestra energía y nuestra fuente, donde tenemos que mirar es en la oscuridad, pues es en los agujeros negros donde vive la energía de la creación. Tanto si hablamos del universo como si hablamos de una persona, la oscuridad es la fuente de la vida.

Cuando nos enfrentamos al desaliento, a la desesperación o incluso a la angustia física, el hecho de introducirnos en la oscuridad nos permitirá encontrar nuestro yo y renovar nuestra vida. Es en la nada donde podemos detenernos, encontrar la paz y encontrar respuestas. Cuando vemos nuestro verdadero potencial es cuando podemos crearnos a nosotros mismos de nuevo. Podemos convertirnos en algo así como un lienzo en blanco, y comenzar el acto de la creación a partir de la oscuridad.

Muchas veces, en mis charlas, levanto una hoja de papel con un punto negro en el centro y le pido a la gente que me diga lo que ve. Muchos dicen que ven un punto negro, en tanto que otros responden correctamente y dicen que ven una hoja de papel con un punto en el centro. Tú decides si te vas a centrar en la oscuridad o si la vas a usar para darte cuenta de que en tu vida también hay luz. Jamás podrías apreciar la luz si no experimentaras la oscuridad.

No tengas miedo de la oscuridad. ¡Deja que el Director te muestre el camino! Métete dentro, descubre tu propio agujero negro y emerge con nueva energía y con la verdadera luz de la conciencia. Deja que la oscuridad de la tumba se convierta en la oscuridad del útero.

Soulución del día

Dedica hoy algún tiempo a estar en la oscuridad.

SUPERSTICIÓN

Sé fuerte, ve más allá de toda superstición,
y sé libre.
SWAMI VIVEKANANDA

HAY MIEDOS QUE NO SON MÁS QUE SUPERSTICIONES. Por ejemplo, ¿de dónde viene el miedo al número trece? En el judaísmo, cuando un chico o una chica cumple trece años se celebra con una gran fiesta: el bar mitzvah o bat mitzvah.

Entonces, ¿qué es la superstición? Muchos de nosotros nos seguimos aferrando a las supersticiones en nuestra vida diaria, como nos ocurre cuando evitamos pasar por debajo de una escalera de mano o cuando nos preocupamos por el hecho de que un gato negro se nos haya cruzado en el camino. El diccionario dice: *Superstición* 1. Creencia o idea que no se basa en la razón ni en el conocimiento de la importancia de una cosa, circunstancia, ocurrencia o acto en particular. 2. Sistema o colección de tales creencias. 3. Acto o costumbre basado en tales creencias.

Hay suficientes miedos reales en la vida como para que añadamos también todos aquellos miedos que, en realidad, no son más que supersticiones.

Soulución del día

¿Con cuánta frecuencia permites que las supersticiones
manejen tu vida?

RISA

La risa es el esfuerzo más saludable.
CHRISTOPH WILHELM HUFELAND

LA RISA ES la manifestación externa de un don interno. Cuando ríes, estás trasformando tu química interna y estás generando un entorno saludable dentro de ti, para que pueda tener lugar la curación. Norman Cousins[7] expuso en un libro sus experiencias con la risa y con la enfermedad, y llegó a la conclusión de que nuestras creencias conforman nuestra biología.

Yo lo digo de otro modo: tus sentimientos conforman tu bioquímica. La risa no sólo produce sensaciones e imágenes placenteras para ti y para los demás, sino que altera además tu química corporal. ¿Eres capaz de reírte de buena gana? Es posible. Si te pasas la vida sonriéndole al mundo, vivirás una vida más larga y saludable.

Hace años, cuando era un joven médico, durante una época difícil de mi vida, y cuando aún no sabía gestionar mis sentimientos, estuve llevando un diario sobre mis experiencias cotidianas. Aquel diario estaba lleno de dolor, y lo mantenía oculto. Pero una noche se me olvidó esconderlo, y mi esposa, Bobbie, lo encontró. Ella me dijo, «Cariño, no hay nada de divertido en él», y yo le respondí, «Mi vida no es divertida».

Y ella entonces me recordó todas las cosas divertidas que yo le había contado y de las que no había hablado en mi diario… como aquella vez en que un hombre con gorro, mascarilla y bata entró en la sala de mi paciente. La paciente estaba en aislamiento infeccioso y comenzó a desnudarse, pensando que aquel hombre estaba allí para examinarla. Después de observarla durante un minuto o dos, el hombre dijo, «No tiene por qué hacer eso por mí; estoy aquí para fregar el suelo». Posteriormente se harían muy buenos amigos. Después de mi charla con Bobbie, co-

---

7   Norman Cousins fue un periodista político, escritor, profesor y pacifista norteamericano.

mencé a incluir en mi diario los sucesos graciosos que me habían ocurrido, y no sólo los momentos difíciles. De aquel modo, la experiencia resultaba mucho más satisfactoria.

Soulución del día

Opta por fijarte en aquellas cosas que te hagan reír. Con ello, cambiarás tú y cambiará también toda la gente con la que te relacionas. Y, así, no te angustiarás con la vida, cuando puedes reírte con ella.

ACTITUD

Estoy convencido de que la vida es un 10 por
100 lo que te sucede y un 90 por 100 el modo
en que reaccionas ante eso.
Y lo mismo se puede decir de ti.
CHARLES SWINDOLL

LAS INVESTIGACIONES DEMUESTRAN que los optimistas viven más tiempo y se mantienen más sanos que los pesimistas, aun cuando el punto de vista de los pesimistas acerca de la vida sea más acertado. Podríamos hacer una relación interminable de citas de personajes famosos en las que hablaron de cosas que les preocuparon y que nunca llegaron a suceder.

Mi amigo el doctor Karl Menninger decía, «Las actitudes son más importantes que los hechos». Ése es el motivo por el cual es tan importante lo que nos decimos a nosotros mismos, y por qué eso mismo nos ayuda a dar forma a nuestro destino. Si nuestra cháchara mental nos ofrece una visión positiva y esperanzadora, viviremos una vida muy diferente a la que viviríamos si estuviéramos siempre anticipando problemas y pensáramos que después de las cosas buenas siempre viene algo malo.

Ya conoces ese viejo dicho, «Lo que ves es lo que te llevas». Tu actitud determina lo que ves, de modo que fíjate siempre en los aspectos más brillantes. Tú decides.

Soulución del día

Míralo todo hoy con los ojos del optimismo, y observa qué
dirección toma tu vida.

RECETA **16**

ESPEJO, ESPEJO

Del mismo modo que no podemos ver nuestro rostro sin mirarnos en un espejo, tampoco podemos conocernos a nosotros mismos sin mirarnos en nuestra alma.

ANÓNIMO

YO UTILIZO UN ESPEJO PARA MIRARME, pero el espejo sólo refleja la imagen que yo puedo ver, con todas sus imperfecciones. Estoy seguro de que, en algún lugar, Dios se está riendo de mí. Ella se ríe porque puede ver más de lo que yo veo. Ella puede ver a través de mí. Y cuando me aparto del espejo, puedo verme por vez primera a mí mismo, mi esencia, y mi belleza reflejada en los ojos de Dios.

Soulución del día

Reflexiona sobre el hecho de que tú eres mucho más que el ser físico que ves en el espejo. Deja de juzgarte y conviértete en un ser humano perfectamente imperfecto.

RECETA 17

MASCOTATERAPIA

Sólo con que la humanidad aprendiera benevolencia, seríamos misericordiosos con el resto de las criaturas.

PLUTARCO

ALLÁ DONDE VOY me llevo a mi perro, *Furphy.* Es un pequeño lhasa apso, y se lleva todos los saludos y las atenciones cuando salimos a la calle.

En mis sesiones de terapia de grupo, él siempre sabe cuándo termina la sesión y me hace saber que ya es hora de sacarlo a pasear. Yo les señalo su comportamiento a los miembros del grupo, con la esperanza de que sigan su ejemplo y aprendan a expresar sus necesidades.

En uno de estos grupos, un hombre estaba compartiendo con los demás su trágica historia con el cáncer cuando se escuchó en la sala un sonoro ronquido. El hombre que estaba hablando se disgustó mucho por el hecho de que alguien pudiera ser tan insensible como para quedarse dormido mientras él hablaba de su angustia. Pero, cuando los demás señalaron a *Furphy* como el culpable del ronquido, el hombre y todos los demás estallamos en una carcajada.

Furphy es un excelente terapeuta, y sabe cuándo se necesita echar unas risas, o cuándo hace falta un poco de atención. Ojalá Dios nos permita que, algún día, nosotros seamos tan amables con los animales como los animales lo son con nosotros.

Soulución del día

Adopta una mascota o dos, y disfrutarás de la mascotaterapia todos los días.

MEDITACIÓN

*Medita profundamente... llega a las
profundidades de la fuente. ¡Ni los arroyos se
pueden comparar con esta fuente! Sentado en
soledad, en un gran silencio, ni siquiera
pestañearás, aunque los cielos giren
y la tierra se remeza.*

NYOGEN SENZAKI

DEJA QUE LA CONSCIENCIA TE HABLE de la sabiduría interior a través de la meditación. Prueba a meditar con estos temas, que pueden serte de gran ayuda:

Imagínate como si fueras una bellota, o cualquier otra semilla de tu elección, creciendo y esparciendo tus semillas.

Imagina que conectas tu corazón y tu cabeza, de tal modo que la sabiduría de ambos pueda ser compartida.

Imagínate como si fueras una onda en un arroyo o una fuente de luz, y observa lo ilimitadas que son tus acciones.

Piensa en tu vida como en un río, y fíjate dónde comienza esta corriente sanguínea y hacia dónde se dirige.

Haz una visualización dirigida; camina a lo largo del sendero de tu vida y encuentra guías que te ayuden a orientarte.

Métete en tu cuerpo y déjale que te hable de sus necesidades. Escucha a tu mente, a tu cuerpo, a tu corazón y a tu espíritu.

No existen límites para las directrices que pueden llegarte desde la consciencia en tu interior y desde su conexión, a través de la meditación, con la gran consciencia de la creación.

Soulución del día

*Tómate tiempo para escuchar la voz de la creación y conectar
con la consciencia universal.*

RECETA 19

JUEGO

Todo lo que sea estar en otro lugar distinto
al que te gustaría estar no es más
que trabajo.
GEORGE HALLAS

¿CON QUÉ COSAS DISFRUTABAS CUANDO ERAS NIÑO? Busca la manera de recuperar ese disfrute de nuevo en tu vida. Es importante que dediques algún tiempo a jugar todos los días. Lo que para ti es jugar puede parecerle trabajo a otra persona, pero ésa no es la cuestión. El modo en que definas lo que estás haciendo es lo que importa.

Imagina que pudieras ganarte la vida haciendo aquello que tú consideras relajante y divertido. Cuando uno hace lo que le encanta hacer no sólo está realizando una magnífica aportación al mundo, sino también a su propia salud.

Yo podría haber sido un artista en lugar de cirujano, si hubiera sabido siendo niño que la gente compra cuadros. No se me ocurre una vida más gozosa que aquélla en la que se te paga por hacer lo que te encanta hacer, porque eso supone que nunca más vas a trabajar. Y creo que en muchos aspectos el hecho de escribir encaja dentro de esa categoría. Aprendo muchas cosas mientras escribo, y si lo que escribo sirve de ayuda a otras personas para enfrentarse a la vida, entonces podemos decir que se nos ha dado a todos un regalo. Ya no es trabajo, sino amor en una forma visible.

Un comentario acerca de la culpabilidad: a muchos se nos ha educado en la creencia de que hay que sentirse culpables cuando nos entregamos al juego o al relax. Pero debo decirte una cosa: ¡eso es una ridiculez! Tú y yo sabemos que en nuestro lecho de muerte no vamos a sentir remordimiento alguno por el tiempo que hayamos pasado jugando o relajándonos. Pero sí que lamentaremos el tiempo que no dedicamos a disfrutar de la vida con nuestros seres queridos.

Soulución del día

Comienza por tomar conciencia de lo que es para ti el «juego». Y, luego, no te sientas culpable por hacer aquellas cosas de las que disfrutas.

RECETA 20

HACIENDO MILAGROS

Los milagros les ocurren a aquellas personas
que creen en ellos.
BERNARD BERENSON

UN VERDADERO MILAGRO se define normalmente como aquel suceso que desafía las leyes de la naturaleza tal como las conocemos. Por otra parte, la física cuántica dice que el deseo y la intención pueden alterar el mundo físico. Así, alcanzar la inalcanzable estrella cobra sentido, y hacer milagros se convierte en una posibilidad, si uno está dispuesto a hacer el esfuerzo.

Creo que no somos conscientes de nuestros propios potenciales. Todos somos capaces de hacer milagros debido a la naturaleza de la vida, la consciencia y la energía. Cuando alcanzamos nuevas alturas, podemos marcar la diferencia y generar algo de alegría y de maravilla para nosotros y para todos aquellos que nos rodean.

Los milagros que espero no son los que cambian la naturaleza física de la vida, sino los que cambian nuestra experiencia de la vida. Cuando estemos dispuestos a marcar la diferencia y crear paz, amor y felicidad para todos los seres vivos, eso ya será de por sí un milagro.

Soulución del día

¿Qué estrella inalcanzable estás queriendo alcanzar?

RECETA 21

ESPIRITUALIDAD

Bien puede cambiar todo, Señor, con tal que tengamos nuestras raíces en ti.
SAN JUAN DE LA CRUZ

CONVIENE QUE TRAIGAMOS ALGO DE ESPIRITUALIDAD a la tierra y que la convirtamos en parte de nuestra vida. En cierto modo, nuestra vida es nuestra religión. Como decía la madre Teresa, «Lo esencial no es lo que decimos, sino lo que Dios nos dice y lo que dice a través de nosotros. Todas nuestras palabras serán inútiles a menos que provengan del interior».

Las acciones espectaculares no son lo que importa, sino el amor que pones en cada acción. Si tus actos están plenos de amor a Dios, entonces lo harás todo bien. No existen fes diferentes cuando actúas por amor. Sólo existe una religión, la esencia de la espiritualidad, que es el amor.

Tu vocación se convierte en tu forma de traer el amor de Dios al mundo. Tú eres Dios recubierto de piel. Tú eres los cables a través de los cuales circula la corriente. Si la batería no está conectada al motor, el automóvil no arrancará. Y lo mismo ocurre con nosotros; si no estamos conectados con nuestro Origen y Fuente, no podremos hacer nuestro verdadero viaje.

Soulución del día

Comienza tu vida.
Conecta con la fuente y el origen e inicia el viaje del amor.

LO QUE ES IMPORTANTE
Y LO QUE NO

*Para cuando llegamos a los cincuenta, ya
hemos aprendido las lecciones más duras, y
hemos descubierto que sólo unas cuantas cosas
son realmente importantes. Hemos aprendido
a tomarnos la vida más en serio,
pero no a nosotros mismos.*

MARIE DRESSLER

LA VIDA SUELE HACERSE MÁS FÁCIL a medida que envejeces; y eso porque comienzas a ver lo que es importante y lo que no. Por ejemplo, se hace más fácil el contemplar y el disfrutar de tus hijos mientras crecen, en lugar de dirigir todas sus acciones. Si van de cabeza a estrellarse contra un muro, aprendes a advertirles; pero luego te apartas a un lado, en lugar de correr a impedirlo. Aprendes que la preocupación no resuelve ningún problema.

Mi hijo mayor me preguntó un día:

—¿Cómo es que mis hermanos no tuvieron que hacer todas las cosas que yo tuve que hacer?

—Es porque aprendí que algunas de las cosas que yo te pedía que hicieras en realidad no eran importantes –respondí.

Finalmente, me di cuenta de que lo verdaderamente importante para mí era la paz interior.

La vida ofrece muchas oportunidades para que diferenciemos entre lo que es verdaderamente importante y lo que es simplemente el intento de controlar unas circunstancias que, en definitiva, están más allá de nuestro control.

Soulución del día

*¿Qué cosas solías pensar que eran importantes? Y, ¿qué es lo
importante para ti ahora? Si yo te preguntara, «¿Para qué cosa
quieres que rece en tu vida?», ¿qué me responderías?*

NO TENGAS REMORDIMIENTOS

El remordimiento por aquello que hiciste se puede atemperar con el tiempo; es el remordimiento por aquello que no hiciste lo que es inconsolable.

SYDNEY J. HARRIS

NO CREO QUE QUIERAS VIVIR LA VIDA DE TAL MODO que, para cuando tu vida llegue a su fin, estés pensando más en lo que *no* hiciste que en lo que *sí* hiciste. Piensa en cómo te sentirías en tu lecho de muerte si te hubieras quedado con el deseo de haber hecho aquella cosa tan especial o de haber aprovechado aquella oportunidad que dejaste pasar.

Desde esa perspectiva, examina tu vida actualmente. Piensa en esos riesgos que no has estado dispuesto a correr; quizás cambiar de profesión, seguir un sueño, abrir tu corazón a otra persona o ser todo lo que tú puedes ser. Tú no puedes hacer nada para cambiar las decisiones que tomaste en el pasado, pero el futuro alberga muchas oportunidades.

Recuerdo a un jugador de fútbol americano de la universidad, al que le diagnosticaron un cáncer, que me dijo en cierta ocasión, «Antes de contraer el cáncer hubo partidos en los que podría haber dado más de mí mismo». Aquel chico se lamentaba de no haberlo puesto todo. De su batalla con el cáncer había aprendido a no dejarse nada en el vestuario, a sacarlo todo con él cuando salía al campo. Todos necesitamos «sacarlo todo al campo» en nuestra vida. Es el único modo de que no nos queden remordimientos. Que no haya ningún «si yo hubiera» o «me gustaría haber» en tu vida.

Soulución del día

Ve la película Harold & Maude, en la cual Ruth Gordon interpreta a una mujer octogenaria que le dice a un joven problemático, «Dame una V, dame una I, dame una V, dame una E. ¡VIVE!».

EL MAULLIDO DEL GATO

Existen dos formas de hallar refugio ante las desdichas de la vida: la música y los gatos.
ALBERT SCHWEITZER

CUANDO ESCUCHO LA CANCIÓN *Si me tocas, comprenderás lo que es la felicidad,* del musical de Broadway *Cats,* no puedo dejar de pensar lo mucho que comparto ese sentimiento. El hecho de verte alcanzado física y emocionalmente es crucial para llevar una vida sana y feliz.

Los animales y los niños saben muy bien cómo conseguir amor y atención. Gritan si hace falta para que los toquen y los acaricien. Si no les gusta tu respuesta hacen ruido; y, si eso no funciona, hacen algo más. A veces, cuando estoy delante del ordenador, mis gatos y mi perro se me suben encima y me incordian hasta que les acaricio el lomo. Incluso la coneja que tenemos por mascota, *Smudge,* me gruñe amenazadoramente si no le respondo.

El niño que quiere que le des de comer y el bebé que quiere que lo tomes en brazos no tienen ningún problema en hacerte saber sus sentimientos. ¿Cuántos adultos conoces que tengan el valor suficiente como para pedir que los toquen? Tenemos que aprender a pedir lo que necesitamos, al igual que hacen los niños y los animales.

Soulución del día

Todos los cachorros de todas las especies saben cómo llamar la atención para pedir amor. Aprende de ellos, pues entonces tú también conocerás la verdadera felicidad.

MATA A TU DRAGÓN

El miedo hace que los hombres crean en lo peor.
QUINTO RUFO, *ALEJANDRO MAGNO*

ME GUSTARÍA RELATAR una de mis historias favoritas: «Un joven entró en una oscura cueva y descubrió un tesoro; pero, cuando se dirigió hacia él con el fin de llevárselo, se percató de que estaba custodiado por un dragón. Abandonó la cueva aterrorizado, para luego pasarse todos los días de su vida lamentándose por no haber tenido el coraje de intentar hacerse con el tesoro.

»Ya anciano, volvió a la cueva para ver el tesoro una vez más antes de morir; y, cuando se adelantó para verlo más de cerca, descubrió que lo que él pensaba que era un dragón no era en realidad más que un pequeño lagarto. Y el anciano tomó el tesoro y se lo llevó a casa para su familia».

En cierta ocasión, invité a una paciente mía nonagenaria a que se hiciera miembro de un grupo de apoyo que dirijo para personas con enfermedades muy graves. La mujer me preguntó por qué quería yo que se uniera a aquel grupo, y yo le contesté que quería que estuviese allí debido a todas las pérdidas y enfermedades que ella había tenido que afrontar y superar.

Un día en que los miembros del grupo estaban expresando sus miedos más profundos, me volví hacia ella y le pregunté:

—¿De qué tienes miedo tú?

Y, tras una larga pausa, respondió:

—Oh, ya sé. Me da miedo conducir por la avenida de noche.

Tras sus palabras hubo un estallido de risas, con las cuales ella ayudó a los miembros del grupo a convertir sus dragones en lagartos.

Soulución del día

¿Qué dragones hay en tu vida nacidos del miedo y de las limitaciones que tú crees que existen? Date una oportunidad y lánzate. No puedes fallar. Así, no tendrás que esperar hasta los noventa años para encontrar tu tesoro.

PUNTO DE INFLEXIÓN

¿Qué pasaría si le dieras a alguien un regalo y esa persona no te diera las gracias? ¿Qué probabilidades habría de que le hicieras otro regalo? La vida funciona igual. Con el fin de atraer más bendiciones de las que la vida ofrece, tienes que valorar de verdad lo que ya tienes.

RALPH MARSTON, *THE DAILY MOTIVATOR*

UN CABALLERO CON EL QUE HABLABA por teléfono me contó que su médico y el equipo de urgencias le habían dicho que su corazón había dejado de latir y que había muerto al menos cinco veces durante la operación a la que había sido sometido. Y el hombre concluyó nuestra conversación diciendo, «Yo solía tener problemas, pero ahora sólo tengo bendiciones». Evidentemente, su visión de la realidad había dado un giro radical tras esta experiencia.

Yo medito todos los días, y una parte de mis meditaciones consiste en reflexionar en todo aquello por lo que puedo estar agradecido. La mayoría de las personas nunca se detiene a pensar en todo lo bueno que tiene; más bien, dedican el día a pensar en sus problemas. Pero, dado que para tener problemas tienes que estar *vivo*, podrías estar agradecido por la oportunidad de tener problemas. Hay personas que utilizan sus problemas para llamar la atención, y temen renunciar a ellos y sentirse afortunadas. Yo prefiero valorar la vida y aceptar mis problemas como parte de mi vida.

Cuando mi cuerpo llegue al punto en que deje de funcionar o de sentir gratitud, lo dejaré y volveré a sentirme agradecido. Pero, hasta entonces, valoraré lo que tengo y no me lamentaré por lo que no tengo. Me sentiré afortunado por la vida y por la oportunidad que se me ha dado de ayudar a los demás a ver que ellos también son afortunados. Las bendiciones nos llegan bajo muchas formas y en muchos tamaños. Estate preparado, como lo estaba aquel caballero que me llamó por teléfono.

Soulución del día

¿Qué regalos he dejado de ver delante de mí? No esperes a que un desastre te despierte a todo aquello por lo que puedes estar agradecido hoy en día.

RECETA 27

EL ASCENSOR

La amistad es un horizonte, que se expande
cada vez que nos acercamos a él.
E. R. HAZLI

LA PUERTA DEL ASCENSOR SE ABRIÓ, y me metí en la cabina junto con otros tres médicos. ¿Que cómo supe que eran médicos? Pues porque no dijeron nada, ni sonrieron, ni esbozaron un saludo. Cuando llegamos al vestíbulo nos separamos como extraños.

Si he de decir la verdad, hubiera preferido subir en un ascensor con tres perros. Nos habríamos ladrado, nos habríamos olisqueado, nos habríamos gruñido y nos habríamos refregado unos con otros… ¡y quizás hasta habríamos dejado atrás algunas fragancias para darle trabajo al personal de limpieza! Cuatro amigos que se habrían separado en el vestíbulo con la promesa de olisquearse unos a otros a la primera de cambio.

Soulución del día

«Olisquea» hoy a alguien de tu pasado. Toma la determinación de mantenerte abierto a los demás: no les cierres la puerta.

ESPERANZA

«Esperanza» es esa cosa con plumas,
que se posa en el alma
y canta una melodía sin palabras,
y nunca se detiene... nunca.
EMILY DICKINSON

LA ESPERANZA NOS RESTABLECE. Lo que cada persona espera diferirá y cambiará con el tiempo. Y yo creo que necesitamos de la esperanza para seguir viviendo. La esperanza nos inspira para dirigirnos hacia el futuro. Nos da algo que anticipar y por lo que esforzarnos en nuestro sendero.

Si no tuviéramos esperanza –la esperanza de una cura, de ganar en la lotería, de enamorarnos, del fin de la guerra, de vernos libres de los malos tratos, o de tener comida, calor, ropa y refugio– no tendríamos ningún motivo para seguir adelante. No importa cuál sea el objeto de tu esperanza; lo importante es la esencia de la esperanza en sí.

He visto a gente morir pocos minutos después de que el médico les dijera que no había esperanza de cura. Aquellas personas se rindieron y partieron. Otras se enfadan y encuentran cierto deleite en demostrarle al médico que se ha equivocado. Hay algo desafiante en su interior, algo que las hace sentirse esperanzadas. La esperanza es el motivador divino.

Soulución del día

Deja que el pájaro de la esperanza se pose en una rama del
árbol de la vida, y que nunca deje de cantar.

RECETA 29

REPITE LA PREGUNTA

*Pedid y se os dará; buscad y hallaréis; llamad y
se os abrirá. Porque todo aquel que pide,
recibe; y el que busca, halla;
y al que llama, se le abrirá.*
MATEO 7, 7-8

CON FRECUENCIA SE HACEN GRABACIONES en audio de mis conferencias. En una de esas conferencias, se le dio la oportunidad a la gente del público para que hicieran preguntas, aunque sin hablar por el micrófono. Para que todo el mundo pudiera saber lo que me habían preguntado, los organizadores levantaban una señal para recordarme «por favor, repita la pregunta».

Pedí una de aquellas señales para mi colección, y ahora la uso para reforzar las puntualizaciones que hago en otras presentaciones. Todos conocemos el dicho bíblico de «Pedid y se os dará».[8] Pues bien, si tú le pides o preguntas a Dios algo y no obtienes respuesta de inmediato, quizás tengas que hacer uso de la señal de «por favor, repita la pregunta». ¡Pues Dios tiene también una agenda muy apretada!

Me he dado cuenta de que, cuando repito una pregunta o una petición, ésta cambia con el tiempo, en la medida en que yo me hago más consciente de lo que de verdad necesito. Así pues, replantéate la pregunta o petición, aclara bien qué es lo que estás pidiendo en realidad, y recibirás lo que necesitas, cuando Dios lo considere oportuno.

---

8 *Ask and you shall receive,* en el original inglés. *Ask* se puede traducir por «pedid», pero también por «preguntad». *(N. del T.)*

Soulución del día

Toma el micrófono y repite tu pregunta, para que ésta quede grabada en el contestador automático de Dios. Te garantizo que obtendrás una respuesta. El modo en que Dios responda y a quién utilice Dios para responder puede ser una gran sorpresa para ti.

ALAS DE MARIPOSA

Lo que para la oruga es el fin del mundo, todos los demás lo llaman mariposa.

RICHARD BACH

CUANDO ME ENFRENTO a un reto aparentemente insuperable, mis pensamientos suelen desembocar en lo de la oruga y la mariposa. La oruga se enfrenta a una tremenda lucha para emerger del capullo, pero tiene que hacer ese esfuerzo con el fin de sobrevivir. Y lo mismo ocurre con la vida. Si evitamos los problemas, quizás terminemos haciéndonos más daño que bien. Quizás nunca podamos dar a luz a nuestro verdadero yo.

En ocasiones, es esa lucha, y el crecimiento inherente al proceso, lo que nos impulsa hasta ese lugar donde necesitamos estar. Pedir ayuda puede ser apropiado a veces, pero hay cosas que tenemos que hacerlas solos. Si ayudáramos a la mariposa a salir del capullo, no lograría desarrollar la fuerza suficiente como para poder volar. Quizás nosotros también precisemos de esos forcejeos para poder desplegar nuestras alas y trasformarnos.

Soulución del día

¿Qué fortalezas se ocultan en la oruga de tu existencia? ¿Qué mariposa está esperando a nacer?

COMPRENDER EL PORQUÉ

Ante algunas de las preguntas más insistentes,
simplemente no hay respuestas. Sigues viviendo
con ellas el resto de tus días, haciendo de tu
vida una expresión digna de todo aquel que se
apoya en la luz.
ANÓNIMO

HACE MUCHOS AÑOS, mi bisabuelo me habló de las persecuciones que había padecido en Rusia, persecuciones que le llevaron a venir a este país, Estados Unidos. Me dijo que los cosacos habían ido tras él una noche, cuando estaba fuera, enseñando, y que habían intentado acuchillarlo con un sable. Una noche estaba en la colina que se elevaba junto a su pueblo con su rabí, el Ba'al Shem Tov; cuando, de pronto, los cosacos se abalanzaron sobre el pueblo con sus caballos, matando a sus conciudadanos judíos. Y mi bisabuelo oyó decir al rabí:

—Me gustaría ser Dios.

Y mi bisabuelo le preguntó:

—¿Te gustaría ser Dios para poder trasformar el mal en bien?

—No. Yo no cambiaría nada –respondió el rabí, y añadió–. Me gustaría ser Dios para poder comprender el porqué.

Como médico, yo también me he preguntado muchas veces por qué. He intentado comprender por qué nuestro Creador hizo el mundo tal como es, tan lleno de sufrimientos, de odio y de problemas. ¿Por qué sufren los niños inocentes? Pero un día, mientras estaba meditando, me llegó una respuesta; y resultó ser una respuesta muy sencilla. «Si yo hubiera hecho un mundo perfecto, habría sido un truco de magia, y no una creación. Creación es trabajo». De modo que estamos aquí para trabajar en la creación de un mundo donde la vida asume significado por el hecho de que el amor y la compasión se nos muestran como actos de libre albedrío.

Soulución del día

Cuando te preguntes «por qué», busca la respuesta a través de la creación de obras plenas de sentido.

RECETA 32

FORMA Y ESENCIA

Cuanto más dependas de fuerzas externas a ti,
más te verás dominado por ellas.
HAROLD SHERMAN

CUANDO TRABAJO CON PERSONAS que están en residencias asistidas, les pido que se dibujen a sí mismas hoy y veinticinco años atrás. Casi siempre me entregan el dibujo de una persona gorda y desdichada ahora, y el de una persona delgada y sonriente de años atrás.

La verdad es que todo el mundo, con independencia de su edad, suele hacer esos dos mismos dibujos. En más de una ocasión, viendo las viejas películas caseras de la familia, me he quedado sorprendido al comprobar que yo no tenía tan mal aspecto como recordaba. Y todos los demás también tenían muy buen aspecto. Rara vez me encuentro con una persona que se valore a sí misma tal como es ahora y que se valorara en aquel tiempo tal como era entonces.

La mayoría de las personas nos obsesionamos con nuestra forma y apariencia, y empleamos gran cantidad de tiempo y dinero para parecer más jóvenes y atractivos. Somos muy críticos con la forma que vemos en el espejo, pero en el interior de esa forma humana hay algo más, está nuestra esencia. Y sólo cuando vemos esa belleza interior es cuando llegamos a conocer a nuestro verdadero yo. Cuando nos demos cuenta de que nuestra esencia es divina, veremos belleza allá donde miremos.

Aunque tanto la forma como la esencia son componentes de la misma entidad física, se trata de dos cosas bien diferentes. Nuestra forma es un don que nos permite manifestar nuestra esencia. Necesitamos nuestro cuerpo, y todos los problemas que conlleva, para poder llevar a cabo la obra de lo divino. Y si sólo nos enfocamos en el mundo exterior, dejamos de emplear nuestro tiempo en aquello que nutre nuestra esencia.

Soulución del día

Respeta a tu yo total, pues tu vida cobrará pleno sentido y tu propósito se te hará más claro cuando lo mires todo desde ese lugar de totalidad. Fíjate en cuánto tiempo dedicas a hacer cosas que sustentan tu esencia.

GUIDANCE Y FRIENDSHIP[9]

La amistad es el hilo de oro que enlaza
todos los corazones.

ANÓNIMO

UN DÍA, MARILYN, una de las mujeres del grupo de apoyo, me envió un correo electrónico donde en Asunto ponía *Guidance,* «Dirección». En su correo, me decía que el hecho de que la palabra *dance,* «danza», formara parte de la palabra *guidance* la había llevado a pensar que la danza es como la voluntad de Dios. Cuando dos personas bailan, no forcejean una con otra; una dirige y la otra la sigue de buen grado. Y, cuando las dos forman un equipo, sus movimientos fluyen armónicamente entre sí.

Pero, rebuscando más en la palabra, Marilyn se fijó en la *G,* que es la inicial de *God,* «Dios», y luego en la *U* y en la *I.* Así pues, *guidance,* «dirección», es la danza conjunta de Dios, tú (*U* se pronuncia *iu* en inglés, de ahí *you,* «tú») y yo (*I* en inglés). Cuando estás dispuesto a confiar y a creer, te llega la dirección. Yo creo que el ritmo con el cual todos deberíamos de danzar procede de nuestro Creador, pues nos permite movernos como un equipo, mientras creamos nuestra singular danza de la vida.

Las ideas que Marilyn esbozó en su correo electrónico me llevaron a pensar también en la palabra *friendship,* «amistad». Todos estamos navegando en las aguas de la vida *(ship* significa «barco» en inglés), que a veces son turbulentas y tormentosas, y a veces son tranquilas, cuando soplan las brisas a nuestra espalda. Pero, sean cuales sean las circunstancias de nuestra singladura, si navegamos con amigos siempre será más fácil.

Así pues, cuando zarpes, acuérdate de llevar contigo a algunos amigos. Cuando las cosas se pongan mal, dispondrás de una tripulación que te ayudará a atravesar la tempestad; y, cuando el viento hinche tus velas, tendrás a alguien con quien compartir el gozoso viaje.

---

9 «Dirección y Amistad», en español. He dejado las palabras originales del inglés debido a que el autor realiza diversos juegos de sentido con estas palabras, juegos que sólo pueden realizarse con las palabras originales inglesas y no con sus equivalentes en castellano. *(N. del T.)*

Soulución del día

Navega por la vida con la certeza de que tu dirección vendrá indicada por la brújula eterna, que sabe hacia dónde tienes que encaminar tu barco para volver al puerto de tu hogar.

LIBÉRATE DEL PASADO

Se nos ha enseñado a culpar a nuestro
padre, a nuestras hermanas o hermanos,
a la escuela, a los profesores... pero nunca a
culparnos a nosotros mismos. Nunca es culpa
tuya. Pero la verdad es que siempre es
culpa tuya; porque, si querías cambiar,
tú eras quien tenía que cambiar.
KATHARINE HEPBURN

SOMOS MUCHAS LAS PERSONAS QUE UTILIZAMOS NUESTRO DOLOROSO PASA-
DO como excusa para no lograr nada. El dolor puede ser como una represa, que bloquea el flujo de tu vida, o bien una dolorosa quemadura que
deja cicatrices en tu existencia.

Pero tú puedes utilizar el dolor para que se convierta en la energía y la
pasión que movilicen tu existencia. La elección de cómo lo utilices te
corresponde a ti. Derriba la presa y utiliza la energía de las aguas embra-
vecidas para impulsarte. Utiliza el calor y la luz generados por la llama
para calentarte e iluminar tu sendero. Ten el coraje de romper las barreras
y de seguir avanzando.

Es más fácil lamentarse del pasado que construir tu futuro. ¿Dónde
prefieres vivir: en el pasado o en el ahora, creando un futuro mejor?

Soulución del día

El odio y el miedo destruyen la vida y nos llevan a aferrarnos
al dolor. Mejor será que utilices el dolor en tu vida
para crear algo positivo.

EL MEJOR AMIGO

*Todo el mundo puede ser un pelmazo para
alguien. Pero eso carece de importancia.
Lo importante es no ser un pelmazo
para uno mismo.*
GERALD BRENAN

¿QUIÉN ES LA PERSONA MÁS IMPORTANTE de tu vida? Reflexiona sobre esta pregunta durante unos breves instantes. La respuesta es *tú*. Nadie puede reemplazarte. Tienes que ser para ti mismo aquello que todos necesitamos: el mejor amigo, alguien que aguante tus locuras y tus deficiencias y que, no obstante, siga aceptándote y esté ahí, a tu lado.

Deja de darte varapalos cuando a los demás no les guste algo que hayas hecho. Aún en el caso de que lo que hicieras estuviera mal, o fuera peligroso, o incluso estúpido, el problema está en el acto realizado, no en *ti*.

Así pues, no dejes que los demás destruyan la relación que mantienes con la persona más importante de tu vida: ¡tú! Acepta tu singularidad y deja que los demás sean también ellos mismos.

Soulución del día

*¿De qué manera puedes ser tu mejor amigo
o amiga hoy mismo?*

RECETA 36

SERVICIO

*¿En qué consiste una vida humana
profundamente satisfactoria,
y cómo podemos diseñarla?*
LENEDRA J. CARROLL, *THE ARCHITECTURE
OF ALL ABUNDANCE*

TODOS QUEREMOS TENER UNA VIDA SATISFACTORIA. ¿Cómo podemos conseguirlo? Existen muchas maneras de buscar satisfacciones. Quizás intentemos que los demás hagan algo por nosotros; y, sin embargo, eso solo no nos va a resultar plenamente satisfactorio. Otra manera de intentarlo es llenando nuestra vida con posesiones materiales. Pero acumular cosas no hace la vida más satisfactoria. Puede desatar los celos de nuestros vecinos, pero no hará de tu vida algo gozoso y pleno de sentido.

Fíjate en lo que dicen los sabios. Nos dicen que sirvamos a los demás, y que así encontraremos el mensaje eterno que nos indica cómo tener una vida satisfactoria. No se trata de que te den las gracias ni de ganarse el reconocimiento, sino de la alegría inherente que surge del hecho de hacer algo por los demás. Encuentra tu modo de servir al mundo y de darle tu amor, y observa lo que esto supone en tu vida.

Soulución del día

Sirve a los que estén en necesidad, y recibe el regalo de la vida.

LA TAPADERA

Es un error pensar que escuchamos sólo con los oídos. Es mucho más importante escuchar con la mente, los ojos, el cuerpo y el corazón. Nunca serás capaz de escuchar a menos que quieras de verdad comprender a la otra persona.
MARK HERNDON

LAS PERSONAS ESTÁN ACOSTUMBRADAS A DISIMULAR la verdad acerca de lo que están sintiendo en realidad. Todos hemos oído los mensajes: «Has de ser fuerte, no muestres tus sentimientos, no dejes que los demás se enteren de que te gusta eso», etc. Pero cuando la gente que conoces niega sus problemas, te das cuenta enseguida de si está diciendo la verdad por la forma en que se expresa. Cuando nos escuchamos de verdad unos a otros, somos capaces de ver las tapaderas y de descubrir la verdad que hay debajo.

Conviene que miremos en el interior de las vidas de aquellas personas con las que nos comunicamos, y que reconozcamos lo que están experimentando y sintiendo. De modo que utiliza tu capacidad de penetración y, cuando detectes un problema, dilo en voz alta y ofrece tu ayuda. El hecho de que la otra persona acepte o no tu ayuda es una decisión suya. Sin embargo, tu cariño y tu disposición incrementarán las posibilidades de que comparta su angustia y comience a sanar.

Soulución del día

La próxima vez que le preguntes a alguien cómo le va cierra los ojos cuando responda, y verás a través de su escudo de palabras.

PRÁCTICA O TRATAMIENTO

*El amor y la compasión son necesidades, no
lujos. Sin ellos, la humanidad no podría
sobrevivir.*
EL DALAI LAMA

UN DÍA ESTABA PENSANDO en la diferencia entre tratar una enfermedad y practicar la medicina. Cuando tratas una enfermedad, no te preocupa la persona implicada, sino simplemente el diagnóstico. Prescribes una medicina para ese trastorno, pero ignoras la experiencia de la persona.

Pero este principio se puede aplicar en cualquier otra profesión: abogado, constructor de tejados, fontanero o médico. Puedes ignorar el aspecto humano de tu cliente/paciente, hacer tu diagnóstico y prescribir el tratamiento adecuado, con independencia de lo que la persona esté sintiendo o experimentando, o del efecto que eso esté teniendo en su cuerpo, su mente, su espíritu y su bienestar económico.

De modo que elige: o practicas como un artista y ayudas a sanar vidas, o tratas como un técnico y sólo te ocupas de los problemas. Con independencia de cuál sea tu profesión, cuando tratas a las personas con consideración, el resultado es siempre más duradero y beneficioso.

Soulución del día

*Cuando estés trabajando, practica el «arte» de tu profesión, y
cuida de la persona en su totalidad.*

BAJO PRESIÓN

Un diamante no es más que un trozo de carbón
que manejó el estrés excepcionalmente bien.
ANÓNIMO

MULTITUD DE PERSONAS PRESTAN MUCHA ATENCIÓN a todos los anuncios de televisión que les dicen cómo evitar el dolor. Pero el dolor es el gran terapeuta no deseado, pues te presiona para que hagas algo diferente.

Una mujer con una severa migraña de cinco días de duración estaba a punto de ser admitida en el hospital. Decía que sentía el dolor como una presión o un peso en su cabeza. La insté a abordar las presiones de su vida, que guardaban relación con su matrimonio. En pocos minutos, el dolor había desaparecido y estaba de regreso a casa, con la esperanza de cambiar las cosas y de hacer buen uso de los consejos recibidos.

Son los momentos de pasión y de claridad, como los que esta mujer experimentaba, los que generan el deseo, la intención y la determinación para hacer que ocurra algo distinto. No temas al dolor ni lo evites, pues podría ser el catalizador que necesitas para liberarte del estancamiento y dirigirte hacia tu sanación.

Soulución del día

Bajo presión, el carbón se convierte en un diamante. Utiliza
tu dolor, y los dones que éste te trae, para cambiar
las cosas y crear una gema con tu vida.

LOS DELFINES COMO SANADORES

Sólo a los delfines les ha dado la naturaleza
aquello que los mejores filósofos buscan:
amistad desinteresada.
PLUTARCO, *PERSONAS Y DELFINES*

TODOS HEMOS OÍDO HABLAR DE HISTORIAS sobre la sabiduría de los delfines, desde aquéllas en las que salvaron a alguien de morir ahogado hasta aquellas otras en las que se habla de su respuesta ante los discapacitados que se sumergen con ellos en un acuario. Los delfines pueden detectar pequeñas diferencias en nuestra energía, y responden a esa energía con mucha más facilidad que nosotros. La ciencia nos habla de un campo de consciencia universal que se puede medir mediante generadores de energía aleatoria. Pero los seres humanos tenemos dificultades para sintonizar con esa energía porque pensamos demasiado.

Hace años, una joven que yo conocía y que padecía un cáncer terminal se fue a Florida a pasar sus últimos días. Tenía allí unos amigos que trabajaban con delfines y con niños discapacitados, y consiguieron que la joven se metiera en el agua con ellos. Los delfines la trataron con mucho cariño, por lo que se hizo obvio que eran conscientes de su enfermedad.

Aquellos mismos delfines nadaban con un niño hemipléjico y le ayudaban a ejercitar sus paralizados miembros. ¿Cómo sabían los delfines que aquellas personas tenían graves aflicciones, y cómo sabían dónde se localizaban esas aflicciones? ¿Podría deberse a que nuestros órganos y miembros tienen determinada energía que los delfines pueden sentir y con la cual pueden comunicarse? Yo creo que sí. Y también creo que todos somos capaces de sentir esta energía. Yo con frecuencia la siento, cuando trabajo con mis pacientes o con profesionales de la atención sanitaria. Puedo sentir qué personas tienen una naturaleza curativa, personas que serán terapéuticas para todos aquéllos con quienes se encuentren o de quienes cuiden.

Aquella joven que había nadado con los delfines me llamó una noche para decirme que le estaba costando mucho morir. Yo le respondí que le resultaría más fácil cuando se sintiera preparada, y le dije que nunca había recibido una llamada de un delfín con ese problema. La joven murió serenamente aquella misma noche.

Soulución del día

*Utiliza todos tus sentidos, y mantente abierto
a la energía que te rodea.*

DESPEDIRSE

Lo mejor de un hombre bueno permanece para siempre, pues el amor es inmortal y lo hace todo inmortal.
WILLIAM SAROYAN

HACE MUCHOS AÑOS, una paciente mía se fue a la isla hawaiana de Kauai para pasar sus últimos días. Su madre vivía allí, y mi paciente quería hacer las paces con ella antes de morir.

Varios años después, fui invitado a dar una charla y presentar un taller en aquella isla. Un día, mi mujer y yo entramos en una tienda y nos encontramos con una mariposa tigre de cola de golondrina atrapada en una gran lámpara tipo araña. Mi esposa sintió la necesidad de rescatarla, de modo que se subió a un mostrador y le extendió la mano a la mariposa. Sorprendentemente, ésta se le posó en la palma de la mano. Mi mujer bajó del mostrador y salimos a la calle con el fin de liberarla, pero la mariposa no se quería ir. Mi esposa intentó ahuyentarla de uno de sus hombros, pero el insecto se le posaba en el otro, hasta que al final decidimos no molestarla más y dejar que nos acompañara.

Aquella noche le dije a mi mujer:

—Bobbie, tendrás que dejar ir a la mariposa. La podemos aplastar si se mete en la cama con nosotros.

Mi mujer salió al porche, volvió y dijo:

—La he ahuyentado de mi hombro.

—Cariño, la llevas en el otro hombro –le hice ver.

Al final, pusimos un platillo de agua en uno de los bancos de la cocina, y la mariposa se posó en el borde del plato para pasar la noche.

A la mañana siguiente, la mariposa dio un salto y se vino con nosotros al taller. La puse en una bolsa de papel, con la intención de utilizarla como parte de mi charla, en la que pretendía hablar de la vida como una serie de principios, no de finales. Después de hablar del simbolismo de la oruga y la mariposa, abrí la bolsa y dejé salir a nuestra mariposa para que la viesen. La mariposa se pasó el día por encima de nuestras cabezas, y luego, después del taller, se fue.

¿Por qué pasó tanto tiempo con nosotros aquella mariposa? Mi respuesta fue que era una representación del espíritu y la consciencia de mi paciente, y que aquélla había sido su manera de darme las gracias y de despedirse.

Soulución del día

¿Has sido consciente alguna vez de lo que parecían ser señales o mensajes de un ser querido ya fallecido?

DISCUTE O AMA

*Las discusiones se parecen a las canciones
de amor: describen mucho, pero no
demuestran nada.*
MATTHEW PRIOR

¿**VAMOS A DISCUTIR O VAMOS A HACER EL AMOR?** Hay quien cree que ambas cosas son beneficiosas. Si discutimos, yo puedo demostrarte lo listo que soy y cuánta razón tengo. Puedo gritar y enfurruñarme, alejarme, intentar dormir y actuar como si yo hubiera ganado. Si nos amamos, no habrá palabras que puedan expresar el sentimiento. Y ambos dormiremos en paz, porque no habrá perdedores, sólo ganadores que han optado por renunciar a la victoria.

Soulución del día

*Tener razón tiene en ocasiones un elevado precio; el coste es tu
felicidad. El amor es gratis, y trae consigo descuentos.*

¿CÓMO CRECE TU JARDÍN?

*Llegó un momento en que el riesgo de quedarse
encerrada en un capullo era más doloroso que
el riesgo que suponía florecer.*
ANAÏS NIN

CADA UNA DE LAS CÉLULAS DE NUESTRO CUERPO es como una sabia semilla que puede crecer y florecer. En la naturaleza, las semillas demuestran su sabiduría. Aunque pavimenten el suelo encima de ellas, saben perfectamente en qué dirección se va hacia arriba. Crecen intuitivamente hacia la luz y la vida. Se abren paso en medio de los obstáculos, se enfrentan a climas adversos y sobreviven a plagas y venenos con el fin de llevar a cabo su misión aquí en la tierra.

Las plantas saben que a veces tienen que renunciar a una parte de ellas, sea por una poda o por una pérdida natural, para manifestar su verdadera belleza. No son críticas con su crecimiento, ni se comparan con las demás plantas. En tanto que las semillas no tienen necesidad de pensar ni de preocuparse por todas las cosas por las que nosotros lo hacemos, nosotros sí que debemos comprender que, al igual que ellas, hay veces en que también tenemos que abrirnos paso a través de la oscuridad para sobrevivir.

Tenemos la sabiduría necesaria para cultivar nuestro potencial y alcanzar la luz. Somos capaces de crecer y de superar las adversidades de la vida. Incluso el «abono» de nuestra vida se podría utilizar mejor si dejáramos que estimulara nuestro crecimiento, en lugar de dejarnos enterrar debajo de él. Si prestamos atención a nuestra sabiduría interior y damos sustento a la semilla interior, es imposible saber cómo floreceríamos durante las estaciones de nuestra vida.

Soulución del día

No olvides que las semillas y las plantas tienen también momentos de silencio en los cuales se restablecen y se nutren. ¿Con cuánta frecuencia te tomas tiempo para nutrirte, restablecerte y disfrutar de tu crecimiento, y para recordar que, a veces, la pérdida puede traer cambios que mejoren tu vida?

RECETA 44
LISTA DE QUEHACERES PARA UNA BUENA SALUD

*Si no cambiamos, no crecemos. Si no crecemos,
no estamos viviendo de verdad.*
GAIL SHEEHY

«ME ESTÁ MATANDO». Sí, hay cosas que pueden matarnos y sobre las cuales no tenemos un control directo; pero esa frase guarda relación la mayoría de las veces con aspectos de nuestra vida sobre los cuales sí podemos hacer algo, los cuales podemos cambiar: empleos, comportamientos, actitudes, etc.

Te sugiero que hagas una lista de lo que te está «matando» y decidas qué vas a hacer al respecto *en estos momentos*. Si tienes problemas para pensar en lo que debería haber en la lista, pídele a tu cuerpo que te dé algunas pistas. Pon la lista en el frigorífico y comienza a trabajar hasta que elimines toda la lista. Cuando lo consigas, sustitúyela con una nueva lista, pero esta vez de lo que necesitas comprar para mejorar tu vida.

Soulución del día

*Revisa tu lista a diario. Reevalúa aquellas situaciones que
parezcan imposibles y, luego, emprende las acciones necesarias
para que se den los cambios previstos en tu vida.*

RECETA 45

EL DÍA DE SAN VALENTÍN

Todos hemos nacido para amar. Es el principio
de la existencia, y su único final.

BENJAMIN DISRAELI

¿**SERÁS TÚ MI NOVIA?** El hecho de que alguien que conoces te reconozca como digno de amar es un gran regalo de la vida; el hecho de que alguien te acepte, que acepte tus fallos e imperfecciones, y que los supere con el compromiso de amarte.

¿Por qué amamos? Yo creo que el deseo de amar es algo para lo que estamos programados desde que nacemos, y que el amor no es una elección. La persona a la que amamos sí que se convierte en una elección, en la medida en que vamos de la apertura y la aceptación de la infancia hacia la cerrazón mental y las restricciones de la edad adulta. Y conviene que haya un día en que nos detengamos a pensar en la persona a la que amamos y la reconozcamos. El amor es necesario para nuestra supervivencia.

Soulución del día

El Día de San Valentín se puede vivir todos los días.

UNA FAMILIA

*Tienes que estudiar a la gente tanto como
mirar por ella.*
G. K. Chesterton

El otro día estaba yo en el ascensor de un hotel cuando entró en él una pareja. Fuimos juntos varios pisos y, entonces, escuché al marido decir:

—Creo que tienes que cambiarte.

—Pues yo creo que mi ropa está muy bien –dijo ella.

Y yo dije:

—Quizás él no esté hablando de su ropa.

Se me quedaron mirando incrédulos, hasta que se dieron cuenta de que yo estaba haciendo el papel de un hijo, y entonces se echaron a reír y nos hicimos familia.

Soulución del día

*Allá donde estés, allá donde vayas, te encontrarás con tus
hermanas y hermanos.*

RECETA 47

JAULAS

Estás hoy allí donde tus pensamientos te han llevado; y estarás mañana allí donde tus pensamientos te lleven.

JAMES ALLEN

LOS ANIMALES VIVEN EN JAULAS sólo cuando se les obliga a vivir en jaulas. Observa a los animales enjaulados. Sus ojos pierden toda señal de luz y de vida, mientras sus cuerpos se atrofian. Son prisioneros.

Yo creo que también nosotros nos creamos nuestras propias jaulas. Luego, una vez dentro, nos convertimos en prisioneros y pensamos que no podemos escapar; cuando la verdad es que somos nosotros quienes hemos hecho la jaula y los únicos que podemos liberarnos de ella.

Puede tratarse de una prisión que hemos creado en nuestra mente, bajo circunstancias que creemos reales o con emociones reprimidas. Para liberarnos, tenemos que romper los cerrojos de los confines de nuestra mente y nuestro corazón. Si estamos dispuestos a sentir nuestro propio dolor e investigar nuestra vida, las barreras caerán y seremos libres.

Soulución del día

Escapa de la jaula que has construido a tu alrededor. Busca dentro la respuesta y haz los cambios necesarios en tu vida para encontrar tu libertad.

BUSCANDO LA GLORIA

Cuántas preocupaciones pierde una cuando
decide no ser algo, sino alguien.
Coco Chanel

SI TÚ CREAS UNA OBRA DE ARTE o pones en marcha un negocio próspero para que la gente quede impresionada y admire lo que has hecho, lo único que estarás buscando es un beneficio personal. Si crees que la satisfacción es el fruto de haber impresionado a los demás, haciendo dinero, viendo tu nombre en los periódicos o demostrando a tus padres que no eres un fracasado, terminarás decepcionado, porque eso no te va a traer la felicidad.

La felicidad es un «trabajo interior». Sólo buscando dentro podrás encontrar de verdad lo que te va a hacer feliz. De modo que hazte estas preguntas: ¿Estoy sirviendo al dinero o estoy sirviendo a Dios? ¿Acaso lo que hago es tanto un servicio para la humanidad como para mí mismo? Y, en última instancia, tienes que preguntarte, «¿Quién es mi Señor? ¿Y a quién estoy sirviendo?

Soulución del día

La admiración de uno mismo y la búsqueda de la gloria no son más que las señales de que no estás verdaderamente iluminado.

RECETA 49

HACERSE VIEJO DE REPENTE

¿Quizás debería practicar un ahora poco?
Para que la gente que me conoce
no se quede tan impactada y sorprendida
cuando me haga vieja de repente
y comience a vestir de morado.
JENNY JOSEPH

MUCHAS PERSONAS HAN ESCRITO POEMAS e historias acerca de la libertad que alcanzaron cuando se hicieron mayores. Cuando eres viejo, puedes ser un excéntrico y salirte con la tuya, porque la vejez es una excusa para que deje de preocuparte lo que piensen los demás de ti.

Pero, ¿para qué esperar a hacerse viejo para tener la oportunidad de vivir? Envejecer es algo inevitable, a menos que mueras joven, lo cual no es una alternativa satisfactoria, al menos en lo que a mí concierne. ¿Por qué no disfrutar más de la vida ahora y preparar a la gente para extravagancias aún más sonadas cuando te hagas viejo? ¿Para qué esperar a impactarles? ¡Empieza ya!

Recuerdo a una mujer de uno de mis grupos de apoyo que se quejaba de las exigencias que su familia le hacía. Le dije que pensara en sí misma y que les dijera que no. Y ella dijo:

—Una no puede decir no hasta que no llega a los ochenta años.

De modo que yo le respondí:

—Compórtate todos los jueves como si tuvieras ochenta años.

A la mujer le gustó la idea, y la puso a prueba.

Soulución del día

Comienza a comportarte como si te hubieras hecho viejo de repente, al menos un día a la semana.

COMPORTAMIENTO DE SUPERVIVENCIA

Con el amor, todo es posible.
ANÓNIMO

A UNA AMIGA MÍA le dijeron que le quedaba poco tiempo de vida. Para tener algo de compañía durante sus últimos meses de vida, adoptó a un gato abandonado. Lo llevó al veterinario para asegurarse de que estaba sano y, mira por dónde, resultó que el gato tenía leucemia felina y le quedaba un año de vida. Al volver a casa, mi amiga estaba devastada y deprimida, pero el gato no. Gracias a Dios, mi amiga aprendió algo del gato porque, mientras escribo esto, catorce años después de aquel día, puedo decir que ambos siguen con vida.

Los animales responden al amor, viven el instante, expresan sentimientos y, en general, saben cómo sobrevivir. Sé de un gato con un fallo renal al que se lo llevaron a casa para que muriera, y decidieron darle una atención especial y amor en tanto viviera. De eso hace ya cuatro años, y el gato sobrevive.

Y lo mismo me ha pasado a mí con nuestras mascotas. En una ocasión, mis hijos se empeñaron en que no le hiciéramos la eutanasia a una de nuestras mascotas, y pude ver de primera mano lo que el amor puede hacer. Nuestro veterinario dijo, «Nunca había visto a un perro tan enfermo que siguiera vivo». Sin embargo, *Oscar* vivió aún otros tres años más. ¿Qué podemos aprender con todo esto? Que nunca debemos darnos por vencidos, y que nunca debemos dejar de amar.

Soulución del día

Vive el instante y ama con cada uno de tus alientos. Tu vida tendrá sentido, y ayudarás a otros a dirigir sus pasos.

EL QUE PORTA LA ANTORCHA

A vosotros, de manos vacilantes, os arrojamos
la antorcha; sea vuestra, para que
la levantéis bien alto.
JOHN McCRAE

POR LA NOCHE, VEMOS LUCES que tuvieron su origen hace miles de millones de años. La luz no tiene límites; y, cuando brillamos, nosotros tampoco tenemos límites.

Así pues, conviértete en una luminaria e ilumina el camino. No tengas miedo de tomar la antorcha y hacer retroceder la oscuridad. No existen límites para los efectos que tu comportamiento iluminado puede tener.

Sí, hace falta cierta energía y pasión para iluminar la oscuridad, pero todos podemos hacerlo si nos despojamos de nuestros miedos. Haciendo brillar tu luz, puedes ayudar a sanar a los demás, como individuos y como habitantes de este planeta. Así pues, enciende tu antorcha e ilumina el sendero. Y si ves a alguien con una antorcha que esté ya viejo y cansado, o que esté herido y vacilante, toma su antorcha y sigue adelante. Tu vida tendrá sentido, y podrás ayudar a los demás a dirigir su sendero.

Soulución del día

Toma la antorcha y sigue avanzando. No le tengas miedo al
calor, ni tampoco a resultar quemado.

RECETA 52

BRÚJULA

La gente no tropieza con montañas; da traspiés con las piedras.
PROVERBIO INDOSTÁNICO

¿QUÉ ES LO QUE TE MANTIENE EN LA DIRECCIÓN CORRECTA? ¿Qué brújula has elegido para que te oriente a través de la vida? ¿Acaso tus decisiones guardan relación sólo con tus deseos?

A mí se me educó para hacer lo que me hiciera feliz cuando tuviera que tomar una decisión. Pero esto no es egoísmo ni interés propio; es, más bien, servir al mundo y vivir mi vida de tal modo que sienta que es lo correcto para mí.

No es casualidad que la palabra *compassion* («compasión», en inglés) tenga un 70 por 100 de *compass,* «brújula», en inglés. Si dejamos que la compasión nos guíe, nos estaremos sirviendo a nosotros mismos, así como a aquellas personas que necesitan de nuestro servicio. Deja que la compasión te dirija, pues también dirigirá a otras personas hacia ti cuando te encuentres en momentos de necesidad.

Si dejas que la compasión te guíe, podrás cerrar los ojos, caminar en la oscuridad y tener la seguridad de hallarte en el camino correcto. Ésa es la brújula interna que todos necesitamos en esta vida. Si eso no te funciona, prueba a *complaining* («quejarte», en inglés) a todas horas. *Complain* («Quejarse») es sólo un 50 por 100 de *compass* («brújula»), pero eso es una decisión tuya.

Soulución del día

Sintoniza con tu brújula interna. ¿En qué dirección está apuntando?

DESPÓJATE DE TUS PREOCUPACIONES

Pues perdamos lo que perdamos (como un tú o un yo) es siempre a nosotros mismos a quienes encontramos en el mar.

E. E. CUMMINGS

CUANDO ESTÉS PREOCUPADO, siempre te vendrá bien meterte en el agua. El agua es una fuente de vida y, con mucha frecuencia, tiene las respuestas que buscas. Puedes construir un puente sobre aguas turbulentas y seguir adelante en tu vida, o puedes dejar que las aguas arrastren tus preocupaciones.

Me encanta la playa, porque me aporta la sensación de estar cerca de la creación. Ve a la playa con la marea baja y escribe tus preocupaciones en la arena. Una vez las hayas escrito todas, siéntate en silencio y visualiza todo lo que hay en esa lista, hasta que la marea comience a subir. Y, cuando lo haga, verás cómo borra tus preocupaciones de una en una. Deja que tus preocupaciones se vayan, a medida que el mar las arrastra. Si alguna de ellas vuelve a aparecer más tarde, o bien no puedes acercarte al océano, imagina simplemente cómo las olas arrastran tus preocupaciones con la marea.

Puedes limpiar tu mente, tu cuerpo y tu vida de este modo. Del mismo modo que la marea, que nunca cesa en sus idas y venidas, tú también podrás seguir limpiándote y sanando. Deja que el agua arrastre todas tus preocupaciones.

Soulución del día

Ve a la playa, física o mentalmente, tanto como necesites, hasta que el flujo y reflujo de la marea purifique tu espíritu.

MOMENTOS SIGNIFICATIVOS

Hasta la cosa más pequeña, si tiene un significado, es más valiosa en la vida que la más grande si no lo tiene.
C. G. JUNG

RECUERDA UN INSTANTE que fuera significativo para ti. No estoy diciendo un instante agradable o gozoso; estoy diciendo un instante con significado, con sentido. Frecuentemente, los sucesos significativos no son agradables, sino dolorosos o temibles. Otras veces, son epifanías repentinas que nos hacen verlo todo claro en un instante. En un principio, el incidente puede parecer insignificante, y puede que el verdadero impacto de ese incidente en tu vida no se te haga patente hasta tiempo después. Los momentos significativos se centran en la importancia de nuestra vida, y en cómo empleamos nuestro tiempo.

¿De qué modo estos acontecimientos se convierten en maestros y guías? ¿Qué lecciones has aprendido que te hayan llevado hasta donde te encuentras ahora y te hayan convertido en la persona en la que te has convertido? Con frecuencia, no nos damos cuenta de que las decisiones que tomamos o las elecciones que hacemos nos llevan hasta experiencias que pueden cambiar por completo nuestra existencia.

Pregúntate hoy mismo qué te motiva, qué le da significado a tu vida. Encuentra la respuesta, y te encontrarás a ti mismo. Echa la vista atrás a aquellos acontecimientos significativos; piensa en qué te proporcionaba alegría cuando eras niño. Cuando combines estas dos cosas, estarás viviendo la vida que se suponía que tenías que vivir.

Soulución del día

Tómate tiempo hoy para explorar qué cosas son significativas para ti. Pondera los acontecimientos del pasado y toma nota de las lecciones que te trajeron.

RECETA 55

PACIENCIA

Es nuestra impaciencia la que lo arruina todo.
MOLIÈRE

UNA VEZ ESCUCHÉ UNA HISTORIA sobre el marido de una mujer que había vuelto de la guerra con síndrome de estrés postraumático. La mujer se veía incapaz de relacionarse con él ni de hacer que el hombre cuidara de sí mismo, y estaba a punto de dejarlo. Pero, antes, buscó la ayuda de un sanador.

El sanador le dijo que podía hacer una poción con la cual sanar a su marido, pero que iba a necesitar un pelo del pecho de un oso.

La mujer se pasó meses intentando hacerse amiga de un oso en su cueva. Le llevaba comida, y pudo ir acercándose a él cada vez más, hasta que un día estuvo lo suficientemente cerca como para arrancarle el pelo del pecho y echar a correr. Luego, se lo llevó al sanador.

Pero el sanador arrojó el pelo al fuego. La mujer lanzó un alarido:

—He arriesgado mi vida por ese pelo. Usted iba a hacer una poción para curar a mi marido.

Y el sanador sonrió y dijo:

—Ahora, vuelva a casa, y sea tan paciente con su marido como lo ha sido con el oso.

La capacidad para esperar pacientemente algo es un valioso rasgo del carácter, pues le proporciona tiempo a la otra persona para que se conozca a sí misma y se cure. La única excepción es cuando el comportamiento de la otra persona es una amenaza para tu bienestar.

Soulución del día

Piensa en el proverbio «La paciencia es una virtud».

LÁGRIMAS

Dios nos lava los ojos con lágrimas hasta que pueden contemplar la tierra invisible donde las lágrimas ya no brotan.
HENRY WARD BEECHER

¿POR QUÉ SE NOS HIZO CON LA CAPACIDAD DE LLORAR? La risa hace que nos sintamos bien, y nunca nos cuestionamos su valor; pero, ¿para qué las lágrimas? Hemos nacido con la capacidad de llorar debido a la naturaleza purificadora del agua. ¿Qué es lo que ablanda una esponja seca y dura? ¿Con qué se limpia una herida y se lava la suciedad? Podría hacer miles de preguntas acerca de lo que el agua puede hacer. El agua es necesaria para la vida, y lo mismo ocurre con las lágrimas.

Las emociones de las que no nos desprendemos nos destruyen, pero aquellas que lavamos con las lágrimas nos restablecen. Piensa en esa esponja seca y dura que hay en la encimera de la cocina. Si no lloraras, tú serías como esa esponja. Pero si sumerges la esponja en agua caliente, se ablanda, al igual que nos ocurre a los seres humanos cuando estamos dispuestos a derramar lágrimas de dolor, de alegría, de amor y de aceptación.

Soulución del día

Purifícate con un buen llanto, y deja que los demás sepan que llorar también es bueno para ellos.

RECETA 57

PERRO DE TIRO

*El viaje es tu objetivo y tu trabajo
es tu sendero.*
LAO-TZU

UN AMIGO ME ENVIÓ UN CORREO ELECTRÓNICO en el que utilizaba la metáfora de un perro de tiro como reflejo de nuestro propio guía interior. El perro de tiro que va en cabeza, el perro guía, conoce su camino y sigue su intuición cuando tiene que tomar decisiones sobre si cruzar el hielo o encontrar un nuevo sendero.

Pero nosotros también disponemos de esa sabiduría. Yo creo que nuestro corazón es nuestro perro guía, y que sabe cuál es el camino que tenemos que seguir. La clave estriba en seguir esa sabiduría y en no detenerse ni dejarse desviar hacia otro sendero, como haría cualquiera que no confiara en su propio perro guía.

¿Qué clase de perro te gustaría tener por perro guía, y qué nombre le darías? Ahora, dale esa imagen a tu corazón y llámalo por ese nombre. Cuando ambos viajéis juntos por nuevas tierras y emociones, acuérdate de dejar que tu perro guía-corazón te dirija.

Soulución del día

*Recuerda que a los perros les gustan las chucherías
y los paseos largos.*

RECETA 58

GRACIA

Gracia sublime, cuán dulce el sonido...
Era ciego, pero ahora veo.
JOHN NEWTON

GRACIA: incluso la palabra es agradable de pronunciar, y me encanta la canción *Amazing Grace* («Gracia sublime»). Alguien que conozco comentó que no le gustaba cantar el fragmento que dice, «Aquello salvó a un miserable como yo»;[10] que prefería cantar, «Aquello salvó a un alma como yo». Pero, ¿acaso la gracia no ve más allá de nuestros defectos e imperfecciones humanos?

Cuando soy capaz de aceptar que soy un miserable en ciertos aspectos (y mi mujer seguro que podría añadir elementos a esa lista), y luego recibo la gracia de Dios, eso se convierte en algo verdaderamente importante para mí.

Si yo fuera un alma gloriosa, libre de imperfecciones, esperaría evidentemente que la salvación apareciera en mi camino. Pero si yo soy un miserable, alguien perdido y maniatado, ciertamente será muy especial para mí que se me conceda la gracia.

Soulución del día

Por la gracia de Dios, ayúdate a ti mismo
y a los demás a ser libres.

---

10 El autor hace referencia a uno de los versos de esta canción. *(N. del T.)*

RECETA 59

STRADIVARIUS

En vez de dejarnos enredar por todas las
perturbaciones que se presentan sin cesar en
nuestra vida terrenal, tomemos en
consideración, más bien, lo preciosa
que es esta vida.
SWAMI CHETANANANDA

SI ALGUIEN TE REGALARA UN ROLLS ROYCE, un Stradivarius, una piedra preciosa o alguna otra cosa de gran valor, ¿cómo cuidarías de ese regalo? Creo que la respuesta es obvia. Lo guardarías y cuidarías de él para que mantuviera su valor.

A ti se te ha dado una vida que cuidar, tu propia vida. ¿Cómo vas a cuidar de ella? Creo que la respuesta es que, en ocasiones, no cuidas de ella todo lo bien que cuidas del resto de tus tesoros. Toda vida es un hermoso instrumento, una obra de arte. Aprende a hacer uso de ella con todo tu talento. Pero, por encima de todo, trata tu vida con el respeto que se merece.

Quizás no se te haya tratado como a un valiosísimo instrumento, pero nunca es tarde para que pulimentes su madera y afines sus cuerdas. Y, cuando sintonices con lo que de precioso tiene la vida, enseña a los demás lo que has aprendido.

Soulución del día

Tú eres un Stradivarius. Haz sonar las cuerdas de tu corazón.

RECETA **60**

SOLEDAD

*La búsqueda eterna del ser humano individual
estriba en hacer añicos su soledad.*
NORMAN COUSINS

CUANDO TE CONOZCAS A TI MISMO ya nunca estarás solo, porque siempre te tendrás a ti mismo contigo. Cuando alcances ese estado de autoconciencia, te percatarás también de que existe una conciencia más grande, la consciencia universal, que es consciente de ti y contigo en todo momento. Una manera de conectar con esta consciencia es mediante la oración. Puede conectarte con todo.

Has de estar dispuesto a mirar más allá de ti mismo para que esto ocurra. Si culpas a los demás de tu soledad o de la falta de atenciones que recibes, no cambiará nada. La soledad se impondrá entonces. Pero si te centras en conocerte a ti mismo y en conocer a tu Creador, siempre estarás acompañado.

Soulución del día

*Tómate tiempo para conocerte mejor a ti mismo. Lleva un
diario, medita, reza y escucha.*

PREGUNTAS

*El necio busca la felicidad en la distancia, el
sabio la hace crecer bajo sus pies.*
JAMES OPPENHEIM

HE AQUÍ ALGUNAS PREGUNTAS que te permitirán comprender cómo estás
empleando tu tiempo en la tierra.

¿Qué es lo que te encanta del hecho de estar vivo?

¿Cómo terminarías esta frase:

Gracias Dios, porque soy/estoy _____?

¿Cuánto tiempo te ha llevado contestar a cada pregunta? Si has tenido
que detenerte a pensar es porque te ha llevado demasiado tiempo. Estas
respuestas deberían fluir con facilidad. Si no lo hacen, será señal de que
no estás en contacto con tu corazón y de que tienes que alimentarlo.

Ahora, responde a esta pregunta:

Cuando contemplas un jardín, ¿ves las malas hierbas o ves las flores?

Si te resulta difícil responder, quizás sea porque tienes que quitarte las
anteojeras que otros te han puesto delante de los ojos. Tú no tienes por
qué ver lo que ellos te dicen que tienes delante de ti. Eres tú quien decide
cómo vas a percibir el mundo. Las verdaderas respuestas a todas estas
preguntas sólo pueden proceder de tu corazón.

Soulución del día

*Escribe las dos primeras preguntas. Durante la semana que
ahora comienza, responde a ellas con, al menos, una nueva
respuesta cada día. Son unas buenas preguntas
para que te las formules una vez al mes.*

RECETA 62

FOTOGRAFÍAS

Cuando el carácter encandila, los rasgos
son agradables.
OVIDIO

TENGO FOTOGRAFÍAS de toda nuestra familia por toda la casa. En ellas se ve a personas de todas las generaciones, entres en la sala que entres. Y hago esto porque amo a la gente que hay en esas fotografías, y porque sus rostros me recuerdan cuanto me aman ellas a mí.

En la cocina, junto al teléfono, hay dos fotos. En una se ve la hermosa y sonriente cara de mi esposa; y en la otra estoy yo cuando era niño. La foto de mi mujer hace que me enamore de ella cada vez que me siento ante la mesa para escribir o para responder al teléfono. Con esa foto me desprendo de todos los problemas cotidianos, y me hace el papel de una terapeuta.

La mía es una fotografía que se utilizó en un anuncio cuando yo era pequeño. Cuando mi abuela se enteró de que yo iba a ser modelo, tomó toda mi ropa y la planchó. Volvió toda la ropa del revés, para que la plancha no la quemase o la marcase. Pero la raya de los pantalones quedó también del revés y echó a perder todas las fotos. Pero esas fotos me recuerdan cuánto me quería mi abuela, y me ayudan a soportarme a mí mismo.

Soulución del día

Acuérdate de las personas a las que amas rodeándote de sus
fotografías. Y no olvides incluir una foto tuya.

RECETA 63

SÉ COMO EL LOBO

Nos pusimos a prestar atención a una voz que gritaba en las montañas; y escuchamos el júbilo de los lobos.
DURWARD L. ALLEN

¿CÓMO PUEDES VIVIR UNA VIDA MÁS PLENA E INTENSA? En su libro *Mujeres que corren con los lobos: mitos y cuentos del arquetipo de la mujer salvaje*,[11] Clarissa Pinkola Estés comparte el «Reglamento lobuno» para la vida: «Come, descansa, vagabundea en los períodos intermedios, sé fiel, ama a los hijos, medita a la luz de la luna, aguza el oído, cuida de los huesos, haz el amor y aúlla con frecuencia».

¡Me suena francamente bien!

Así pues, reconecta con tus instintos básicos y, si tienes dudas, saca al lobo o la loba que llevas en tu interior.

Soulución del día

¡Haz el amor y aúlla a menudo!

---

11 Ediciones B. Barcelona, 2007.

RECETA 64

DEJA HACER A DIOS

La mente lleva en sí misma su propia morada,
y puede en sí misma hacer un cielo del infierno
o un infierno del cielo.
JOHN MILTON

¿QUÉ HACE FALTA PARA QUE ALGUNOS FINALMENTE SE DEJEN IR Y DEJEN HA-
CER A DIOS?[12] Quizás sea necesaria la siguiente situación hipotética: estás
a punto de morir, lo has perdido todo, no sabes a quién recurrir y estás
preparado para la muerte, de modo que te dejas ir y dejas hacer a Dios.
Creo que la mayoría de las personas tenemos que estar en ese punto para
que estemos dispuestas a dejarnos ir. Hasta ese momento, estamos buscando tiempo para preocuparnos por las tonterías y los absurdos con los
que ocupamos nuestra vida.

Cuando llegue el momento en que verdaderamente te dejes ir, encontrarás una paz interior más allá de todo lo que hayas podido experimentar jamás. Y en ese punto te sanarás.

Detente por un instante mientras lees esto y, simplemente, ponlo
todo en manos de una autoridad superior, una forma superior de consciencia o sabiduría, o como quiera que lo llames. Siente lo que pasa
cuando haces esto. Ese regalo siempre estará a tu disposición, sólo con
que te dejes ir.

Soulución del día

Tú no puedes controlar nada, salvo tus pensamientos. De
modo que, para empezar, ¿por qué no dejas de intentar
controlar todo aquello que no está en tus manos controlar?

---

12 El autor hace un juego de palabras aquí: *let go and let God. (N. del T.)*

YO SIENTO

Existe un silencio en el cual el mundo no se puede inmiscuir. Existe una antigua paz que tú portas en tu corazón y que no has perdido.

UN CURSO DE MILAGROS

Yo
Yo siento
Yo me siento vivo
Yo siento mi corazón latir
Yo siento mi vida y mi cuerpo danzar a su ritmo
Yo siento mis latidos
Yo siento mi corazón
Yo siento mi vida
Yo me siento vivo
Yo siento
Yo

Soulución del día

Armonízate con los ritmos de tu corazón y de la vida. Escucha el batir de tu propio tambor.

RECETA 66

DIOS SABE

*La sabiduría de Dios es diversa, porque Dios
es inagotable en su maravilla y en su
misericordia.*

JOHN ADAM WOODS

UN DÍA IBA PASEANDO con un amigo por sus terrenos de Florida. Mientras caminábamos, él comenzó a cuestionar la sabiduría de Dios al crear las cosas tal como eran. Señaló lo grandes que crecían las calabazas a partir de unos tallos tan endebles, en tanto que los limones y las naranjas colgaban de grandes árboles. Yo no tenía respuesta alguna para todo aquello, y simplemente seguimos caminando y disfrutando del paisaje.

Llegamos a una zona donde sus jornaleros estaban cosechando las frutas de los árboles. Nos detuvimos, observamos y seguimos charlando. Los hombres comenzaron a trabajar en el árbol bajo el cual nos encontrábamos nosotros, y varias frutas cayeron de sus ramas, golpeando una de ellas en la cabeza de mi amigo.

Me eché a reír y dije:

—Bien, ahora ya sabes que Dios no comete errores, y que tiene un motivo para todo.

—¿Qué quieres decir? –preguntó él.

—Imagina que hubiera sido una calabaza lo que te ha caído en la cabeza.

¡Y creo que captó el mensaje!

Soulución del día

*Existe una razón para todo, tanto si podemos discernirla como
si no. ¡Imagina si hubiera sido una calabaza lo que le cayó a
Isaac Newton en la cabeza!*

RECETA 67

PRESENTACIONES

Ningún hombre es una isla, ninguno está completo en sí mismo; todo hombre es un fragmento de un continente.
JOHN DONNE, *DEVOTIONS UPON EMERGENT OCCASIONS*[13]

EL OTRO DÍA le presenté mi mano derecha al resto de mi cuerpo. Pensé que sería conveniente que se conocieran mejor unos a otros. Quizás estés pensando, «¡Eso es una idiotez! Ya se conocen unos a otros. Todos forman parte de lo mismo, están hechos de lo mismo, proceden de lo mismo. No hace falta presentarlos».

Bien, cuando llegue al cielo y me pregunten si quiero que me presenten a Dios, diré, «¡Eso es una idiotez! Ya nos conocemos. Formamos parte de lo mismo, estamos hechos de lo mismo, procedemos de lo mismo. No necesito que me presentéis. Decidle simplemente que su mano derecha está aquí».

Soulución del día

Todos formamos parte del mundo de Dios, de modo que lo cierto es que no necesitamos ninguna presentación.

---

13 Devociones sobre ocasiones emergentes.

RECETA **68**

MUERTE

*La perfección del carácter moral consiste en
esto: en pasar cada día como si fuera el último.*
MARCO AURELIO

NUESTRA CULTURA SE ESFUERZA MUCHO POR NEGAR LA MUERTE. No decimos que la gente ha muerto; decimos que han fallecido, que han estirado la pata, que se han ido a un sitio mejor, que han pasado a mejor vida, que han expirado, etc. Una vez tuve un libro de texto en el que había dos páginas dedicadas a explicar cómo decir que alguien se había muerto sin utilizar la palabra *muerto*.

La cirugía estética, los medicamentos y todo lo demás son formas de negar el proceso de envejecimiento. Pero lo cierto es que uno no comienza a vivir en tanto no acepte su mortalidad. En la medida en que pienses que tienes por delante un tiempo ilimitado no te preocupas por lo que estás haciendo. Te conduces como si tuvieras tiempo para todo, cuando en realidad quizás te des cuenta de que te has perdido las cosas más importantes.

Hay un antiguo dicho nativo americano que nos aconseja que llevemos la muerte sobre el hombro, para acordarnos de vivir el instante. Creo que es una idea muy sabia.

Soulución del día

Vive con la convicción de que eres mortal.

PRIMAVERA

Todo roble tuvo su inicio en un par de bellotas
que encontraron su terreno.
HENRY DAVID THOREAU

LA PRIMAVERA TIENE UNA ENERGÍA INTERNA que se almacena dentro, lista para brotar, florecer y alcanzar su plenitud. Durante la primavera se reduce la tasa de mortalidad, mientras la gente ve las señales del renacimiento y de la nueva vida ante sus ojos.

En cierta ocasión, vi cómo una col fétida se abría paso en una zona recién pavimentada hasta extender sus hojas bajo el sol. Me llevé a toda mi familia a ver aquella planta con el fin de que les sirviera de inspiración. Quería que ellos afrontaran los bloques de hormigón de la vida con la misma sabiduría, coraje y determinación que lo había hecho aquella semilla de col fétida.

Piensa en ello por un momento. Tienes la sensación de que te hayan enterrado y hayan pavimentado encima de ti, de que estás en medio del frío y de la oscuridad. ¿Acaso hay alguna esperanza? ¿Qué probabilidades de supervivencia tienes? ¿Dónde está arriba y dónde abajo? ¿Qué haces cuando te das contra un muro? Pues bien, una semilla no se preocupa por tantas cosas como nos preocupamos nosotros. Comienza a moverse hacia la luz y, de pronto, se encuentra con el pavimento. ¿Eso la hará abandonar? ¿Se rendirá y morirá? ¡No!

Si vivimos con determinación, brotaremos y encontraremos la luz. Recordemos el mensaje de la primavera y de la semilla de la vida que existe dentro de cada uno de nosotros.

Soulución del día

Cuando te enfrentes a obstáculos, deja que tu sabiduría interior te guíe hacia la luz. Recuerda lo que dice la canción, que bajo la gélida nieve hay una semilla que, cuando llegue la primavera, se convertirá en un rosal.

RECETA 70

FRACASOS

*Una vida empleada en cometer errores no sólo
es más honorable sino también más útil que
una vida empleada en no hacer nada.*
GEORGE BERNARD SHAW

UN JOVEN fue una vez en busca de consejo a un famoso hombre de negocios, un multimillonario, y éste le dijo al joven que no había fracasado todavía el suficiente número de veces. Podría parecer un extraño consejo, pero lo cierto es que tienes que seguir fracasando hasta que tengas éxito.

Nos preocupamos demasiado por lo que la gente pueda decir de nuestros fracasos. Si Thomas Edison se hubiera preocupado por lo que la gente pudiera decir, nunca habría inventado la bombilla. Fracasó tantas veces que resulta sorprendente que siguiera creyendo que podía conseguirlo. Tienes que creer en ti mismo y en lo que tú decides hacer para que puedas tener éxito como él lo tuvo.

Aun en el caso de que todo lo que hagas no funcione, ya habrás conseguido algo. Cuando dejes de tener miedo a cometer errores y a fracasar, te convertirás en un productivo ser humano y no en un simple «hacer» humano.

Soulución del día

*No dejes que tus supuestos errores y fracasos te detengan y te
impidan seguir avanzando. Sigue adelante, arriésgate, y
recuerda que cada fracaso te aproxima más al éxito.*

RECETA 71

CONEXIONES

Daos pan el uno al otro, más no comáis de la misma hogaza.
KHALIL GIBRAN, *EL PROFETA*

NUESTRA CONEXIONES y relaciones nos mantienen vivos y le dan sentido a nuestra vida. El motivo por el cual una mujer con la misma enfermedad que un hombre vive más que éste es porque las mujeres tienden a hacer más conexiones en su vida. Los hombres casados viven más y tienen menos probabilidades de padecer un cáncer de pulmón que los hombres solteros, aunque fumen el mismo número de cigarrillos. Las personas que tienen mascotas también viven más, e incluso aquellas que viven en un hogar de ancianos y que asumen la responsabilidad de cuidar de una planta viven más que aquellas otras a las que les dan la planta pero no asumen tal responsabilidad.

La clave estriba en estar conectados, pero sin aferrarse. Tienes que soltarte de apegos para que puedas vivir tu vida con las conexiones que deseas, sin apegos que te limiten.

Las conexiones permiten comunicarse y compartir, como cuando haces una llamada telefónica y te sientes conectado con alguien. Pero cuando te aferras a esa persona es como si ya no pudieras colgar el teléfono. Los apegos te consumirán; las conexiones son gratificantes y le darán un sentido a tu vida.

Soulución del día

Ve y conecta con aquellas personas que te rodean, pero se consciente de cuándo es el momento de soltar.

RECETA 72

DESESTIMA

*La autoestima, mi señor, no es tan vil pecado
como la desestima por uno mismo.*
WILLIAM SHAKESPEARE

LA DESESTIMA DE UNO MISMO es un pecado y un acto de destrucción absurdo. Con independencia de lo que hayan podido hacerte, tú eres digno de ser amado. Maltratarte a ti mismo, en tanto das tu cariño a otros seres vivos, no tiene sentido.

Tú eres un hijo de Dios, como lo somos todos. Jesús, en el Evangelio de Tomás, dice, «Si sabéis quiénes sois, os convertiréis en lo que yo soy». Invierte en autoestima. Comienza a verte de una forma novedosa. Al principio, puede resultarte incómodo, si nunca has experimentado el amor. Pero tú eres digno de ser amado; puedo asegurártelo. No se trata de inflar el ego; se trata de tu verdadero sentido de valía.

Soulución del día

*Fíjate en las formas en las cuales te desestimas. Luego, haz
una lista de pequeños pasos que puedes dar para comenzar a
nutrirte a ti mismo.*

SOÑAR

Ve confiadamente en la dirección de tus sueños.
Vive la vida que has imaginado.
HENRY DAVID THOREAU

SI NO SOÑÁRAMOS, viviríamos sin esperanza. Debemos soñar con lo que puede llegar a ser, y no decir de eso que es imposible. No debemos negarnos la posibilidad de soñar y de cambiar el mundo de un modo positivo.

Soñar nos permite ser creativamente insensatos. La mente es capaz de crear un guión, y nosotros podemos seguirlo. Pero los sueños, por sí solos, no son suficientes. Para que los sueños se conviertan en realidad, uno tiene que actuar. Soñar y soñar, sin hacer nada más, no cambiará el mundo.

Piensa en Martin Luther King Jr., que soñaba en que algún día viviríamos en un mundo donde todos los hombres y mujeres fueran tratados por igual; o en los hermanos Wright, que creían que podrían volar. Todos tenemos que actuar para hacer nuestros sueños realidad.

Soulución del día

Tanto si sueñas despierto como si sueñas mientras duermes, cuando hayas terminado, levántate y haz algo para que tu sueño se haga realidad.

RECETA 74

LAS NOTICIAS

¡Que no haya noticias es una buena noticia!
Anónimo

NO VEAS NUNCA LAS NOTICIAS antes de irte a la cama, nada más levantarte o durante el día, y vivirás una vida más larga y saludable. Si no me crees, deja de escuchar, ver o leer las noticias durante una semana y mira a ver cómo te sientes. ¡Y piensa en todo el tiempo libre del que dispondrás para disfrutar! No te preocupes: te enterarás por los demás de lo que sea verdaderamente importante para ti.

Podría haber una emisora de radio o una cadena de televisión que nos contara las buenas acciones que la gente hace por el mundo. De vez en cuando, cuando sucede algo bueno, puede que aparezca en las noticias, pero es más bien raro. ¿Has pensado en lo que supone para nuestros hijos el verse expuestos día tras día a los horrores de la vida? ¿Qué van a hacer, y en qué van a creer cuando se hagan mayores?

Deja que te dé una noticia. Dios te ama, y yo también. Y, ahora, difunde la noticia.

Soulución del día

Prueba a no ver o escuchar las noticias durante una semana. Y, si por casualidad lo hicieras, no hables de ellas. Toma nota de cómo te sientes, cómo duermes y de lo que consigues esa semana.

ERGUIDO

La fortaleza espiritual depende
de la postura espiritual.
RABÍ LAIBL WOLF

¿POR QUÉ EL HOMBRE CAMINA ERGUIDO, cuando la mayoría de los animales del mundo adoptan una postura horizontal? ¿Por qué la estructura de nuestra espina dorsal nos hace caminar sobre dos patas en lugar de cuatro? Quizás sea una señal de lo que debería de ser nuestra vida. Quizás nos indica que debemos aspirar a un nivel de vida superior, y no sólo vivir por instinto, como hacen los animales.

Nuestra columna vertebral nos habla también del equilibrio que debe existir entre los que están arriba y los que están abajo. No se trata de evaluar la importancia de una vida individual, sino de comprender que todos somos importantes y de que todos dependemos unos de otros. La cabeza no puede ir a ninguna parte a menos que los pies la lleven.

La clave estriba en estar alineados en una postura erguida, y esforzarse por lograr algo elevado en nuestra vida.

Soulución del día

Ponte erguido en tu vida, en tus relaciones y en tu trabajo. Y,
si necesitas ayuda, búscate un quiropráctico espiritual.

DAR AMOR

De lo que se trata no es de cuánto damos, sino de cuánto amor ponemos al dar.
MADRE TERESA

EN CIERTA OCASIÓN estuve cuidando de una adolescente que se había caído en una chimenea y había sufrido graves quemaduras. La muchacha me gritaba «Te odio» todos los días, cuando le curaba las heridas. A mí me dolía hacerle daño, pero yo no podía hacer nada para que desaparecieran sus cicatrices. Varios meses después, en un abrasador día de verano, la chica vino a mi consulta con un jersey de manga larga y cuello de cisne.

—¿Por qué te vistes así con el calor que hace? –le pregunté.

—Porque estoy horrorosa –respondió.

Luego, le pregunté:

—¿Qué vas a hacer este verano?

—Nada –respondió.

—Sé de un hogar de ancianos donde necesitan gente que ayude. ¿Estarías dispuesta a trabajar allí?

La chica aceptó el empleo sin saber que tendría que llevar un uniforme con manga corta y con cuello normal. Semanas después, cuando la vi en la consulta, le pregunté cómo le estaban yendo las cosas, y si alguien le había preguntado por sus cicatrices.

—Nadie se ha dado cuenta –respondió.

—Cuando das amor, eres hermosa –le dije.

Unos cuantos años después, la joven me llamó y me dijo:

—Mi padre murió, y me voy a casar; y me gustaría que fueras tú mi padrino.

—¡Sí! –le respondí con un grito.

Durante la boda, bailamos una canción de Kenny Rogers en la que dice: «A través de los años no me has abandonado. Tú cambiaste por completo mi vida».

Soulución del día

Hoy, en vez de ocultarte tras tus «cicatrices», busca la manera de dar amor y de hacerte hermoso.

RITMO Y CADENCIA

El ritmo es el fundamento y el elemento más importante de cualquier forma de arte. Su esencia está hecha de pulsaciones y, por tanto, de movimiento, la base misma de la vida.

PIA GILBERT Y AILEENE LOCKHART,
MUSIC FOR DANCE

TODOS NECESITAMOS encontrar cierto sentido del ritmo para hacer que nuestra vida fluya. Y la cadencia también es vital. El tictac del reloj, con sus sesenta pulsaciones por minuto, nos calma; y lo mismo hace la música con esa cadencia. Los temas musicales con cadencias más rápidas suelen generarnos agitación o hiperactividad.

Así pues, encuentra tu ritmo y la intensidad de sonido con los que te sientas más a gusto. Si te sientes cómodo trabajando con un martillo neumático, estupendo. El canto de un grillo puede resultar molesto para otra persona. Nada está bien ni mal, si vives al ritmo de tu vida.

La conexión y la continuidad desaparecen si alguien o algo ajeno a ti dicta la cadencia de la música de tu vida. Cuando encuentres el ritmo adecuado para ti, tu vida fluirá de instante en instante.

Soulución del día

Encuentra tu ritmo y dirige tu vida como si fuera una composición musical.

RECETA 78

BENDICIÓN IRLANDESA

No existe lengua como el irlandés a la hora de calmar y tranquilizar.
JOHN MILLINGTON SYNGE

YO CREO QUE FUI UN CABALLERO IRLANDÉS en una vida pasada; pero mi nombre entonces era Brady, no Bernie. Me encanta todo lo irlandés. La siguiente oración irlandesa te puede guiar a través de la vida.

Que el camino ascienda hasta encontrarte

Que el viento sople siempre a tu espalda

Que el sol brille cálidamente sobre tu faz

Que la lluvia caiga suavemente sobre tus campos

Y que Dios te sostenga en la palma de su mano hasta que nos volvamos a encontrar.

No hay nada que esté por completo bajo nuestro control; sólo nuestras oraciones pueden marcar la diferencia. Rezo para que se te bendiga de este modo, y te pido que reces por todas las personas a las que amas y por todos los habitantes de este planeta azul.

Soulución del día

Cuando la vida obsequie a tus seres queridos con una sequía, sé tú el agua que los sustente, y que tu mano les dé sombra frente al calor.

LA FLOR FAVORITA

Pequeña flor, si yo pudiera comprender lo que eres, con tus raíces y todo lo demás, yo sabría lo que es Dios y lo que es el hombre.
ALFRED, LORD TENNYSON

TODOS SOMOS FLORES. Y lo que hace que la vida sea tan interesante es nuestra variedad. Piensa en tu flor favorita y en por qué es tu flor favorita. Cuando hayas terminado de hacer una relación de sus cualidades, te darás cuenta de que estás hablando de ti mismo.

Creo que, a través de la naturaleza, conseguimos ver nuestra propia belleza y nuestras mejores cualidades. Por otra parte, pasar tiempo en la naturaleza nos ayuda a encontrar respuestas a algunos de nuestros problemas en la vida.

En cierta ocasión en que me preguntaba cómo podría seguir ayudando a la gente sin tener que viajar, dado que estaba cansado de estar fuera de casa, le pregunté a la naturaleza qué podía hacer. Y una flor me ofreció la respuesta. Me dijo, «Yo no abandono el lugar de mi origen. Yo esparzo mis semillas y dejo que sean otros los que ayuden llevando las semillas hasta lugares distantes».

Así, con este libro, con mis palabras, con un correo electrónico o con una charla, estoy plantando semillas de sanación. Y ahora te asigno la misión de que seas como tu flor favorita, y que esparzas tus semillas de fe, esperanza y amor.

Soulución del día

Piensa en las cualidades de tu flor favorita. Y luego siembra la tierra con esas cosas que tú admiras.

TENER RAZÓN

De hecho, la necesidad que tienen las personas
de tener razón es tan grande que están
dispuestas a sacrificarse a sí mismas, a
sacrificar sus relaciones e incluso
su amor por ello.
REUEL HOWE

MUCHA GENTE OPTA por querer tener razón en lugar de ser feliz. Discuten hasta el último suspiro por la «exactitud» de sus ideas y sus acciones. No les preocupa lo que les están haciendo a las personas con las que discuten.

¿Por qué se comportan de esta manera? ¿Acaso son perfectos? No, pocos pueden afirmar tal cosa. Simplemente, no están dispuestos a ver su falibilidad, ni a confesar la debilidad que trae consigo el hecho de ser un ser humano.

Cuando estés dispuesto a ceder teniendo razón, encontrarás la paz y la felicidad. Sólo cuando estés dispuesto a aprender será cuando tendrás razón.

Soulución del día

Si quieres ser feliz y ser libre, renuncia a tener
razón en todo momento.

RAÍCES Y RAMAS

Un árbol que puede en verano llevar
un nido de petirrojos en sus cabellos.
Un árbol cuya hambrienta boca se aprieta
contra el dulce pecho de la tierra.
JOYCE KILMER

UN ÁRBOL ES UN MAJESTUOSO SER VIVO. La otra noche me equivoqué de camino cuando iba a una reunión de un grupo de apoyo y terminé dándome de frente con el árbol más viejo de Connecticut, que estaba iluminado por focos. Tiene más de doscientos años y sus ramas son ciertamente asombrosas.

Reflexiona sobre la vida de un árbol. Comienza echando raíces, que se introducen en el suelo y se aferran firmemente a la tierra. Las raíces alimentan al árbol con el fin de que las ramas puedan crecer y ascender hacia los cielos. La comunicación fluye con facilidad por todo el árbol.

Las raíces y las ramas no pierden el tiempo acusándose unas a otras por sus diferentes exposiciones a la intemperie, por sus diferentes funciones y propósitos. Sin embargo, los seres humanos no conseguimos darnos cuenta algunas veces de cómo todas las partes cooperan por el bien del todo.

¿De qué forma podemos nosotros, las personas, conseguir el apoyo en el suelo necesario para elevarnos hasta las estrellas y los cielos que se extienden por encima de nosotros? Cuando aceptemos que formamos parte de una estructura que debe de unificarse con el fin de sobrevivir, nuestras ramas podrán alcanzar el cielo, al igual que lo hacen los árboles.

Soulución del día

Deja que la savia en tu interior circule, nutra y conecte tu vida. Unifica cuerpo, mente y espíritu. Crece, echa ramas y florece.
¡Alcanza el cielo!

AFIRMACIONES

El artista no ve las cosas tal como son,
sino tal como es él.
ALFRED TONNELLE

NOSOTROS SOMOS LO QUE CREEMOS SER. Si nos educamos a base de mensajes negativos, que nos dicen que somos personas incapaces, ignorantes y torpes, que fracasamos en todo lo que intentamos hacer, nos esforzaremos mucho por acoplarnos a esa imagen. Después de todo, con esto nos sentiremos libres para no tener que conseguir nada, y nos permitirá ir por ahí diciendo, «Soy así» o «No es culpa mía».

Puedes echarle las culpas a la vida por tus genes, tus padres, por una etapa escolar problemática, por la pobreza, la mala nutrición o un millón de cosas más. O puedes mover el trasero y afirmar que tú eres una criatura divina con un enorme potencial. Piensa en todas las personas del mundo que han hecho justo eso: superaron sus difíciles pasados y se pusieron en marcha para ir en pos de su sueño. Algunas incluso arriesgaron su vida para volar por el espacio, escalar una montaña o atravesar las regiones polares.

Encuentra al artista que llevas dentro y afirma que eres capaz de hacer lo que nunca pensaste que serías capaz de hacer. ¡Tienes todo lo necesario para ello!

Soulución del día

Observa la obra de arte que se refleja ante ti cuando te miras en un espejo; y, luego, afirma cualquier cosa que quieras conseguir. Utiliza estas afirmaciones para dirigirte hacia una nueva manera de ver tu vida.

ENFOQUE

El hombre que vive para sí mismo vive para el
mortal más mezquino conocido.
JOAQUIN MILLER

MI CÁMARA FOTOGRÁFICA TIENE ENFOQUE AUTOMÁTICO. Yo apunto a cualquier cosa y la cámara se enfoca en eso. No discute conmigo, no se desvía, no desenfoca ni se niega a ver lo que tiene delante.

Sin embargo, las personas solemos negarnos a enfocarnos en lo que de verdad importa. Nos quedamos tan absortos en nuestras propias necesidades y en lo que queremos que no podemos ver lo que tenemos delante de las narices. Y, así, perdemos el enfoque en la vida. ¿Qué es lo que, como seres humanos, nos hace enfocarnos de verdad? En ocasiones, necesitamos un cara a cara con la realidad de que no viviremos eternamente. Entonces, comenzamos a apreciar lo que tenemos delante, en lugar de lo que queremos ver.

Las cámaras ven todo cuanto existe a través de una lente. La gente necesita expandir su visión y ver las cosas con claridad, sin pasarlas primero por sus distintos filtros y lentes de colores.

Soulución del día

Deshazte de tus filtros y mantente enfocado en la vida
y en la verdad.

RECETA **84**

EL CORDÓN LITORAL[14]

*No ofrecer resistencia a la vida es estar en
estado de gracia, de calma y ligereza.*
ECKHART TOLLE, *EL PODER DEL AHORA*

*El cordón litoral hace que nos sintamos seguros, protegidos;
pero el mar no acepta las barreras.
La orilla da, retira, cambia.
Adquiere gracia y belleza:
preciosas ensenadas, islas secretas,
todo encaja; todo está en su sitio.
Sólo el cordón litoral se mantiene firme contra el mar.
No encaja, es duro y firme.
La vida es despiadada, como el mar;
sus olas baten de forma constante.
Suéltate, suavízate, cambia, fúndete, sé parte de la vida.
Siente el pulso, vívelo.
Esa barrera es una barrera ante la vida.
El cáncer es una barrera;
duro, si lo sostienes en la mano.
Si lo haces crecer no te va a proteger, sino que ocultará tu belleza.
Aparta la barrera, exponte ante la vida.
Crece, ama, soporta las fuerzas de la naturaleza.*

---

14 *Barrier beach* en el original inglés. Se refiere a los bancos de arena o formaciones rocosas o de coral que, mar adentro, protegen la playa de grandes olas y temporales. El término geológico castellano es «cordón litoral». *(N. del T.)*

Soulución del día

No ofrezcas resistencia. Deja que la vida te golpee con sus olas hasta que caigan todas tus barreras. Fluye con sus mareas y hazte uno con el océano.

RECETA 85

TEMPLOS

Desapareció el templo del constructor,
desmoronado en el polvo.
HATTIE VOSE HALL

SI YO TE PREGUNTARA CUÁL ES TU TEMPLO, ¿qué responderías? ¿Puedes ver tu cuerpo y los cuerpos de tus hijos y seres queridos como templos?

Conozco un poema que habla de dos templos, uno construido por un constructor y otro construido por una madre. Ese poema me recuerda que, si los templos que construimos son meramente estructuras físicas, sean edificios o cuerpos, tendremos que estar preparados para su desaparición algún día. El templo del constructor se desmoronará, al igual que todo lo que es mecánico en nuestra vida, incluidos nuestros cuerpos.

Pero dentro del cuerpo que construyó la madre hay un alma inmortal que proseguirá eternamente sin la carga del tiempo, y que continuará construyendo sobre lo que la madre creó. Quizás no sea algo obvio para el ojo, pero el cariño con el cual se hizo todo y la amorosa planificación de la madre darán lugar a un templo que sobrevivirá a la muerte del cuerpo.

Soulución del día

Pon todos tus esfuerzos en construir una estructura inmortal.

EL RÍO DE LA VIDA

Somos uno con todos, del mismo modo
que las olas son una con el océano.
ANÓNIMO

YO VEO EL RÍO DE LA VIDA como a la corriente sanguínea, una corriente que fluye hasta el mar de la eternidad. No hay nada que termine realmente, sólo cambia de forma.

Pero, si tu vida es un río, detente a pensar dónde está la fuente. Fue el flujo de otras personas el que nos dio un comienzo y una vida. Entonces, ¿en qué dirección va tu río? ¿Qué le ha dado profundidad? ¿Qué se ha convertido en una represa para él? ¿Qué le ha generado turbulencias? ¿Qué lo ha calmado? ¿Qué le ha dado calor? ¿Qué vive en su interior? ¿Qué se ha unido a él, y a qué se ha unido? ¿Adónde va? ¿Qué le ha hecho dar tumbos de aquí para allá?

Ésa es tu vida. ¿Estás encontrando tu propio camino, o estás dejando que los demás dirijan su corriente? Sí, todos tenemos que interactuar y cambiar de dirección de vez en cuando, pero es crucial mantener el propio sendero. Cuando estés agotado debido a una sequía en tu vida, recuerda que siempre podrás reabastecerte con las aguas de arriba. Ve hasta una fuente superior.

Soulución del día

Tu corriente sanguínea será única en tanto siga siendo parte
del gran mar de la vida.

RESALTA LO POSITIVO

Si me halagas, quizás no te crea.
Si me criticas, quizás te repudie.
Si me ignoras, quizás no te perdone.
Si me alientas, no te olvidaré.
WILLIAM ARTHUR WARD

QUIZÁS RECUERDES UN VERSO DE UNA ANTIGUA CANCIÓN que dice que resaltes lo positivo y elimines lo negativo. ¿Has hecho de ese verso una parte de tu vida? Cuando estás hablando con alguien a quien quieres, ¿criticas su comportamiento? ¿O le haces saber lo que te gustaría que hiciera por amor y cariño a esa persona?

Mi hijo Keith y su esposa, Jane, me hicieron ver esto por el modo en que educan a su hijo, Charlie. Keith me mostró la diferencia entre decir «No hagas eso» y «Por favor, ten cuidado». Una frase es crítica, y la otra dice te quiero.

La alabanza es otro elemento importante. Resalta lo positivo, y lo negativo comenzará a desvanecerse. Todos crecemos mediante la alabanza y florecemos con el amor.

Soulución del día

*Intenta resaltar lo positivo y eliminar lo negativo mediante
palabras y actos de amor. Y fíjate en la diferencia.*

RECETA **88**

LA ESPECIE HUMANA

Cada uno de nosotros, inevitable. Cada uno de nosotros, ilimitado. Cada uno de nosotros con su derecho de hombre o de mujer sobre la tierra. Cada uno de nosotros, admitido a los designios eternos de la tierra. Cada uno de nosotros, tan divino aquí como otro cualquiera.

WALT WHITMAN

UN DÍA ME DI CUENTA de que era mucho más fácil llevar una casa llena de animales que una casa con cinco hijos. Aquello me hizo pensar en la familia humana. Tengo la impresión de que siempre será más fácil hablar de amor a la humanidad y generalizar con el cómo deberíamos tratarnos unos a otros, que llevarse bien con una persona.

¿Por qué no podemos vernos unos a otros como una representación de la humanidad, como parte de la misma familia, y tratarnos como un reflejo de nosotros mismos? Quizás algún día nos demos cuenta de que todos formamos parte de la misma familia. Las familias pueden tener sus problemas, pero sus miembros siempre están seguros de saberse aceptados y apoyados, con independencia de sus diferencias.

No es por casualidad que las palabras *human* y *kind* se hayan unido para designar a esta familia humana.[15] Somos una entidad, *humankind,* la especie humana. Y, al igual que nuestro cuerpo, una herida en una de sus partes es una herida para el conjunto. Somos un equipo y, cuando uno de los jugadores resulta lesionado, todo el equipo sufre.

Va siendo hora de que dejemos a un lado nuestras diferencias externas y de que nos demos cuenta de que todos tenemos el mismo color en nuestro interior.

---

15 *Humankind,* en inglés, significa «especie humana». Pero hay que tener en cuenta que *kind* significa también «amable, atento, cariñoso», además de «clase» o «especie». *(N. del T.)*

Soulución del día

Hoy, haz un esfuerzo consciente por conectar con las palabras human y kind. Sé consciente de hasta qué punto puede cambiar esto tu comportamiento.

VERDADERA TERAPIA

Si de verdad quieres comprenderme, escucha,
por favor, lo que no digo, lo que quizás nunca
sea capaz de decir.
ANÓNIMO

SI DE VERDAD NOS ESCUCHÁRAMOS unos a otros, nos ahorraríamos muchas terapias, al vernos como las hermosas creaciones que somos.

Hace ya tiempo, mi mujer y yo habíamos sido invitados a una boda, pero Bobbie se mostraba reticente a ir.

—No tengo nada que ponerme –decía–. No hay nada que me siente bien ya.

—De acuerdo, cariño, vamos de compras –respondí yo–. Te compraré un vestido.

Debo de haber dicho esto mismo un millón de veces sin obtener respuesta alguna.

Pero, un día, cansado de intentarlo en vano, respondí de un modo diferente.

Ella dijo:

—No tengo nada que ponerme. No voy a ir a la boda.

Y yo respondí:

—Eres tan hermosa que da igual lo que te pongas. Nadie se va a fijar en tu vestido. Sólo van a fijarse en tu belleza.

Y mi mujer fue a la boda con un vestido que tenía en el armario. Me ahorré un montón de dinero, pero lo mejor es que ella se sintió bien consigo misma.

Soulución del día

Escucha lo que alguien no esté diciendo hoy, y luego responde
a lo que realmente quería decir.

RECETA 90

ERES UN SER HUMANO

*Esto por encima de todo: sé honesto
contigo mismo.*
WILLIAM SHAKESPEARE

LA GENTE TIENE QUE LIDIAR CON CIRCUNSTANCIAS con las que otros seres vivos no tienen que lidiar: padres, sistemas educativos, gobiernos y religiones. Debido a estos factores, y al modo en que los interpretamos, suele suceder que las personas crecemos con la idea de que hay algo malo o erróneo en nosotros. Pero no hay nada de erróneo en nosotros, salvo el hecho de que somos seres humanos.

Cuando doy charlas en los institutos, suele suceder que algún profesor o profesora lleve a su bebé a la charla. Si muestro al bebé ante el auditorio, todos los alumnos sonríen sobrecogidos ante el hermoso niño o niña. Y, luego, cuando hago ponerse en pie a otro alumno, todo el mundo se echa a reír. ¿Por qué? ¿Qué nos ha ocurrido en esos pocos años de diferencia que hace que nos riamos, en lugar de deleitarnos ante tanta belleza?

Lo más difícil de todo es amarnos a nosotros mismos, y sentirnos libres de ser nosotros mismos. Otras personas podrán dirigirnos y enseñarnos aun con todo, pero no deberemos dejar que controlen nuestra vida.

Soulución del día

*Saca las fotos de cuando eras un bebé y enamórate de ti mismo
de nuevo. Tú eres un niño divino. Compórtate contigo mismo
como un cariñoso abuelo dotado de un amor incondicional.*

RECETA 91

ALABANZAS

El más dulce de todos los sonidos
es la alabanza.
JENOFONTE

LA ALABANZA PUEDE VERSE EN NUESTROS OJOS cuando contemplamos a nuestro ser amado. La alabanza se siente al tacto cuando abrazas. La alabanza se escucha en tu voz cuando le hablas a alguien a quien adoras. Hay alabanza en el potencial de la persona a la que amas y en la esperanza que depositas en ella. La alabanza es como el helio, que nos eleva por encima de los problemas y los obstáculos de la vida.

La alabanza no dice que seas perfecta. Dice que te admiro y que admiro lo que has conseguido, y también lo que sé que seguirás consiguiendo. La alabanza es el alimento del alma. Nadie puede sobrevivir sin ella.

Soulución del día

La alabanza es como un fertilizante. Espárcelo
abundantemente, y aquéllos a los que amas crecerán,
florecerán y darán frutos.

LEYES

Para que una persona sea feliz, próspera y saludable, tiene que cambiar las Leyes de la Mente (negativas) por las Leyes del Alma (positivas).

HIGHLAND BEAM CLUB

¿QUÉ EMOCIONES NOS LLEVAN a un estado de felicidad o de desdicha? Pregúntate cuáles son las emociones que predominan en tu vida justo en este momento, y a qué emociones podrías estar aferrándote en un intento por evitar el cambio.

Piensa en estas palabras: *miedo, preocupación, egoísmo, vanidad, ira, crítica, envidia, avaricia, hipocresía, prejuicio, celos* y *odio*. Lee esta lista unas cuantas veces, y sé consciente del efecto que tiene en cómo te estás sintiendo. Estos sentimientos tienen su origen en las Leyes de la Mente, y te mantendrán en un estado de infelicidad.

Y, ahora, prueba con estas palabras y fíjate en la trasformación: *fe, esperanza, generosidad, aspiración, paciencia, simpatía, bondad, amabilidad, coraje, responsabilidad* y *amor*. Estas palabras proceden de las Leyes del Alma, y te darán paso a la felicidad.

Soulución del día

¿Qué leyes vas a seguir hoy?

LEE MI MENTE

La intuición es una facultad espiritual, y no
explica nada; simplemente, indica el camino.
FLORENCE SCOVEL SHINN

EL OTRO DÍA tenía la intención de acicalar a nuestros cuatro gatos, bañar a nuestro perro, cortarles las uñas y cepillarles los dientes. Pero, en cuanto se me pasó la idea por la cabeza, el perro se fue al otro extremo de la casa para esconderse. Luego, el más temeroso de nuestros gatos saltó del sofá y se escondió bajo un mueble. Los animales habían leído mis pensamientos. Yo todavía no había sacado los bártulos para hacer todo eso, ni tampoco había agarrado todavía a ninguno de ellos. Solamente se me había pasado por la cabeza.

Estoy convencido de que las personas podemos leernos la mente unos a otros y de que podemos comunicarnos sin hablar. Yo pongo a prueba a los animales pensando en cosas diferentes mientras me acerco a ellos. Cuando se dan cuenta de que no tengo intención de acicalarlos, se me meten entre las piernas y tengo que pasar por encima de ellos. Pero, si entro en la habitación pensando en algo que ellos no quieren, como en llevarlos al veterinario, por ejemplo, desaparecen. Dos de nuestros gatos, que se mueven a sus anchas y salen de casa solos, desaparecieron durante dos semanas en cuanto pedí cita al veterinario para su chequeo anual. En cuanto cancelé la cita, aparecieron para desayunar al día siguiente.

En ocasiones, bloqueamos nuestras capacidades intuitivas y bajamos la antena porque sólo nos comunicamos con palabras. Los animales tienen muchas maneras de comunicarse, con sonidos, con imágenes o con la intuición. Al igual que ellos, tendremos que hacernos más conscientes del resto de nuestras fuentes de comunicación.

Soulución del día

Has de estar dispuesto a hablar y a escuchar sin palabras.

ABRUMADO

Si tomas tu vida en tus propias manos, ¿qué ocurrirá? Ocurrirá algo terrible: que ya no habrá nadie a quien culpar de nada.
ERICA JONG

CUANDO TE SIENTAS ABRUMADO, detente y pregúntate por qué te sientes de ese modo. ¿Quién creó la situación que te resulta abrumadora? Si fue alguien que te pidió ayuda, ¿por qué no le dijiste que no? Si te sientes abrumado por tantas cosas como has puesto en marcha, ¿cuándo te darás cuenta de que tú también tienes necesidades?

Enfadarte o guardar resentimiento contra tu familia, contra tus compañeros de trabajo o contra el mundo en general no va a resolver nada. Sólo tú puedes cambiar las cosas, aceptando tu humanidad y pidiendo lo que necesitas. Recuerda que decir no a otra persona es decirte sí a ti mismo.

Con independencia de lo que te enseñaron de pequeño, no hay razón alguna para sentirte culpable por cuidar de ti mismo y de tus necesidades. Cuando empieces a cuidarte mejor, descubrirás que estás mucho más en paz con el mundo y con la gente que hay en el mundo. En vez de culparles a ellos de tus problemas, te darás cuenta de que tú eres el problema, pero también de que tú eres la solución.

Soulución del día

Sé más consciente de tus necesidades. Pide ayuda cuando la necesites, y di que no cuando necesites decir no.

EL FRUTO VALIOSO

El fruto del silencio es la oración.
El fruto de la oración es la fe.
El fruto de la fe es el amor.
El fruto del amor es el servicio.
El fruto del servicio es la paz.
MADRE TERESA

LAS PALABRAS LLEVAN SIEMPRE UN SIGNIFICADO MÁS PROFUNDO que el del uso común que les damos. Cuando escucho la palabra *fruto,* pienso en algo que se come. Pero, frecuentemente, el fruto de nuestros esfuerzos no es comestible, a menos que estemos trabajando en una granja. Del mismo modo, la palabra *producto* se puede aplicar a los alimentos de un mercado o a lo que producimos a través de nuestros esfuerzos creativos.

Para nutrirnos, tenemos que producir un fruto valioso a partir de nuestro trabajo. No sólo tenemos que nutrir nuestro cuerpo, sino también nuestra alma y nuestro espíritu. El no nutrir las necesidades de todos ellos te dejará en un estado de desnutrición. Con frecuencia, alimentamos en exceso nuestro cuerpo, cuando son nuestra alma y nuestro espíritu los que pasan hambre. Aislarnos del mundo con una capa de grasa no nos va a proporcionar el alimento que necesitamos.

Deja de pensar en las cosas materiales que guardan relación con las palabras *fruto, producto* y *nutrición.* En vez de eso, dale un aspecto espiritual y anímico a esas palabras en tu vida. Decide de qué forma vas a producir los frutos de tu trabajo, para que a través de ellos puedas nutrirte a ti mismo y al mundo. Nunca te sentirás tan satisfecho comiendo como te sentirás realizando la acción correcta.

Soulución del día

No le hagas pasar hambre a tu mente, a tu cuerpo, a tu
espíritu o a tu alma. Descubre lo que les proporciona sustento
y haz que eso forme parte regular de tu dieta.

RECETA 96

VIDRIOS DE COLORES

Las personas son como las vidrieras, que
brillan y centellean cuando sale el sol.
ELIZABETH KÜBLER-ROSS

LA MAYORÍA DE LAS PERSONAS NOS PREOCUPAMOS MUCHO por no revelar las llamadas manchas de nuestra vida. Constantemente, intentamos ocultar nuestras cicatrices y nuestras arrugas con cosméticos, cirugía estética y medicamentos; y probamos con otras muchas terapias, tanto físicas como psicológicas, para eliminar las manchas; cuando lo cierto es que estamos intentando ocultar lo que nos hace únicos, porque tenemos miedo de ser diferentes y de llamar la atención.

¿Por qué ocultamos nuestras heridas, cuando sabemos que todo el mundo tiene heridas? ¿Por qué negamos lo que nos hace únicos? Mis maestros son aquellas personas que no se esfuerzan por ocultar sus manchas, sus cicatrices y sus arrugas. Dan un paso adelante y exhiben su enorme integridad. Conocen su verdadero yo, su yo hermoso e inmortal.

Cuando me encuentro con esas personas que son únicas debido a sus manchas, yo veo verdaderas obras de arte. Cuando no nos ocultamos de la luz tirando de nuestras sombras, nos convertimos en vidrieras a través de las cuales Dios puede brillar con hermosos tonos de colores.[16]

Soulución del día

¡Sal al mundo y, al igual que un cristal, haz un arco iris
con la luz que refleja tu vida!

---

16 El autor hace un juego de palabras con la palabra *stain*, «mancha» y *stained-glass*, «vidrio de colores», con la diferente acepción de *stain* como «mancha», «tinte», «pintura». *(N. del T.)*

CAMBIOS

Nunca es demasiado tarde para que te conviertas en la persona que siempre has sido.
JOHN KIMBROUGH

CUANDO QUIERES CAMBIAR, quizás comienzas por comprarte ropa nueva, por mudarte, por redecorar la casa, buscar un nuevo empleo, arreglar los armarios, etc. Pero no es eso lo que te va a cambiar a *ti*. Esas actividades sólo cambian aspectos de tu vida. Para cambiarte a ti mismo tienes que comenzar por el interior.

Estoy queriendo decir que tienes que cambiar de dentro a fuera. Cuando cambies tu yo esencial, el resto de ti le seguirá. Hay una frase de Alcohólicos Anónimos que dice, «Fíngelo hasta que lo consigas». No hablan de vestirse de otro modo, ni de intentar engañar a nadie, sino de hacer el esfuerzo de ser la persona que quieres ser.

Fingiendo, conduciéndote como la persona que en realidad quieres ser, es como se inicia el cambio y como comenzarás a hacer tu trabajo interior. Y, cuando seas diferente dentro, eso se reflejará en el exterior, y entonces conocerás y reconocerás a tu nuevo tú.

Soulución del día

¿Qué cambios te gustaría hacer? Decide cómo quieres ser, trabaja en esos cambios, y actúa como si fueras ya así.

RECETA 98

ESFUERZO

*Es el esfuerzo constante y decidido el que vence
las resistencias, el que barre
todos los obstáculos.*
CLAUDE M. BRISTOL

¿POR QUÉ NO TE ESFUERZAS y das un impulso extra en determinadas tareas? ¿Es el deseo de ganancias o de recompensas personales lo que te lleva a hacer más horas de trabajo de las que deberías? ¿Qué es lo que te lleva realmente a hacer un trabajo de la máxima calidad, y a poner el esfuerzo necesario para alcanzar los resultados que tú deseas?

Espero que las respuestas a estas preguntas no guarden relación sólo con cosas extrínsecas y materiales, sino también con el hecho de hacer lo que es correcto. Todos estamos aquí para esforzarnos por lo que es correcto. A través de nuestros esfuerzos podemos crear un mundo mejor. Cuando empecemos a hacer las cosas correctas por los motivos correctos, crearemos el mundo correcto.

Soulución del día

*¿En qué estás dispuesto a poner tus esfuerzos? Haz como hacen
los marines en su lema y «Opta por lo difícil y correcto, en
lugar de por lo fácil e incorrecto».*

YO SOLÍA PREOCUPARME

No vivas en el pasado, no sueñes con el futuro,
concentra tu mente en el instante presente.
BUDA

ANOCHE, HABLANDO POR TELÉFONO con Carolyn, mi hija, me dijo, «Antes solía preocuparme por la muerte, ¡pero ahora tengo hijos!». Me eché a reír porque, ahora que tiene dos hijos pequeños, de dos años y de un año, a mi hija ya no le queda tiempo para preocuparse por las cosas que podrían ocurrir. Está demasiado ocupada cuidando de sus seres queridos en la realidad del instante presente.

El tiempo y la preocupación suelen guardar una relación entre sí. Normalmente, nos preocupamos por cosas del pasado o del futuro. Cuando tenemos tiempo para preocuparnos por nuestros problemas, por lo que podría ocurrir o por lo que ya ocurrió, nuestros miedos y nuestras decepciones se convierten en el foco de atención. Sin embargo, si nos ocupamos de vivir y nos centramos en el presente, como hacen los animales y los niños, nuestros miedos y preocupaciones se reducen.

Se ha demostrado que la mayor parte de las cosas que nos preocupan nunca llegan a suceder. Y yo no conozco ningún problema que se resolviera con la mera preocupación. Así pues, ocúpate de lo que el mundo te pide *ahora:* amor, dulce amor. Si te asientas en ese lugar del amor, serás capaz de abordar cualquier cosa que pueda suceder.

Soulución del día

Ocúpate de lo que tienes que hacer ahora, y no te quedará
tiempo para los miedos y las preocupaciones.

TIEMPO LIBRE

El tiempo de relax es cuando no tienes
tiempo para eso.
JIM GOOWIN Y SYDNEY J. HARRIS

EL DÍA DE HOY HA SIDO SERENO Y TRANQUILO. No he ido a ninguna parte. Simplemente, me he dedicado a ser yo. Y me he sentido muy bien siendo yo. Es todo un cambio. El viejo yo habría estado demasiado ocupado haciendo cosas, sin siquiera tomarse un respiro para echarse la siesta.

Con frecuencia, vamos por ahí con nuestras listas de cosas por hacer, y nunca nos tomamos tiempo para conocernos a nosotros mismos. Quizás, si nos tomáramos el tiempo suficiente para encontrar un poco de silencio en nuestro interior, una breve siesta o para no hacer nada, lograríamos hacer muchas más cosas.

Soulución del día

Para conseguirlo todo, no hagas nada. Guarda un tiempo
para la siesta y el silencio en tu lista de quehaceres de hoy.
No esperes a que un problema físico te obligue
a cambiar tu agenda.

RECETA 101

COOPERACIÓN

¡Mirad cuán bueno y cuán delicioso es habitar
los hermanos juntos en armonía!
SALMOS 133, 1

EN MI PRIMERA VISITA AL CIELO como asesor adjunto de la junta directiva, me sorprendió ver que muchos ángeles tenían una sola ala. Le pregunté a uno de ellos por qué no se había curado esa aflicción, pero no me respondió; simplemente, se volvió, se abrazó a otro ángel con una sola ala y emprendieron el vuelo. Fue muy hermoso ver que, lo que nosotros los humanos vemos como una aflicción, se puede convertir en una bendición con un poco de cooperación.

Me quedé impactado ante la perspectiva de lo que la humanidad podría conseguir si nos abrazáramos unos a otros y trabajáramos juntos. Imagina un mundo donde todos cooperáramos con todos; entonces, todos nuestros actos serían un reflejo del trabajo de los ángeles.

Soulución del día

Cuando aprendamos a trabajar juntos, en armonía, nos
veremos elevados por nuestros actos… y entonces nos daremos
cuenta de que ya no tocamos el suelo.

RECETA 102

CÓMPLICES DEL CRIMEN

Mata con amabilidad.
PROVERBIO DEL SIGLO XVI

EL OTRO DÍA alguien me vio sin mi esposa y me preguntó dónde estaba mi «cómplice del crimen». La frase me sorprendió, porque es una frase que utilizamos para sugerir que esas dos personas trabajan estrechamente juntas. Afortunadamente, la mayor parte de las veces no tiene que ver con la realización de ningún acto criminal, sino con algo positivo, y trasmite la idea de una cercanía envidiable.

Me gusta pensar que mi esposa y yo somos cómplices de un crimen en el que hacemos uso del amor y de las risas para borrar del mapa a nuestros enemigos. Nuestras armas no le hacen daño a nadie, y podemos hacer uso de ellas generosamente cuando vemos que algo le ha hecho daño a alguien. Damos un paso adelante para matar a los agresores con amabilidad, o bien los torturamos con la ternura. No es una coincidencia que digamos ama a tus enemigos, puesto que es una manera de arrasarlos.

Quizás estaría bien que nos inventáramos un nuevo término para el compañerismo, como cómplices de crimen de arrasamiento. Amenazaríamos con amar a todo el mundo y veríamos qué efectos tendría esto.

Soulución del día

¿Quién podría ser tu cómplice del crimen que te ayudara a hacer de este mundo un lugar de amor y paz?

RECETA 103

HAZ EXORCISMOS REGULARMENTE

Uno de los instantes más importantes en la experiencia de desarrollo de cualquier persona es cuando deja de esconderse de sí misma y se decide a familiarizarse consigo misma tal cual es.

NORMAN VINCENT PEALE

¡HAZ EXORCISMOS![17] ¡No, no me he equivocado de palabra! ¡Es, simplemente, un buen consejo! Yo estoy por el ejercicio regular, y me aseguro de hacer algo de ejercicio todos los días, pero creo que es más importante hacer exorcismo a diario. ¿Por qué no programas tus ejercicios y tus exorcismos al mismo tiempo? ¡Al fin y al cabo, la mente y el cuerpo forman una unidad!

Piensa en las cosas desagradables de tu vida de las que te gustaría liberarte, de esos malos hábitos, de esos patrones de comportamiento y de esas actividades «demoníacas» que sabes que son perjudiciales para ti y para los demás. Pues bien, ¡exorcízalos todos!

Una de las principales razones por las cuales salgo corriendo de casa todos los días (quiero decir, salgo a hacer *jogging* todos los días) es para estar a solas con mis pensamientos. A veces, el perro me acompaña, pero él sabe que no debe interrumpirme.

En mi ritual incluyo pensar en todas aquellas cosas por las cuales estoy agradecido, por muy difícil que mi vida pueda ser en esos momentos. Después, me confieso a mí mismo todas las cosas que no me gustan de mi manera de proceder, y reflexiono sobre el modo de cambiar y de convertirme en la persona que deseo ser. Ensayo en mi mente la manera de conseguirlo, y acepto que yo soy parte del problema y que soy un simple ser humano. Después de todo, los seres humanos no estamos tan completos como lo están otros animales. Así pues, tengo algún trabajo que

---

17 El autor juega con la palabra *exorcize* por su similitud fonética con *exercise*, «haz ejercicio». *(N. del T.)*

hacer, exorcizando mis debilidades humanas y haciéndome más como *Lassie*.

Soulución del día

¡Deja de ponerte excusas y comienza a hacer exorcismos hoy mismo! Y luego, reza por todas las personas que hay en tu vida, o envíales bendiciones. Pide para que puedas alcanzar la paz interior, y pide la fortaleza necesaria para convertirte en un ser humano lleno de amor.

RECETA 104

LOS NIÑOS: ÁNGELES O DEMONIOS

Los actos dicen más que las palabras.
MARK TWAIN

DADO QUE, DE TODAS FORMAS, LOS NIÑOS NO ESCUCHAN una gran parte del tiempo, no te preocupes demasiado por lo que dices; más bien, preocúpate por lo que haces.

Siempre recordaré algo que me pasó con mi hijo Keith hace muchos años. Keith es uno de los gemelos, y era un ángel cuando era niño. De ahí que pusiéramos su dormitorio al final del pasillo, porque no teníamos por qué preocuparnos de lo que pudiera estar haciendo cuando tenía la puerta cerrada.

Por aquel entonces, su hermano Jeffrey nos estaba volviendo locos, por lo que su dormitorio estaba a la vista en todo momento; incluso tuve que sacar la puerta de los goznes para asegurarme de que se levantaba a tiempo por las mañanas para ir a la escuela.

Un día, Keith vino a mí y me dijo:

—No obtengo el veinte por ciento de tu tiempo.

—¿Qué quieres decir? –le respondí.

—Tienes cinco hijos –comentó–, y deberías de dedicarnos a cada uno el veinte por ciento de tu tiempo.

—Bueno –dije–, tu hermano nos está volviendo locos, de modo que se queda con el cuarenta por ciento.

Lo que aprendí con aquella conversación con mi hijo es que los «ángeles» de tu vida necesitan saber que te preocupas por ellos y que les quieres también. Piensan que están al final del pasillo porque no les quieres tanto, en tanto que los «demonios» saben que les quieres porque se llevan la mayor parte de tu atención.

Soulución del día

No utilices la excusa de «¡El demonio me obligó a hacerlo!».
Presta atención a cómo perciben tus hijos tus acciones.

ESPECIES EN PELIGRO DE EXTINCIÓN

Nos estamos convirtiendo en algo menos de lo que siempre hemos sido, en extraños unos para otros, y en adversarios de las criaturas de la creación.

DEIRDRE LUZWICK

CUANDO LEES las palabras *especies en peligro de extinción,* ¿te has llegado a plantear que quizás se están refiriendo a ti? Porque nosotros también somos una especie en peligro. Nosotros somos el mayor peligro para nosotros mismos y para nuestro planeta. Con frecuencia, lo único capaz de hacer que la gente cambie de comportamiento es la cercanía de la muerte y el hecho de tener que aceptar la propia mortalidad.

Confiemos en que no tengamos que esperar a que la vida en este planeta penda de un hilo para que nos convirtamos al fin en una familia decidida a preservar la vida. Hasta entonces, intentemos entender que una especie no es más importante que otra, y dejemos de destruir a búhos, árboles, ballenas y personas de determinadas religiones o nacionalidades, o personas de otras razas. Todos necesitamos hacer el amor y no la guerra. Hacer el amor trae es un acto de creación, en tanto que la guerra no aporta otra cosa que destrucción.

Hagamos que las palabras de Oscar Wilde, «A veces pienso que Dios, al crear al hombre, sobrestimó de algún modo sus capacidades», no se conviertan en una predicción de futuro.

Soulución del día

Estamos todos juntos en esto, y tenemos que dejar de separarnos unos de otros.

GRANJAS Y CIUDADES

El corazón del hombre, lejos de la naturaleza,
se endurece.
OSO ERGUIDO

Vuelo sobre granjas…
las pintó un pintor abstracto:
hermosas líneas, curvas, verdes,
marrones, belleza.
La creación se encuentra por debajo de mí.
Las casas encajan entre las líneas,
pero están perdidas en la belleza de la tierra.
Vuelo sobre la ciudad…
Líneas rectas, cuadrados, cajas, alineadas como soldados.
Me hiere la vista contemplar lo que hemos hecho.
La naturaleza carece de espacio.
Por favor, diseminad las casas,
y dejad espacio para que la tierra
florezca.

Soulución del día

Pon tu parte para que la tierra siga floreciendo.

SEGURO DE VIDA COMPLETA

La grandeza de un hombre viene determinada
por su bondad.
ELBERT HUBBARD

NADIE PUEDE COMPRAR UNA PÓLIZA DE SEGUROS que le garantice que va a vivir una vida íntegra y completa. Una vida completa no tiene nada que ver con el tiempo, sino con nuestras acciones… en particular, con nuestros actos de bondad.

Una de mis citas favoritas, de Stephen Grellet, según la cual intento vivir, es: «Espero pasar por el mundo sólo una vez. Por tanto, cualquier bien que pueda yo hacer, o cualquier amabilidad que pueda yo mostrar a cualquier criatura, dejadme que los haga ahora. No me demoréis ni me impidáis hacerlo, pues no volveré a pasar por este camino». Esta cita lo dice todo.

Si quieres vivir una vida completa, busca entonces la forma de compartir tu bondad. Si te preguntas a quién, cuándo y cómo ayudar, simplemente mira a la persona que tienes delante de ti. Haz por ella lo que haya que hacer, ahora.

Soulución del día

Haz los actos de bondad que todos vinimos a hacer aquí.

RECETA 108

NO TE PREOCUPES POR NADA

La preocupación es una forma continua de miedo causada por la indecisión.
BRIAN TRACY

SI TE PREOCUPAS POR NADA, te estás preocupando por todas las cosas que probablemente nunca sucederán, pero que forman parte de tu poco sana fantasía. ¿Acaso la preocupación resuelve algo o erradica el problema? No. ¿Le causa problemas a la persona que se preocupa? Sí.

Cuando te preocupas por algo, sigues sin resolver el problema por mucho que te preocupes. Tienes que meterte en la cabeza que la preocupación, la ansiedad, la inquietud, el pánico y el miedo al futuro no van a hacer que el problema desaparezca.

¿Qué hará que el problema desaparezca? Una vez determines la fuente de tus preocupaciones, puedes comenzar a tratar con ello de un modo positivo. La base de la mayoría de las preocupaciones, si no de todas ellas, es el miedo. El doctor Gerald Jampolsky dice en su libro *Amar es liberarse del miedo*[18] que podemos partir de un lugar de amor o de un lugar de miedo, y que el amor es la única realidad que existe. Luego, dice, «El miedo distorsiona nuestra percepción y nos confunde en lo relativo a lo que está sucediendo. El amor es la ausencia total de miedo… el amor, por tanto, es lo único valioso, en tanto que el miedo no nos ofrece nada, porque no es nada».

Soulución del día

No te preocupes por nada. No tiene ningún sentido.

---

18 Los libros del comienzo. Madrid, 2006.

RECETA 109

LOS COBRADORES DE PEAJE

No habrás cumplido con todas tus responsabilidades en tanto no cumplas con la responsabilidad de ser amable.
CHARLES BUXTON

HACE ALGÚN TIEMPO fui con mi automóvil desde Nueva York hasta Maine, y me impresionó la diferencia que vi en las actitudes y en el carácter de los cobradores de los peajes. Para algunos, su trabajo les estaba cobrando peaje a ellos.

En Nueva York, la música que salía de la cabina era estridente y nerviosa, y me resultó un placer escapar de allí. El cobrador del peaje no se relacionó conmigo; ni siquiera me miró. Me dio el cambio, y me fui.

Normalmente, me gusta interactuar y decir cosas como, «¿Cómo puedo ayudarle?». Una de las veces en que hice esta pregunta, la cobradora me dijo que bajándome del auto, ocupando su sitio y dejando que se fuera ella con mi vehículo. Nos reímos a gusto. Aquel peaje no me costó nada, porque me devolvieron el dinero con risas. En Maine, por otra parte, la música era suave, lenta y tranquilizadora. No me importó esperar a que me dieran el cambio. Me di cuenta de que el cobrador estaba más interesado en charlar conmigo, y que no me daba el cambio con el fin de poder seguir charlando. El hombre disfrutó de mi compañía, y yo de la suya. Una vez más, recuperé el dinero del peaje.

Soulución del día

No dejes que la vida te cobre peaje: vive la vida de tal modo que consigas el reembolso.

NORMAS Y REGULACIONES

*Existen dos mundos: el mundo que podemos
medir con una línea y una regla, y el mundo
que sentimos en el corazón y en la
imaginación.*
LEIGH HUNT

CUANTAS MÁS NORMAS Y REGULACIONES nos creamos, más nos separamos unos de otros. En cuanto etiquetamos a alguien de pecador o de problemático es cuando comienzan los problemas. Si juzgamos a las personas en función de una lista de palabras sociales, nos meteremos en un apuro.

Nadie es perfecto. Todos estamos aprendiendo. Cuando tengo problemas con mis hijos, no los etiqueto como pecadores por no respetar a sus padres. Les pregunto por qué me tratan de ese modo. Pero si los etiqueto, soy yo el que se convierte en un problema, porque a partir de ese momento soy yo quien les culpabiliza y quien se pone por encima de ellos. En cambio, si me muevo desde el corazón y utilizo la imaginación para responder, dejo espacio para la sanación.

Cuando yo dejo de responder con juicios, sea como padre o como ser humano, los demás parecen más agradables, y ya no son un problema. Así pues, mide a los demás con el corazón, y deja que suceda la magia. Vive en el mundo de la imaginación y de los sueños, y no en el mundo de las normas y las regulaciones.

Soulución del día

*Durante el día de hoy, no seas un problema,
ni tampoco lo generes.
Más bien, resuelve un problema.*

LA SABIDURÍA DE LOS ANCIANOS

La pregunta no es si moriremos, sino cómo viviremos.

JOAN BORYSENKO

EN EL PERIÓDICO DE HOY hay un artículo acerca de un hombre que murió a los ciento diez años de vida. Poco antes de su muerte, un investigador de la Universidad de Yale le preguntó cómo conseguía no caerse, y el hombre respondió: «Miro dónde piso». Luego, el doctor le pidió consejo sobre cómo vivir una larga vida, y el anciano respondió, «Sé amable con la gente. Cede algunas veces, y ayuda a la gente cada vez que puedas».

He comprobado que los consejos de los ancianos nunca tratan de qué vegetales comer o cuánto ejercicio hay que hacer. Más bien, tratan de disfrutar de la vida y de las personas. Con frecuencia, dicen cosas como, «Estamos demasiado ocupados como para morirnos», y que lo único que temen es conducir por la avenida de noche.

Poco antes de asistir a un congreso sobre el envejecimiento, le pedí a mi suegro, de noventa y siete años y tetrapléjico, un consejo sobre el tema. Varios años antes, llevando unas nuevas bifocales, se había caído en su porche y se había lesionado gravemente la columna vertebral. Mi suegro me respondió, «Diles que caigan sobre algo blando». Pocos días después, me dijo que este consejo no siempre funcionaba. Parece ser que, mientras estaba en terapia, le pusieron en pie y se cayó sobre mi suegra, rompiéndole a ella la pierna. «De modo que diles que se caigan *hacia arriba*», me dijo.

Me eché a reír pero, poco después, me di cuenta de que me estaba diciendo algo importante. Cuando el cuerpo está agotado y ya no cumple su papel, cada día se convierte en un esfuerzo. Cuando abandones este mundo, espero que caigas *hacia arriba*. Eso es lo que mi suegro hizo silenciosamente una noche.

Soulución del día

Sé amable, cede a veces y ayuda a los demás.

RECETA 112

EL COFRE DEL TESORO

Son tantas cosas las que he podido aprender de
ustedes, pero realmente de mucho no habrán
de servir, porque cuando me guarden dentro de
esa maleta, infelizmente me estaré muriendo.
GABRIEL GARCÍA MÁRQUEZ

PIENSA EN TODAS LAS COSAS que experimentas y que guardas en tu interior. Yo siempre me las imagino como cuando cierras la maleta, como cuando la llenas de cosas y luego pasas las cerraduras. A veces, hacemos lo mismo con nuestra vida, y viajamos por el camino de la vida con todo empacado y bien apretado en nuestro interior. Pero, durante el proceso, destruimos la belleza del viaje.

He aprendido a levantar la tapa de la maleta y a dejar salir lo que hay dentro de mí. Quiero que mi corazón viva en un cofre del tesoro, y no en una maleta de acontecimientos descartados. Sí, puede haber ahí acontecimientos que me hirieron profundamente, pero he aprendido que uno no puede sanar aquello que entierra en su interior, y que seguirá hiriéndole a un nivel más profundo del ser.

Cuando se enteró de que se estaba muriendo de cáncer, Gabriel García Márquez, a quien he citado arriba, dijo otras muchas cosas en su carta de despedida. Este escritor, que ganó el Premio Nobel, sigue diciendo, «Escribiría mi odio sobre el hielo, y esperaría a que saliera el sol… ¡Cómo disfrutaría de un buen helado de chocolate!… He aprendido que todo el mundo quiere vivir en la cima de la montaña, sin saber que la verdadera felicidad está en la forma de subirla».

Soulución del día

Viaja con el corazón ligero y con un cofre del tesoro lleno de
amor, y tu viaje será mucho más fácil.

¿ERRORES ORTOGRÁFICOS O PODEROSOS MENSAJES?

La intuición es la sabiduría
más profunda del alma.
JEFFREY MISHLOVE

UN DÍA EN QUE ESTABA ESCRIBIENDO un correo electrónico a mi hija Carolyn, escribí accidentalmente la palabra *lioving*. Y no la corregí, porque pensé que era una palabra nueva y maravillosa, que contenía en sí un gran significado. Quizás te preguntes qué quería yo escribir: ¿*living* o *loving*?[19] Yo creo que *lioving* significa ambas cosas, vivir y amar. Así, mi hija y yo tenemos ahora una palabra que expresa aquello por lo que fuimos creados para que pudiéramos experimentar, a pesar de los problemas de la vida.

Seguí escribiendo porque quería felicitar a mi hija por algo que había hecho por sus hijos. Pretendía escribir «*good work*» (buen trabajo), pero, en vez de eso, escribí «*godd work*».[20] ¡Y esa palabra también me gustó, y la dejé! Si hacemos un *godd* trabajo, estamos haciendo un buen trabajo en nombre de nuestro Creador.

Es agradable cometer este tipo de errores ortográficos iluminadores. Pero, ¿de verdad son errores? ¡Freud y Jung no estarían de acuerdo! Quizás estos errores inconscientes son para recordarnos que debemos escuchar nuestra voz interior y seguir sus terapéuticas indicaciones.

Soulución del día

A veces, tenemos que pensar menos y sentir más, dejando que
entre en juego nuestra sabiduría intuitiva.

---

19 En este contexto, «¿Vivir o amar?». *(N. del T.)*
20 Aquí, el juego de palabras se halla entre *good,* «bueno, buen», y *God,* «Dios». *(N. del T.)*

RECETA 114

REZA POR MÍ

Si no sabes por qué motivo rezar, recita el
alfabeto y deja que Dios cree la oración.
ANÓNIMO

SI YO TE PREGUNTARA para qué quieres que rece por ti, ¿qué me responderías? Párate un instante y piensa la respuesta. La mayoría de las personas piden oraciones relativas a necesidades y deseos personales: salud, dinero, paz interior, un nuevo empleo o cualquier otra cosa que plantee un problema en su vida en ese momento.

Durante una visita que le hicimos a mi suegra, de noventa y cinco años, que estaba teniendo un mal día en la residencia de ancianos, le pregunté, «¿Sobre qué quieres que rece por ti?». Yo estaba intentando que descargara su enfado y sus necesidades, y esperaba que dijera reza para que venga la enfermera, para que me den mejor comida, para que alguien me cambie la cama o algo parecido.

La mujer se detuvo un instante y dijo: «Por la paz mundial».

No hace falta decir que nunca olvidaré aquel momento ni el respeto que me inspiró mi suegra. Había ido más allá de ella misma y de sus necesidades. ¿Cuántos de nosotros adoptaríamos una actitud así en nuestra vida?

Soulución del día

¿Para qué quieres que rece hoy por ti? Dame alguna idea de lo
que pedirías. En tanto que las oraciones personales facilitan
nuestro viaje por la vida, las oraciones por el bien de nuestros
semejantes potencian nuestra existencia de una manera
inconmensurable.

RECETA 115

FRACASA CON ÉXITO

Puedes desanimarte con el fracaso...
o bien puedes aprender de él.
T. J. WATSON

PUEDES VER EL FRACASO como un motivo para dejar de hacer lo que estás haciendo, o puedes preguntarte por qué fracasaste y, luego, aprender de tus errores. Los errores pueden convertirse así en algo muy valioso en tu plan de estudios en la vida.

Harás bien en fracasar con frecuencia, pues así aprenderás mucho más que aquel que, por miedo al fracaso, asume pocos riesgos. Si sientes pasión por lo que estás haciendo y aspiras a llegar alto, habrás encaminado bien tu vida, aun en el caso de que tengas un montón de fracasos para conseguirlo.

Los accidentes, los fracasos y los errores pueden llevarnos al mayor de los éxitos y abrirnos una puerta a nuestros verdaderos intereses. Por ejemplo, pongamos que tienes un proyecto que quieres llevar a cabo, pero que necesitas adquirir más conocimientos sobre ese tema, por lo que te matriculas en clases nocturnas en la universidad. Y resulta que te metes en el aula equivocada y te llegas a interesar tanto por ese tema que aquel error trasforma tu vida.

Soulución del día

Una «F» en la asignatura de la vida no sólo significa fracaso.
También puede significar diversión, flujo, hallazgo,
finalización y mucho más.[21]

---

21 *Fun, flow, find, finish and more.* Se trata de palabras que, en el original inglés, también comienzan por «F». *(N. del T.)*

RECETA 116

QUEJAS

*Un hombre es responsable de la decisión de
dónde pone su atención, y debe aceptar
las consecuencias.*
W. H. AUDEN

DADO QUE TODOS MALGASTAMOS MUCHO TIEMPO quejándonos, debemos de tener muchas cosas en común. Pero lo que sí resulta singular de cada uno es el modo en que cada persona encuentra una solución a sus problemas.

Las respuestas se encuentran en nuestro interior, y ése es el último lugar en el que miramos muchos de nosotros. Es mucho más fácil encontrar una solución «ahí afuera», o pretender que las cosas las resuelva otra persona. Así, te podrás quedar tranquilamente sentado en casa, con los problemas con los que ya te sientes cómodo. ¿Para qué ir en busca de respuestas? ¿Para qué sentir nada nuevo ni ver la verdad?

Otra cosa que tenemos en común es el miedo al cambio. Pero el cambio es inevitable, en tanto que el crecimiento es opcional. Cuando estemos dispuestos a meternos en las profundidades de nuestra alma, encontraremos la respuesta. La voz del cosmos habla con símbolos y no con un lenguaje racional. Y los símbolos están ocultos dentro de cada uno de nosotros. Tus soluciones se encuentran allí donde temes ir, oscurecidas por tu sombra.

Soulución del día

Entra dentro de ti y nunca saldrás con las manos vacías.

LAS PELÍCULAS DE TU CABEZA

La imaginación es más poderosa que el conocimiento.
ALBERT EINSTEIN

TU VIDA SE CREA a partir de las películas de tu cabeza. Aquello que imaginas es lo que experimenta tu cuerpo y en lo que se convierte tu vida. Tú eres un personaje que representa un papel; pero, ¿quién escribió el guión y quién dirige la obra?

Lo que imaginas no debería venir dictado y escrito por los demás. Ésta es tu película, tu obra de teatro, y no debes dejar que nadie te diga cómo debe interpretarse o cuánto debe durar la obra. Y, por encima de todo, no dejes que nadie baje el telón sobre ti hasta que tú digas que la obra ha terminado.

Siéntate, imagina lo que quieres y escribe el guión. Luego, dale una copia a todos aquellos que tengan un papel en la película de tu vida. Si no pueden interpretar su papel, búscate suplentes que te quieran, que crean en ti y en tu obra.

Soulución del día

Recuerda, tú eres el director de las películas de tu cabeza.

RECETA 118

IMANES

Las personas con puntos de vista opuestos
suelen marchar bajo la misma bandera.
WILLI RITSCHARD

LOS IMANES SON UNOS OBJETOS MUY INTERESANTES. Los opuestos se atraen, y los semejantes se repelen. Estas cualidades me recuerdan a las personas. Piensa en las personas de tu vida con las que te sientes incómodo y en aquellas otras por las que te sientes atraído. Te están diciendo algo acerca de ti mismo.

Cuando alguien te muestra un aspecto suyo con el cual no te sientes cómodo, repeles a esa persona por el hecho de que te enfrenta a aspectos de tu sombra que niegas en ti. Por otra parte, cuando alguien es un ejemplo de las cualidades que deseas poseer, te sientes atraído por esa persona. Cuando una persona me halaga, yo siempre le digo que se está describiendo a sí misma, porque si esas cualidades no se encontraran ya en ella no las descubriría en mí.

Pero, cuando me critican, también sé que están hablando de sí mismos, y he aprendido a dejar de dar explicaciones y excusas, porque el problema no es mío. Ahora, simplemente digo, «Gracias, te quiero», y dejo que se desmagneticen.

Soulución del día

Ama y déjate atraer por el amor, y desmagnetiza a aquellos
que te critican.

RECETA 119

CÓLERA AL VOLANTE

La ira no desaparecerá en tanto la mente
siga alimentando pensamientos
de resentimiento. La ira desaparecerá tan
pronto se olviden los pensamientos
de resentimiento.

BUDA

LA CÓLERA AL VOLANTE se ha convertido en una emoción dominante en la sociedad actual. Con tantos factores estresantes en la vida cotidiana, la gente va acumulando ira hasta que se convierte en resentimiento. Retienen el resentimiento en su interior hasta que se convierte en amargura, y luego en odio, hasta que un día, cuando van de regreso a casa, siempre hay «algún idiota» que no se mueve cuando el semáforo se pone verde y, bum, estallan. En realidad, la cosa no va con el otro conductor; va con toda esa cólera acumulada y almacenada en su interior. Y, cuando se libera, puede hacerles mucho daño a ellos mismos, así como a todo aquel que esté en las cercanías.

Un día, yendo en mi automóvil, vi una pegatina en otro auto que decía «Toca el claxon si amas a Jesús». Yo toqué el claxon, ¡y el chico que conducía me enseñó un dedo! Quizás no fuera su auto. Cuando me encuentro en una situación de cólera al volante, lo que hago es gritar «Te quiero» a la persona implicada. Y lo cierto es que eso les provoca de algún modo, porque nadie les ha respondido así con anterioridad. Invariablemente, se alejan diciendo cosas que, estoy convencido, no necesito ni quiero escuchar.

En cierta ocasión fui un tanto cruel, cuando un joven que venía detrás de mí comenzó a tocar el claxon y a insultarme. Pedí ayuda a un agente de policía que había cerca para que le dijera algo al joven, pero no hizo nada. De modo que, cuando lo tuve al lado, le dije, «Siento mucho que tus padres no te quisieran, pero quiero que sepas que yo sí que te quiero». El chico me hizo un gesto obsceno con la mano y salió disparado. Mis hijos me dijeron que había tenido suerte de que no me hubiera pegado un tiro.

Soulución del día

Conviene que encontremos modos de liberar la ira de forma responsable, y que prevengamos la acumulación de ira en caso de cólera al volante.

RECETA 120

SÉ AMABLE CON EL HERIDO

En el servicio militar del amor sólo el soldado
herido puede servir.
THORNTON WILDER

HACE MUCHOS AÑOS, cuando trabajaba de orientador en un campamento de día, vi a un chico de mi grupo que estaba vaciando su taquilla un viernes por la tarde. Yo no sabía por qué tenía intención de llevárselo todo a casa; pero, antes de poder siquiera preguntar, un grupo de chicos entró y se pusieron a burlarse de él. Antes de que pudiera reaccionar, le habían echado por el suelo todas sus cosas, de modo que fui corriendo en su ayuda. Después, le pregunté dónde vivía. Resultó que vivía cerca de mi casa, por lo que me ofrecí a llevarle en mi auto. El chico aceptó, y el jefe del campamento no puso objeciones, de modo que nos fuimos. El chico era un tanto torpe, le faltaba coordinación, y nadie le había elegido para que formara parte de su equipo, por lo que me sorprendió que su conversación fuera brillante, llena de toques de humor, mientras íbamos hacia su casa.

Le invité a venir al juego que iba a organizar al día siguiente, y a que escribiera un relato corto, y nos hicimos buenos amigos. Yo le llevaba en mi automóvil a casa todos los días, y siempre le elegía a él para mis equipos en el campamento.

Años después, el joven me invitó a su graduación en el instituto. Había sido el primero de su promoción, y era muy diferente del niño regordete que yo había conocido. Hablando del día en que nos habíamos conocido, me dijo: «Yo estaba vaciando mi taquilla porque había decidido suicidarme, y no quería que mis padre tuvieran que pasar por el mal trago de tener que recoger mis cosas. Entonces, alguien apareció para ayudarme. Nunca subestime el poder de sus acciones».

Soulución del día

Recuerda, todos estamos heridos. Sé un ángel y, cuando alguien tenga algún problema con sus alas, elévalo en el aire. Tú también serás elevado.

RECETA 121

DÓNDE ESTÁ EL HOGAR

Muéstrame a alguien que no sienta más cariño por un sitio que por otro y te mostraré en la misma persona a alguien que no ama nada salvo a sí mismo.
ROBERT SOUTHEY

CUANDO SALÍ DEL AVIÓN, tras un viaje que hice recientemente, alguien me preguntó:

—¿Ha llegado a casa ya?

—Por supuesto –respondí–. Éste es mi planeta.

¿Qué consideras como tu hogar? Tanto si se trata de una hectárea como de todo un continente, ¿tratas la tierra a la que perteneces de un modo diferente a como tratas las tierras de los demás? ¿O bien todas las tierras son sagradas para ti?

En la actualidad, uno se encuentra en casa en todas partes en este planeta. Todos compartimos el mobiliario, el entorno y el aire que respiramos y volvemos a respirar. Trátalo todo como tu hogar, y cuida de ello para que tus descendientes, sea cual sea tu vínculo de sangre, raza, religión o nacionalidad, puedan vivir aquí en el futuro.

Si nos sentimos como en casa con aquellas personas que nos rodean, crearemos un hogar para el futuro. Pero si levantamos vallas, peleamos con nuestros vecinos, nos entrometemos en sus asuntos y deterioramos sus propiedades, todos perderemos nuestro hogar algún día.

Soulución del día

¿Has llegado a casa ya? ¡Por supuesto que sí; éste es tu planeta! De modo que crea un hogar para todo el mundo ajardinando tu vida por el mero placer de que todos lo contemplen.

CONOCERSE A UNO MISMO

*La mayor de todas las faltas es no darse cuenta
de que las hay.*
THOMAS CARLYLE

PARA LLEGAR A CONOCERSE MEJOR UNO MISMO hace falta coraje. Es mucho más fácil ocultarse tras una máscara que verse a uno mismo tal cual es. Hay muchas personas que creen que son perfectas y que no necesitan cambiar, que creen que son el centro del universo; y lo cierto es que tienen un problema.

Si deseas conocerte a ti mismo y cambiar para mejor, tienes que aceptar tus insuficiencias, tus miedos, tus debilidades, tus errores y todo lo demás. Si necesitas la presencia de los demás para entretenerte y distraerte, es porque tienes miedo de estar en silencio y conocerte a ti mismo.

Así pues, dedica algún tiempo a estar totalmente solo y observa cómo te sientes. Si te sientes cómodo, yo diría que estás en camino de conocerte a ti mismo. Conocerse a uno mismo significa estar dispuesto a estar con uno mismo. Una vez puedas hacerlo, esa búsqueda frenética de distracciones y de escapes dejará de dirigir tu vida, y podrás optar por llenar tu vida con aquellas cosas que te aportan alegría.

Soulución del día

*Aun cuando te parezca incómodo, márchate de vacaciones
contigo mismo y dedicad algún tiempo juntos a conoceros
mejor. Quizás descubras que eres una magnífica compañía.*

RECETA 123

XOXOXOXO

El abrazo le cierra la puerta al odio.
El beso le abre la puerta al amor.
TONY DAVIS

MI ESPOSA Y MI HIJA utilizan a veces símbolos para trasmitirme el amor que sienten por mí. Una *X* es un beso, y una *O* es un abrazo. Cuando Carolyn me envía un correo electrónico, siempre me envía besos y abrazos. Cuando estoy de viaje solo, mi esposa, Bobbie, esconde a hurtadillas notas en mi equipaje, para que yo pueda encontrarlas cuando estoy lejos. Mi mujer hace un dibujo de su cara y esboza a todas nuestras mascotas, y me envía abrazos y amor. La nota termina con un «Te queremos. Llámanos. XOXOXOXO».

Yo me he guardado todas esas notas, y circulan por la casa, bien enmarcadas, bien por rincones y rendijas donde en algún momento u otro sé que terminaré buscando algo. No hay nada más maravilloso, especialmente cuando estás teniendo un mal día, que encontrar una de esas notas. Siempre hacen que asome una sonrisa en mi rostro.

Y esto lo estoy escribiendo en lo que ha sido un día difícil para mí. Hoy hemos tenido una gran tormenta de nieve, y he tenido que llevar a mi esposa al médico. Y resulta que nos hemos equivocado de día, y que el médico no estaba. No me ha dejado un buen sabor de boca. He vuelto a casa y me he encontrado con una de esas notas tan especiales en la pared, con XOXOXOXO en ella, y me he olvidado de todo.

Soulución del día

Haz notas con dibujos de todos los seres que hay en tu casa.
Añade XOXOXOXO y déjalas en los cajones de tus seres
queridos, en los calcetines, en su almuerzo, etc. Ponlas por
toda tu casa, a fin de que tú también puedas encontrarlas, y
recuerda lo bien que sienta un abrazo o un beso.

RECETA 124

VALOR NOMINAL

*El principal valor del dinero se halla en el
hecho de que vivimos en un mundo
en el cual el dinero se sobrestima.*
H. L. MENCKEN

UNO DE NUESTROS HIJOS se disgustó enormemente por el hecho de no haber obtenido beneficios con la venta de una casa que había construido. Yo estaba orgulloso de él, de lo que había hecho, y le dije que habría creado algo que a mí y a otras personas nos causaría placer cada vez que pasáramos con el automóvil por allí, el placer derivado de lo que había creado en sí y de la calidad de su trabajo. Aquello no tenía nada que ver con el dinero que hubiera ganado o perdido. Yo valoraba su trabajo por lo que había puesto en él, y no por el precio de venta.

¿Valoras tú el trabajo sólo por el dinero que comporta, o valoras el mero hecho de crear algo? Todo tiene sus resultados, y los resultados a largo plazo se hallan, en última instancia, no bajo el signo del dólar, sino bajo el signo de la vida.

Soulución del día

*Para ver tu verdadera valía, fíjate en el valor de lo que haces
o creas más allá de sus compensaciones materiales.*

PINTAR

Cómprate una caja de pinturas e inténtalo.
WINSTON CHURCHILL

YO DISFRUTABA PINTANDO cuando era niño, y volví a dedicarme a ello ya de mayor, en una época en la que estaba emocionalmente alterado, trabajando ya como cirujano, y necesitaba algún tipo de cura. El hecho de implicarme a mí mismo y a mis hijos en la pintura me liberó del dolor y me permitió recuperarme. Esta cita de Winston Churchill respecto a la pintura lo dice todo: «No conozco nada que, sin suponer un esfuerzo para el cuerpo, absorba del modo más absoluto la mente. Sean cuales sean las preocupaciones del momento o las amenazas que se ciernan en el futuro, en cuanto la pintura comienza a fluir no queda espacio para todo eso en la pantalla de la mente».

La pintura no sólo no te va a cansar, sino que te va a proporcionar energía. No hace falta que seas un Picasso o un Van Gogh para disfrutar creando. Cuando te pones a pintar, ves la belleza de la naturaleza, así como la belleza de tu obra de arte. El mundo ya nunca te parecerá el mismo, una vez te decidas a pintar.

Mis cuadros están colgados en casa y en las casas del resto de los miembros de mi familia. Una vez pinté un retrato de mis padres que ahora cuelga de una de las paredes de su casa. Ellos no sabían que lo había pintado a partir de algunas fotografías. Les llevé a la galería de arte en la que se exhibía, y se emocionaron mucho al verse a sí mismos en una obra de arte. He hecho muchos retratos de mis hijos y nietos, cuadros que me recuerdan el paso del tiempo, cuando veo sus jóvenes rostros.

Soulución del día

Cómprate una caja de pinturas, o toma prestada la caja de tu hijo, e inténtalo.

RECETA 126

¿DEMASIADO TARDE?

No puedes hacer una buena acción demasiado pronto, porque nunca sabes cuán pronto puede ser demasiado tarde.
RALPH WALDO EMERSON

HAY UN CUADRO FAMOSO en el que se ve a un niño moribundo, a sus padres y al médico en una cabaña de una sola habitación. En varias ocasiones he planteado a otros médicos una pregunta de elección múltiple, la de qué título debería de dársele a este cuadro, y muchos son los que han dicho «Demasiado tarde». ¿Por qué? Porque ven al médico, con la mano en la barbilla, pensando en lo que podría hacer para ayudar al niño, un niño al que ya no se le puede ayudar. A los padres se los ve afligidos en un segundo plano.

Pero en realidad no es demasiado tarde, porque el médico podría estar ayudando a los padres a sobrevivir a su pérdida. La mayoría de las personas estamos muy mal preparadas para las pérdidas. Las negamos. Cuando somos niños, no se nos suele permitir asistir a los funerales o hablar acerca de la muerte. Y, cuando se nos muere un perro o un gato, es inmediatamente reemplazado.

Tenemos que recordar que nunca es demasiado tarde para ayudarnos, y que nunca es demasiado tarde para abordar nuestros sentimientos. Enterrar nuestras pérdidas en el suelo o en nuestro cuerpo no nos va a servir de nada. De modo que ayuda a los vivos, y no te guardes las flores para la tumba.

Soulución del día

En la medida en que haya alguien que necesite tu ayuda, nunca será demasiado tarde para ofrecerla.

RECETA 127

ALIMENTO

Lo que necesitas para sustentarte no es necesario masticarlo para poder digerirlo.

KNUTE SHMEDLEY

LO QUE ME NUTRE A MÍ no es sólo la comida. La comida aplaca mi hambre y restablece mi energía. Lo que me alimenta es el amor que demuestran aquellas personas que están dispuestas a preparar la comida para mí. El amor que se introduce en la preparación de la comida se saborea con cada bocado. Los deseos y las intenciones de quienes hacen la comida alteran los alimentos y hacen que sus efectos trasciendan sus meros valores nutritivos y calóricos.

Lo que nos alimenta a todos son las relaciones, el amor, la alegría y todos los buenos sentimientos que somos capaces de experimentar. Necesitamos que nos toquen, física y emocionalmente, para alimentarnos. El niño al que nadie toca no se desarrolla adecuadamente; el niño al que se le toca aumenta en peso un 50 por 100 más rápido que el niño al que no se le toca, aun alimentándose los dos con la misma dieta y las mismas cantidades.

Tenemos que designar el contacto y el amor como vitaminas y minerales esenciales para nuestra supervivencia. Tienen que formar parte de la pirámide alimenticia. Sin ellos, lo que ingerimos no se metaboliza ni se utiliza para generar vida. Aprende a ingerir lo que necesitas. La dieta de cada persona puede variar. Descubre tu singular forma de alimentación.

Soulución del día

Busca alimento, y no hagas pasar hambre a tu cuerpo ni a tu espíritu vital.

SONRÍE

Sonríe; es una terapia gratuita.
DOUG HORTON

SI NO PUDIÉRAMOS SONREÍR, ¿cómo sobreviviríamos? Pero, ¿debe ser una sonrisa verdadera, o basta con sonreír para que los demás sean felices? Quizás la persona que sonríe siente algo, aparte del deseo de sonreír. Veo esto en los dibujos que hacen las personas gravemente enfermas. Dibujarán una gran sonrisa en el rostro del personaje principal, aunque tengan una enfermedad muy grave y aunque tengan, por citar a una paciente, «un marido que nunca está ahí cuando lo necesitas».

O bien, pregúntale a alguien, «¿Cómo estás?». Casi siempre responderán «Bien», ¡aunque se acabe de incendiar su casa! Cuando yo respondo «Mejor» ante esa pregunta, la gente siempre me pregunta qué es lo que no va bien. Y yo digo, «Nada va mal. Simplemente estoy mejor».

Yo me niego a dejar de sonreír. Busco cosas por las cuales sonreír, porque sé que la vida es una aventura, y que el Señor sabe lo que vendrá mañana. No creo que vaya a volver nadie de la tumba para decirnos «Poneos serios». Más bien creo que, si volviera alguien del otro lado, diría «No os toméis las cosas tan en serio». Así que enloquece un poquito y sonríe. Perfecciónalo.

Soulución del día

Como dice Woody Allen, «La vida está llena de miserias, de soledad, de infelicidad y de sufrimiento. Y, sin embargo, siempre se acaba demasiado pronto». De modo que deja que una sonrisa te haga de paraguas y te proteja de la lluvia de la desesperación.

RECETA 129

SIÉNTETE CÓMODO

Un hombre no puede sentirse cómodo
sin su propia aprobación.
MARK TWAIN

¿CUÁNDO TE SENTIRÁS CÓMODO con tu vida? ¿Cuando puedas impresionar a los demás con todas las cosas materiales que has acumulado y con lo caras que son? No. El hecho de tener un caro sillón sobre el cual tumbarte no va a silenciar a tu mente ni va a permitir que te sientas cómodo; porque nunca te sentirás cómodo mientras te preocupe lo que cualquier otra persona de este planeta piense de ti.

La comodidad se instalará en ti cuando te ames y te aceptes a ti mismo y al mundo tal cual es. Cuando te aceptas a ti mismo dejas de ser vulnerable, y puedes disfrutar lanzándote al mundo y asumiendo riesgos. Ya no te preocupa la nota que te den, porque estás disfrutando del reto del curso en el que te encuentras.

Mientras le des vueltas a si dijiste lo correcto, a si llevas la ropa adecuada, si serviste la cena apropiada, si hiciste un buen trabajo, si compraste el auto o la casa correctos, nunca te sentirás cómodo.

Soulución del día

Deja de preocuparte y de cuidarte de lo que es correcto a los ojos de los demás, y siéntete cómodo contigo mismo.

RECETA 130

CONSPIRADORES ANGÉLICOS™

Los perros son conspiradores angélicos, que no conocen límites y que no se detendrán ante nada para traerte amor y felicidad en abundancia.

JOANN MARIE DONAHUE

¿CONSPIRAS PARA crear o hacer algo? ¿Qué le da sentido a tu vida? ¿Te levantas cada mañana preguntándote cómo podrás hacer el trabajo de los ángeles, o te despiertas preguntándote qué puedes hacer por tu propio bien?

Los perros son diferentes; ellos siempre están haciendo el trabajo de los ángeles. La palabra *ángel* significa «mensajero». El mensaje de los perros es un mensaje de amor y de relaciones. Los perros hacen saber cuáles son sus necesidades y pueden ser un poco molestos a la hora de cenar. Pero sus peticiones proceden de su corazón, y siempre responden a nuestro amor y a nuestras necesidades.

Piensa en tus opciones y conspira para amar. Imagina que envías un mensaje de amor a alguien que de verdad lo necesita o que no esperaría esto de ti. Sé un ángel y, cuando te despiertes cada mañana, conspira en secreto por hacer una acción angélica.

Soulución del día

Con el tiempo, tu secreto será descubierto y, cuando se descubra, haz un equipo de conspiradores angélicos.

RECETA 131

BELLEZA

El atractivo de una persona no se define tanto por la apariencia, sino por cómo se siente otra persona en su presencia, o ausencia.

JOHN KIMBROUGH

UN DÍA FUI A LA CASA de una de las personas de mi grupo de apoyo. La mujer tenía cáncer de lengua y, debido a su enfermedad y al tratamiento, tenía la lengua hinchada y le sobresalía de la boca. Tenía la cabeza, la cara y el cuello hinchados también por los fluidos, y para ver por uno de sus ojos tenía que ladear la cabeza.

Su aspecto y el olor de su dormitorio me llevaron a pensar en buscar rápidamente una excusa para irme sin ofenderla. Mientras yo estaba pensando esto, ella me escribió una nota y me la pasó. Yo escribí una respuesta y se la entregué. Ella volvió a escribir y me extendió la nota. Decía, «Tú no tienes por qué escribir notas, puedes hablar».

Me eché a reír, conmovido por su capacidad para mantener el humor a pesar de su estado, y ella se volvió hermosa en ese momento. Me reí y la abracé, y dos horas más tarde nos interrumpió una llamada de mi esposa respecto a una reunión que yo esperaba. Lamenté tener que partir y dejar la compañía de una de las mujeres más hermosas que haya conocido jamás.

Soulución del día

Si quieres encontrar la belleza, mira por debajo de la superficie.

PONTE UNA VIDA HOLGADA

La Ley del Desapego dice que, con el fin de conseguirlo todo en el universo físico, tienes que renunciar a tu apego a ello.

DEEPAK CHOPRA,
LAS SIETE LEYES ESPIRITUALES DEL ÉXITO

SI VEMOS LA VIDA SIMPLEMENTE como una prenda holgada, como algo con lo que nos cubrimos pero a lo que no nos aferramos, descubriremos que la vida nos resulta más fácil. Yo me siento más cómodo viviendo así, como si la vida fuera algo que me puedo poner y quitar en cualquier momento. Me da la impresión de que me ayuda a centrarme en las cosas importantes, en lugar de en los detalles con poco sentido.

¿Cómo quieres vivir la vida, poniéndotela como una prenda elegante o envolviéndote holgadamente con ella, como si de una cómoda prenda se tratara? Yo, personalmente, prefiero no desperdiciar el tiempo arreglándome. Quiero sentirme libre de movimientos, para vivir y disfrutar de la vida. Y he descubierto que todo cuanto necesito viene hasta mí cuando vivo con este sentido de desapego.

Soulución del día

*Asegúrate de tener una ropa cómoda
cuando te vistas para la vida.*

LA PRÁCTICA HACE AL MAESTRO

Un día nunca será nada más que lo que tú hagas de él. Practica el ser un «hacedor».
JOSH S. HINDS

HACE MUCHOS AÑOS estuve estudiando en la Universidad Colgate. Yo había crecido en la ciudad de Nueva York, pero me encantaban los lagos y el océano, allí donde mi familia había ido durante nuestras vacaciones. En Colgate vi un cartel en el que hablaban de las pruebas para el equipo de natación. Yo nunca había visto una competición de natación, nunca había practicado la natación, pero me gustaba el agua, de modo que me presenté.

Lo primero que tuve que hacer fue lanzarme a la piscina y nadar cincuenta metros, dos largos de la piscina, lo más rápido que pudiera. Nunca había nadado en una piscina, y siempre lo había hecho con los ojos cerrados. Me lancé, cerré los ojos, me desvié hacia la derecha y fui a parar al muro que estaba justo delante del entrenador y su equipo. Se me quedaron mirando mudos de asombro.

Posteriormente, cuando he rememorado este incidente, lo que más me ha admirado del entrenador es que no dijo, «Muy bien; puedes vestirte y marcharte». Simplemente me miró y, luego, me permitió salir de la piscina e intentarlo de nuevo, pero con los ojos abiertos. Y esta vez hice los dos largos de la piscina. Claro está que yo era muy lento, pero nadie dijo «No vengas a practicar» ni «No puedes participar». De manera que yo volvía todos los días y seguía practicando con la natación. Mis habilidades mejoraron espectacularmente, hasta el punto que me calificaron como el que más había mejorado.

Hoy en día, soy consciente de la importancia que tiene presentarse a lo que sea y el valor de la práctica para convertirse en alguien y para llegar a alguna parte.

Soulución del día

Tómate el tiempo necesario para practicar las habilidades y las capacidades que quieres conseguir.

RECETA 134

CREACIÓN

Tú debes ser el cambio que deseas ver
en el mundo.
MOHANDAS GANDHI

TODOS VOSOTROS SOIS CREADORES. Te despiertas cada mañana con el potencial necesario para cambiar el mundo. Respiras, hablas, comes y duermes. Tú eres un creador, tanto si te gusta como si no. Y puedes elegir lo que vas a crear: vida o muerte, amor u odio. Hay personas para las que es atemorizador despertar a la vida. Siguen durmiendo en su miedo a la creación. No se dan cuenta de que no están creando… nada.

Soulución del día

Sé un artista y crea algo hoy. Poco importa si es algo físico o espiritual. Lo importante es el proceso de crear.

RECETA 135

NO LO HAGAS COMO YO

Vive por algo, ten un propósito, y no pierdas de vista ese propósito; a la deriva, como un barco sin timón, jamás podrás ser auténtico en la vida.

ROBERT WHITAKER, *LIVE FOR SOMETHING*

MIENTRAS ESTABA EN UN RESTAURANTE, Joseph Campbell escuchó a un hombre de una mesa cercana decirle a su hijo cómo debía comportarse y comer. La esposa de aquel hombre le interrumpió, «¿Por qué no le dejas hacer lo que quiera?»; y el hombre respondió, «Porque yo nunca en mi vida he hecho nada de lo que quería hacer». Campbell comentaba que aquella conversación le trajo a la memoria una página del libro de Sinclair Lewis, *Babbitt*.[22] El libro cuenta la historia de un padre que se lleva aparte a su hijo, que pronto se va a casar, para hablar con él. Para consternación de la familia, el hijo ha decidido abandonar los estudios, casarse y ponerse a trabajar. El padre le dice a su hijo que esa decisión no le hace feliz, pero que quiere que viva su propia vida y que, por tanto, acepta su decisión. Entonces, el padre le confiesa, «No le cuentes esto a tu madre, pero yo nunca hice nada de lo que quería hacer en mi vida, y quiero que las cosas sean diferentes para ti». Luego, el padre, echándole el brazo sobre el hombro al hijo, vuelve con él para enfrentarse a la familia.

Yo copié esa página de *Babbitt* e hice que cada uno de nuestros hijos la leyera, porque quería que vivieran sus propias vidas. A mí me interesa su felicidad y no sus profesiones. Ninguno de ellos es médico, pero todos ellos cuidan de la gente. Estoy sorprendido de todo lo que han hecho y de sus diversos intereses. Ellos me han dado experiencias y oportunidades de aprender que yo nunca habría tenido si les hubiera hecho hacer lo que yo quería.

---

22 Traducido al castellano por Nórdica Libros. Madrid, 2009.

Quiero que vivan en su mundo, no en el mío; y, así, su mundo se convierte en nuestro mundo.

Soulución del día

No esperes a darte permiso para vivir tu singular vida. Entonces, podrás decir como Frank Sinatra, «Lo hice a mi manera».

RECETA 136

PIEDRAS PRECIOSAS

No nos hacemos mejores ni peores cuando
envejecemos; nos hacemos más nosotros.
MAY L. BECKER

UNA MAÑANA iba yo caminando junto a la orilla del río. Cada guijarro que veía había cincelado en su faz los años, los meses y los días que había vivido. ¿Qué había ocurrido a lo largo de aquella ribera? Entendí que cada grieta y cada cicatriz de aquellos guijarros habían aportado su parte de belleza y singularidad a cada una de las piedras.

Me pregunté si mi cara mostraría las erosiones del tiempo. Quizás sea ése el problema; quizás dedicamos demasiado tiempo a pensar en nuestras cicatrices e imperfecciones, en lugar de contemplar nuestra verdadera esencia, las piedras preciosas.

Soulución del día

La vida puede dejar marcas en ti, pero esfuérzate por pulir tu
belleza interior para que resplandezca en el exterior.

RECETA 137

APOYO

La mayor medida de un hombre no es qué
postura adopta en tiempos de conveniencia y
comodidad, sino qué postura adopta en
tiempos de controversia y adversidad.
MARTIN LUTHER KING JR.

LA VIDA DA VUELTAS A TU ALREDEDOR, y te sientes mareado y a punto de caer. Éste es el momento de buscar un apoyo. Busca un terreno firme sobre el cual sostenerte, y luego pide a los demás que se pongan a tu lado para ayudarte a mantener el equilibrio.

Cuando eras niño y dabas vueltas alrededor de un poste, te aferrabas firmemente a él con el fin de, por rápido que fueras o por muchas vueltas que dieras, tener un apoyo y no caerte. Recuerda eso en tu vida; aférrate firmemente, y luego ponte a dar vueltas.

Tu poste de apoyo pueden ser cosas o personas muy diferentes. Una vez el apoyo esté en su sitio, estarás preparado para asumir cualquier cosa que pueda hacerte perder el equilibrio. Así pues, asegúrate de que el apoyo esté bien anclado, y de que las personas de tu vida te sustentan firmemente.

Soulución del día

Agárrate bien fuerte y disfruta del carrusel de la vida.

RECETA 138

PRUEBA LA QUIMIOTERAPIA DEL AMOR

El amor es la medicina para la enfermedad del mundo; es una receta que se suele dar, pero que rara vez se toma.
DR. KARL MENNINGER

SOMOS UNAS CRIATURAS IMPRESIONANTES, extraordinariamente diseñadas y que interactúan de formas increíbles para que nuestro organismo pueda sobrevivir. Sin embargo, nos metemos constantemente productos químicos en el cuerpo para alterar el modo en que nos sentimos o para tratar alguna situación con la que no somos felices. Pero, ¿cuál es la mejor terapia a la que podemos recurrir? ¿Cuál es el tratamiento de quimioterapia más potente jamás diseñado? La respuesta es el *amor.*

Es el ingrediente vital en el tratamiento de cualquier dolencia, y nos trasforma de modos que ningún otro tratamiento externo puede lograr. Potencia nuestro crecimiento y nuestro desarrollo, nos eleva el espíritu, y convierte nuestro miedo al rechazo en una motivación positiva. Literalmente, no creceríamos, incluso moriríamos, si nadie nos amara ni nos tocara. La falta de amor lleva a la autodestrucción, a adicciones y enfermedades en todas las especies testadas. Se pueden adoptar medidas para el mantenimiento de la vida; pero, sin amor, siempre nos faltará el ingrediente más importante.

Soulución del día

Recibe tu dosis de amor regularmente, y ofrece tu amor a los demás para su propio suministro. Dispénsalo generosamente, porque jamás podrás dar una sobredosis, nunca te quedarás sin existencias y no tiene efectos secundarios adversos.

RECETA 139

SENTIMIENTOS

Si no sacas fuera lo que hay en tu interior,
lo que no saques fuera te destruirá. Si sacas lo
que hay en tu interior, lo que saques te salvará.
EVANGELIO DE SANTO TOMÁS

MI HIJO MAYOR MONTÓ UNA BANDA cuando era joven. Una de las canciones que solían cantar era *Feelings*, «Sentimientos». A mí me encantaba aquella canción entonces, y aun hoy sigue significando mucho para mí.

Hasta donde podemos remontarnos en la historia, el ser humano ha escrito siempre sobre la importancia de los sentimientos. A nivel personal, sabemos hasta qué punto los sentimientos nos llevan a hacer cosas, desde quedarnos paralizados cuando nos vemos incapaces de manejar una situación hasta llevarnos a realizar actos de gran coraje o de destrucción cuando los sentimientos nos motivan.

También he oído decir a la gente que, en la medida en que aprendes a pensar, casi te olvidas de sentir. En nuestra formación e instrucción no se nos enseña a utilizar los sentimientos de la manera adecuada. Se supone que los sentimientos tienen que guiarnos y protegernos; no son algo que haya que eliminar. Y es que, cuando dejamos de sentir, nos destruimos a nosotros mismos. Si entierras en tu interior tus sentimientos, te convertirás en un cementerio. Sé que yo estuve haciendo eso como médico, cuando era incapaz de tratar con lo que veía que la gente tenía que pasar, que sufrir.

Así pues, saca fuera tus sentimientos. Vive día a día permitiéndoles que emerjan a la superficie y te guíen.

Soulución del día

Alimenta tus sentimientos. Lo que saques fuera te salvará.

EL DÍA DE LA MADRE

Maternidad: todo amor comienza
y termina aquí.
ROBERT BROWNING

¿Qué regalo le vas a hacer a tu madre en el Día de la Madre?
¿Bastará con una tarjeta ingeniosa?
¿Bastará con el brillo de una joya?
¿Bastarán unas palabras?
Quizás baste con un regalo,
tu vida…
Dale las gracias por ella,
y vive tu vida con el amor que ella te ofreció a ti.
Luego, comparte ese amor con todos.

Soulución del día

El regalo de la vida es el mayor regalo de una madre. Valora,
respeta y reconoce este hecho.

RECETA 141

UNA SEÑAL IMPORTANTE

Son muchas las cosas buenas que tienes la intención de hacer algún día, cuando se den las circunstancias que tú crees que serán más favorables. Pero el único momento que posees es el presente.

GRENVILLE KLEISER

CON FRECUENCIA, PARTICIPO en congresos donde los organizadores son bastante compulsivos y se muestran muy preocupados por el hecho de que cada ponente entre en el momento prefijado. Por ello, te hacen señales para que no te despistes, para advertirte. Cuando llega el momento de que concluyas tu ponencia, levantan una señal que pone TIEMPO.

Los organizadores de uno de esos congresos consintieron alegremente en que me llevara una de aquellas señales, señal que ahora utilizo cuando doy una charla. La levanto ante toda la audiencia y digo, «Si os tenéis que llevar a casa alguna idea de mi charla, que sea ésta una de ellas: que todos estamos aquí por un tiempo limitado». Lo que quiero es que acepten el hecho de que todos somos mortales, y de que no deberíamos posponer el acto de vivir.

En tanto estemos dentro de nuestros cuerpos, el tiempo será un factor importante. Dado que nuestros cuerpos envejecen y son vulnerables, nuestro tiempo de vida es limitado y, por tanto, sumamente precioso. De modo que haz lo que haga falta para que la ponencia de tu vida se acomode al tiempo prefijado.

Soulución del día

No esperes hasta que casi haya terminado tu tiempo para llamar a casa y decir «Te quiero». No lleves flores a la tumba; más bien, llévalas a casa, o envíaselas a la persona que es preciosa para ti en estos momentos.

LA ARDILLA ROJA

*Estudia la naturaleza como si fuera
el semblante de Dios.*
KINGSLEY

UNA OBRA DE ARTE se cruzó en mi camino hoy: una ardilla roja. La creó un artista mejor que Picasso, y esta criatura abrió mi corazón. Me conectó con algo que anhelo: perfección en la forma, el movimiento y la vida. La busco por todas partes, con la esperanza de que nos volvamos a encontrar. Quiero darle de comer y mantener su belleza. El mundo necesita a sus ardillas rojas.

Soulución del día

*Tú también eres una obra de arte. Fíjate hoy en todas las
obras del Gran Artista.*

DESAHOGO POÉTICO

La poesía es lenguaje en su forma
más destilada y poderosa.
RITA DOVE

SI NO ESCRIBES POEMAS, te estás perdiendo una gran oportunidad. El otro día me presenté ante mi mujer en la puerta de casa con varias bolsas de comestibles. Me di una palmadita en la espalda a mí mismo por ser tan buen chico y esperé a que volviera a la cocina. Cuando volvió, dijo, «No pongas los tomates en la nevera». Ningún «gracias»; sólo críticas. ¿Que cuál fue mi respuesta? Escribir un poema titulado *Divorcio.*

En él hacía una relación de mis deficiencias, como poner los tomates en la nevera, comer y caminar demasiado de prisa, y roncar. Le leí el poema a mi mujer, y ella se echó a reír. La adoro cuando se ríe, de modo que despedí al abogado de divorcios, saqué los tomates de la nevera y decidí darle una oportunidad al amor. Ahora ya sabes por qué me encanta, y recomiendo, escribir poesía.

Soulución del día

El día en que empieces a escribir, el mundo cambiará.

RECETA 144

INSPIRACIÓN

La inspiración procede del corazón del cielo para dar el impulso de las alas y el aliento de la música divina a aquellos que estamos ligados a la tierra.
MARGARET SANGSTER

CUANDO HABLO CON LOS ESPECIALISTAS DE LOS PULMONES, la palabra *inspiración* y la palabra *inspirar* guardan relación con el acto de respirar, con los movimientos mecánicos del pecho y el diafragma que introducen el aire en los pulmones. Sin embargo, estas palabras tienen también un significado más profundo.

En muchos idiomas, la palabra que se utiliza para designar la *respiración* o la *inspiración* guardan relación con el espíritu y con la chispa vital. Y no creo que esto sea algo accidental. Después de todo, Dios insufló la vida en Adán a través de sus narices. Aquella primera inspiración le dio la vida a un trozo de arcilla. El polvo cobró vida.

Y todos somos polvo y arcilla hasta que encontramos la inspiración en nuestra vida. Cuando nos sentimos inspirados, cambiamos el mundo; y no lo hacemos cambiando a los demás, sino cambiándonos a nosotros mismos. Si todo el mundo en este planeta se sintiera inspirado y alentara la vida en los demás, tendríamos un mundo de compañerismo y de amor.

Soulución del día

Inspira profundamente por ti mismo y por todos los que te acompañan en la vida.

RECETA 145

DIVIÉRTETE

Diviértete. Es más tarde de lo que crees.
PROVERBIO CHINO

UN MÉDICO, mientras hacía su ronda, se dio cuenta de que había una paciente en el hospital que tenía su mismo apellido. Aunque no era paciente suya, fue a su habitación para hablar con ella. Allí se enteró de que la mujer había abortado, de modo que se quedó un rato con ella para ayudarla con su dolor.

Años más tarde, el médico recibió una postal de la mujer en la que ésta le daba las gracias por el tiempo que le había dedicado durante aquel difícil trance de su vida. Luego, le decía que le veía cansado, y que se había enterado por las enfermeras de que dedicaba mucho tiempo extra a cuidar de sus pacientes. En la postal decía también, «Estando de viaje en China, fui a un jardín en el que había una placa en un muro. Pedí que me tradujeran lo que ponía en la placa. Más o menos, decía: "Diviértete. Es más tarde de lo que crees". Así pues, doctor, cuando leí esto pensé en usted y en todo el tiempo que dedica usted a sus pacientes. Quizás este proverbio le haga reflexionar».

El médico no pudo dormir aquella noche. A la mañana siguiente, cuando fue al hospital, le dijo a su jefe que se iba a tomar tres meses de vacaciones. Convenció a un amigo íntimo para que le acompañara en un viaje que siempre había querido hacer, pero para el cual nunca había encontrado tiempo.

Meses después, cuando regresó al hospital, se dio cuenta de que la mayoría de sus pacientes ni siquiera se habían percatado de su ausencia. Fue una experiencia que le hizo sentirse más humilde. Se dio cuenta de que no tenía por qué sacrificar sus propias necesidades ni deseos para ser un buen médico. Por otra parte, a su regreso, a su compañero de viaje le diagnosticaron un cáncer, y éste no sabía cómo agradecerle el hecho de que le hubiera invitado a ir con él, por la maravillosa experiencia que había supuesto aquel viaje.

Soulución del día

A veces, es difícil mantener el equilibrio entre la diversión y lo que creemos que tenemos que hacer. Cuando descubras que estás ignorando todo aquello que te aporta alegría, reevalúa las decisiones que estás tomando y cuáles son las prioridades que dirigen tu vida.

RECETA 146

PÁJARO ENJAULADO

*La última de las libertades humanas es la
elección de la actitud personal*
VICTOR FRANKL

SUPONGO QUE HABRÁS ESCUCHADO alguna vez la pregunta de «¿Por qué canta el pájaro enjaulado?». De una manera o de otra, todos somos pájaros enjaulados, pero siempre podemos elegir el modo en que respondemos ante esa situación. Yo prefiero cantar. Para mí, cantar es como una oración. Me calma, y hace que algunos momentos sean más tolerables.

Una amiga mía lleva una gorra con un dibujo de Piolín. La enfermedad que padece la hace sentirse como un pájaro enjaulado, atrapada en un cuerpo enfermo. La gorra le recuerda que, aun con todo, los pájaros enjaulados siguen siendo felices, y cantan. Cuando cantas, devuelves la armonía a tu vida.

Tú puedes elegir la calidad de los sonidos que emites. Sé de pájaros que emiten sonidos estridentes para llamar la atención cuando están solos. Yo prefiero cantar, bailar y reír; pero a veces también emito sonidos estridentes. (Claro está que mi manera de cantar llama la atención, ¡pero la gente prefiere verme feliz y en silencio, por el bien de su propia paz y confort!).

Soulución del día

*¿Cómo respondes tú a tu jaula, y qué tipo de canción eliges
cuando cantas dentro de ella?*

RECETA 147

CREANDO RELACIONES

El coraje no lo desarrollas siendo feliz en tus relaciones cotidianas, sino sobreviviendo a los momentos difíciles y a las adversidades.
BARBARA DE ANGELIS

UNA NOCHE, después de dar una charla bastante inspirada, varias mujeres me rodearon para hacerme preguntas. Aquellas personas que no pudieron acercarse a mí lo suficiente se volvieron hacia mi esposa, y una mujer le preguntó:

—¿Cómo se siente al estar casada con un hombre como éste?

Y mi mujer respondió en voz alta para que la oyera todo el mundo:

—Como una larga y dura pelea.

La mujer se me quedó mirando sorprendida, y yo le respondí asintiendo con la cabeza.

Mi mujer y Joseph Campbell coinciden en una cosa. Joseph Campbell decía que el matrimonio era un suplicio. ¿Qué nos intentan decir mi mujer y Joseph Campbell? Pues nos recuerdan que las relaciones no tratan de deseos y satisfacciones individuales, sino de crear y compartir una tercera entidad: la relación. Cultivar una relación precisa de esfuerzo. Es un suplicio y una pelea porque dos personas están dando a luz a esta nueva entidad, y eso es un parto doloroso.

Habría muchos menos divorcios si las parejas implicadas se centraran en crear un matrimonio, en lugar de centrarse en la satisfacción de sus necesidades. No quiero decir con esto que uno no deba decir en voz alta lo que siente, o que uno tenga que convertirse en un felpudo. Yo grito con frecuencia, pero también digo «Lo siento» cuando sé que me he comportado de un modo que ha hecho daño a mis seres queridos. Incluso nuestros hijos han aprendido a decir, «Papá, ahora no estás en la sala de operaciones».

De lo que hablo es de convertirse en una parte singular de una relación amorosa, parte de un equipo que coopera para crear armonía.

Soulución del día

*Cultiva tus relaciones sobre la base del amor, y mantenlas
unidas con cierto sentido del humor.*

RECETA 148

LUCHA CON DIOS

Ya no será tu nombre Jacob, sino Israel, porque
has luchado con Dios y con los hombres
y te has impuesto.
GÉNESIS 32, 28

TODOS TENEMOS QUE LUCHAR con las experiencias de la vida. Al igual que Jacob, que se quedó cojo cuando le descoyuntaron el muslo, nuestra vida también puede verse descoyuntada cuando nos enfrentamos a desastres o a enfermedades que amenazan nuestra vida. Mientras escribo esto, estoy escuchando las noticias de otro desastre más. Todos resultamos heridos en los acontecimientos trágicos, así como en los sucesos personales.

Pero, también al igual que Jacob, debemos tener el coraje necesario para luchar con la vida. El nombre de *Israel* significa «luchador de Dios». ¿Quién que esté vivo no es un luchador de Dios, que tiene partes de su vida descoyuntadas? Tenemos que aprender de Jacob y pedir una bendición por cada aflicción.

Pero primero hay que tener el coraje, el deseo y la determinación necesarios para la pelea. Allá donde no existe voluntad de vivir, o donde no existe deseo de luchar por la propia vida, la cosa terminará de manera muy diferente a como terminó en el caso de Jacob. Ponte de pie y combate. De eso trata la vida: no de luchar con los demás y de herirles, sino de luchar para hacer el bien, para amar y sobrevivir, a pesar de las heridas que nos inflijan.

Soulución del día

Utiliza los problemas de cada día como oportunidades para
aprender, y para prepararte para el día en que seas llamado
para luchar con Dios.

REMUEVE LA OLLA

La diferencia entre las piedras en las que tropiezas y las piedras por las que cruzar un arroyo estriba en el modo en que las usas.

ANÓNIMO

CUANDO EXPERIMENTAS sentimientos desagradables, sentimientos que te reconcomen, que te hacen sentirte inquieto, irritado o deprimido, no los etiquetes como sentimientos malos. Tus sentimientos son la señal de que algo se remueve dentro de ti y busca una respuesta.

Los sentimientos nos ayudan y nos protegen. Nos ayudan a saber lo que está pasando en nuestro interior, y nos advierten para que respondamos en caso de peligro. Son nuestros directores y maestros.

Los sentimientos que emergen a la superficie tienen un propósito. Si no los enjuicias y sigues sus indicaciones, te revelarán el problema subyacente que debes resolver.

Soulución del día

Cuando dejes de resistirte a tus sentimientos, descubrirás que éstos te ofrecen una fuente de sabiduría, así como una oportunidad para la nutrición y el crecimiento.

DISCÍPULOS

Hazte discípulo de una filosofía, hazte discípulo de una serie de principios, de una serie de valores, de un propósito fundamental, de una meta superior, o de una persona que represente esa meta... Tú eres un discípulo, un seguidor, de tus propios valores profundos y de su origen.

ANÓNIMO

JESÚS LES PEDÍA A SUS DISCÍPULOS que renunciaran a todo y le siguieran. En la actualidad, no creo que tengamos que seguir físicamente a alguien para alcanzar el conocimiento espiritual, porque las palabras y las enseñanzas están a disposición de todo el mundo.

A mi amiga Gloria le hice una pregunta acerca de los discípulos. Ella escribe *Heaven Letters* («Cartas del cielo»), que proceden de las palabras que ella escucha de Dios. He aquí algunas cosas que Gloria compartió en respuesta a mi pregunta: «Somos compañeros, y estamos entrelazados. Sé discípulo de tu propio corazón. Sé discípulo de tu verdad. Tu deseo de estar junto a mí es tu discipulado. Conoce nuestra unidad». Estoy de acuerdo, y siento que comenzamos a ser discípulos cuando escuchamos la verdad y escuchamos a nuestro corazón, y cuando nos convertimos en uno.

Soulución del día

Conviértete en discípulo de las enseñanzas de tu corazón.

RECETA 151

INTEGRIDAD

La integridad no hace referencia a tu cuerpo anatómico, sino a tu vida espiritual.
CARMINE BIRSAMMATO

¿QUÉ ES LO QUE TE HACE SENTIRTE ÍNTEGRO? Ciertamente, no las partes de tu cuerpo. Yo he conocido a personas que no tenían brazos, o que habían perdido alguna parte de su cuerpo debido a un accidente o una enfermedad, y sin embargo parecían personas más íntegras que otras personas que conozco cuyo cuerpo está completo y en buen funcionamiento.

Una amiga mía, que tiene parálisis cerebral atetoide, ha tenido el coraje de mecanografiar la historia de su vida con la nariz. La atan a una silla, para que pueda estar sentada, y le cubren la boca para que no le caiga la baba sobre el teclado. Mi amiga se muestra íntegra a su manera.

A los seres humanos íntegros se les reconoce de inmediato por su honradez, por la conciencia de sí que exhiben y por su autoestima. No necesitan que alguien les haga íntegros. Su integridad procede de su capacidad para ser creativos y para invocar su independencia interna.

Todos dependemos de los demás; pero, ¿cuántos de nosotros nos sentimos íntegros sólo en presencia de los demás?

Soulución del día

Decide qué necesitas para sentirte íntegro.
Y, luego, comienza a llenar los agujeros.

RECETA **152**

PREGUNTA

Todos necesitamos encontrar nuestra Calcuta.
MADRE TERESA

YO DESMENUZO LA PALABRA *question* («pregunta») en múltiples palabras, porque estas palabras reflejan aquello de lo que tratan mis preguntas. ¿Quién soy yo? ¿Adónde voy? ¿Qué debería estar haciendo? Me hablan de mi vida y de mi futuro: ¿qué estoy buscando?[23] Me hablan de una demanda, de una llamada.

La palabra *calling* («llamada») me habla de una voz que me llama para orientarme a través de las turbulentas aguas de la vida. Las palabras *voice* («voz») y *vocation* («vocación») me hablan de la misma búsqueda. Con suerte, escucharé mi verdadera llamada, y no me descarriaré ni desviaré.

Soulución del día

No dejes de escuchar la voz. Estás rodeado de guías que te hablan. Cuando escuches una voz, no tengas miedo de hacerle preguntas, para asegurarte de que te guía en tu verdadera búsqueda.

---

23 *What* quest *am* I on?, en el original inglés, «¿Qué estoy buscando?». Como puede verse, el autor ha desglosado la palabra *question*, «pregunta», dentro de esta misma pregunta, en *quest I on*. (N. del T.)

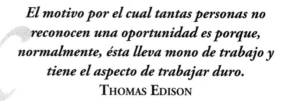

RECETA 153

CONOCIMIENTO

El motivo por el cual tantas personas no reconocen una oportunidad es porque, normalmente, ésta lleva mono de trabajo y tiene el aspecto de trabajar duro.
THOMAS EDISON

HAY UNA GRAN CANTIDAD DE CONOCIMIENTOS a disposición de todo el mundo. Con la llegada de la informática, uno puede tener acceso a todo tipo de conocimientos sin salir de casa. Pero, ¿acaso supone esto un gran cambio para nosotros, como individuos? Algunos dirían que sí, y otros que no.

Yo creo que necesitamos de algo más que de conocimiento, y que necesitamos poder acceder a eso. Necesitamos deseo, intención, determinación y la energía necesaria para hacer lo que haya que hacer. Tanto si te estás enfrentando a una enfermedad, como si te enfrentas a la búsqueda de un empleo o quieres aprender a tocar el piano, el éxito dependerá de estos elementos. Nadie más puede «poner en marcha» los elementos necesarios. Otras personas pueden darte los conocimientos y esbozar las habilidades necesarias, pero eres tú quien se tiene que poner el mono de trabajo.

Los conocimientos son importantes en cualquier campo. Pero el modo en que se utilicen esos conocimientos y cuán persistente sea uno en la búsqueda de su meta son cosas que están más allá de lo que los meros conocimientos pueden hacer. Quizás tengas que pasar una prueba para demostrar que eres capaz; pero, tras la prueba, será lo que hagas con esos conocimientos lo que contará realmente.

Soulución del día

Mezcla conocimientos, determinación, deseo, intención y energía, y ve donde haga falta con una nutritiva fuerza vital.

RECETA 154

PEREGRINACIÓN Y MARATONES

La vida es un viaje, y todavía está por determinar dónde se encuentra tu línea de meta.

ANÓNIMO

TODOS ESTAMOS PEREGRINANDO hacia un destino final. Pero está por determinar lo que vaya a ser ese destino final para cada uno de nosotros, y somos nosotros los que interpretamos el papel principal en esto. Las decisiones que tomes en el rumbo te alejarán o te acercarán a casa. Pero tu peregrinación es también como una maratón, en el sentido de ser un viaje largo y dificultoso, a menos que te hayas entrenado para ello.

Cada día es una oportunidad para entrenarte. Da unos cuantos pasos, corre a lo largo de una corta distancia, y cada día irás un poco más lejos. Haz saber a los que te rodean lo que estás haciendo, para que puedan aprovisionarte de fluidos en los puestos de avituallamiento y para que puedan aportarte nutrientes.

Escucha esa callada vocecita que te habla mientras avanzas, y sigue las indicaciones que te orientarán en tu peregrinación. Encontrar la verdad y encontrarte a ti mismo es de lo que realmente va este viaje. Me he dado cuenta de que también aprendo mucho cuando corro sin moverme del sitio, siempre y cuando escuche a esa voz interior. La maratón tiene cuarenta y dos kilómetros, pero la peregrinación no trata de cuán lejos vas, sino de cuán profundamente entras en ti mismo.

Soulución del día

Entrénate a diario. Examina las peregrinaciones de aquellas personas que llegaron a su destino y, cuando estés preparado, comienza la tuya.

SONAR A VERDADERO

Puedes diferenciar entre el hombre que suena a
verdadero y el hombre que suena a falso no
sólo por sus acciones, sino también
por sus deseos.
DEMÓCRITO

EN CASA TENEMOS UN CUENCO DE ORACIÓN que suena maravillosamente cuando lo frotas o cuando lo golpeas, y a mí me gustaría que nosotros, las personas, sonáramos de un modo tan auténtico como suena ese cuenco. Cuando nos golpea algún suceso de la vida, ¿sonamos a verdaderos, a auténticos? ¿Vivimos de acuerdo con los sermones que pronunciamos?

Yo siempre sé cuándo algo no suena a verdadero. Es el sentimiento que tengo cuando descubro que un orientador matrimonial se ha divorciado cinco veces, o cuando veo a un preparador físico que se toma un descanso para fumarse un cigarrillo. Quiero que la gente con la que me relaciono viva su propio mensaje. No estoy criticando; simplemente, quiero honestidad. Me la exijo a mí mismo, y la espero de los demás.

La próxima vez que tengas la sensación de que algo o alguien no te encajan, escucha a qué suena. ¿Suena a verdadero, a auténtico?

Soulución del día

Observa si tus acciones suenan a auténticas. Yo me pregunto a
mí mismo, «¿Qué haría yo ahora?». ¡Hazte tú la misma
pregunta!

RECETA 156

OCÉANO

En todo cuanto hay en la naturaleza
hay algo maravilloso.
ARISTÓTELES

SIEMPRE ME HE SENTIDO atraído por el océano. Mi mujer y yo tenemos una casa en Cabo Cod a la que vamos en vacaciones; y, si no tuviera tantas conexiones familiares aquí, probablemente estaría viviendo actualmente en Hawái. Me siento cerca de la esencia de la vida y de la creación cuando escucho y observo las eternas idas y venidas de las olas.

Por la noche, el sonido del oleaje me seda. He podido observar cómo el océano se llevaba consigo grandes trozos de tierra, y soy capaz de valorar su fuerza. En una playa desierta de Molokai, la isla hawaiana en la que hubo en otro tiempo una colonia de leprosos, tuve que rescatar a mi esposa cuando una ola grande e inesperada la golpeó, llevándosela mar adentro.

El océano, las montañas y los arcos iris que se ven en Hawái me recuerdan al pacto que Dios hizo con Noé. El arco iris era la señal de aquel acuerdo, según el cual Dios no enviaría otro diluvio.

Soulución del día

Observa y escucha el ritmo de la vida que te ofrece el océano.

CONVIÉRTETE EN ENTRENADOR

Rara vez surgen grandes oportunidades de ayudar a los demás, pero las pequeñas las tenemos a nuestro alrededor a diario.
SALLY KOCH

TODOS NECESITAMOS ENTRENADORES, a alguien que nos señale nuestros errores en la técnica, que mejore nuestras habilidades y que no se quede con los méritos cuando hagamos algo bien. Un buen entrenador saca a la luz el talento de los demás, y no se queda con la gloria por lo que haya hecho el equipo.

Considérate un entrenador y ayuda a amigos y familia, y a todas las criaturas de Dios, a sacar a la luz sus talentos latentes y a desarrollar sus habilidades. Para crecer, la gente sólo necesita que se la estimule adecuadamente; el potencial está ya en su interior. Y tú puedes ayudar a desarrollar ese potencial. Presta tu apoyo a los demás cuando lo necesiten y observa el resultado: ¡un vencedor!

Soulución del día

Toma nota de quién puede necesitar hoy un entrenador, y luego sal a la palestra.

RECETA 158

SI YO HUBIERA...

Los remordimientos y las recriminaciones no hacen otra cosa que herir tu alma.
ARMAND HAMMER

¿CUÁNTAS VECES DESPERDICIAMOS nuestro precioso tiempo viviendo de los «si yo hubiera...»? Fueran cuales fueran las circunstancias, siempre podemos encontrar un «si yo hubiera...». Por ejemplo, si alguien de la familia fallece, quizás pensemos: si yo hubiera ido a verle más a menudo, o si le hubiera escrito una carta, o si le hubiera dicho lo que quería decirle antes de morir. O si el mercado de valores sube o baja, pensamos, si hubiera comprado o vendido tal como pensé. Pero hay otros muchos «si yo hubiera...»: si la hubiera invitado a salir, si hubiera aceptado aquel empleo, si me hubiera mudado a Alaska, si hubiera comprado esa casa o si hubiera dicho «te amo».

Los remordimientos y los «si yo hubiera...» son muy personales. Todos tenemos instantes de nuestra vida que emergen en el recuerdo una y otra vez. Yo podría sentarme en un sillón y ponerme a recordar a todos los pacientes que tuve cuya dolencia no pude diagnosticar hasta que estuvieron muy enfermos, y podría decirme, «Si hubiera sido mejor cirujano...». Pero, ¿qué bien me puede hacer a mí revivir estos remordimientos?

Si tus remordimientos y recriminaciones no hacen otra cosa que apenarte, no te van a servir de nada, y te van a destruir. Sin embargo, puedes mejorar como persona si evalúas tus «si yo hubiera...». Si te das cuenta de que hiciste las cosas lo mejor que supiste y pudiste en aquel momento, y si te perdonas, podrás encontrar incontables beneficios en el futuro.

Soulución del día

Deshazte de los remordimientos del pasado, limpia tu conciencia y haz de ti una persona mejor.

RECETA 159

AL BORDE DEL ABISMO

«Acercaos al borde», dijo él.
Y ellos dijeron, «Tenemos miedo».
«Acercaos al borde», repitió. Y se acercaron.
Y él los empujó… y volaron.
GUILLAUME APOLLINAIRE

¿HAS ESCUCHADO ALGUNA VEZ ESE ANTIGUO ADAGIO de la aprensión a acercarte al borde de un precipicio por miedo a caer, para luego, cuando te empujan, echar a volar? Pues bien, tú puedes hacer lo mismo cuando pierdes el pie… puedes volar.

Si tienes miedo a las alturas o a volar, puede que no vayas a ninguna parte. No es tan difícil aprender a volar. Aunque termines estrellándote, al menos te habrás dado la oportunidad y habrás sentido la emoción de volar. Así que, ¡inténtalo!

No estoy diciendo que pongas en peligro tu vida ni tus posesiones. Estoy diciendo que no vivas con el miedo en el cuerpo y que te permitas explorar tus límites. Si quieres esconderte en el fondo de tu nido durante el resto de tu vida, estupendo; pero no estarás viviendo de verdad en tanto no asumas el riesgo, en tanto no te acerques al borde del abismo, en tanto no confíes y te lances a la vida.

Soulución del día

La próxima vez que tengas la sensación de estar al borde de
un abismo, recuerda que el miedo no hace otra cosa que
atenazarte: la acción te ayudará a volar.

RECETA **160**

DESCRECER

Dale todas las prisas que puedas al bebé. Dale prisas, incórdialo, hazlo un hombre.
NIXON WATERMAN

LOS INSENSATOS TIENEN PRISA por crecer y tener descendientes que hagan lo mismo: ir a la escuela, elegir una profesión, ser personas serias y formar una familia. Pero yo creo que «descrecer» tiene mucho más sentido. Existen algunos poemas maravillosos que nos hablan de vivir la vida hacia atrás.

Simplemente, plantéate que te vas haciendo joven, en busca de fiestas, y que te conviertes en un niño, en lugar de mirar hacia delante en busca de más responsabilidades. También sería muy beneficioso comenzar muriendo, pues así ya no nos preocuparíamos de la muerte nunca más.

Descrecer nos ofrece la posibilidad de enfrentarnos a magníficos desafíos, como aprender a patinar o a montar en bicicleta. Así pues, invierte el curso de tu vida ya. Te harás más joven con cada año que pase.

Soulución del día

¿Qué sería lo primero que harías si supieras que vas a empezar a descrecer?

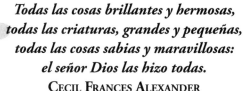

RECETA 161

LA INCREÍBLE LOMBRIZ

Todas las cosas brillantes y hermosas,
todas las criaturas, grandes y pequeñas,
todas las cosas sabias y maravillosas:
el señor Dios las hizo todas.
CECIL FRANCES ALEXANDER

LA LOMBRIZ es una de las criaturas favoritas de Dios. Es una criatura increíble, porque para la lombriz todo es comestible. Si nosotros, seres espirituales elevados, hechos a semejanza de Dios, comiéramos lo que come una lombriz, moriríamos por intoxicación alimentaria. Pero no es eso lo que más me impresiona a mí y lo que más deleita a Dios. La lombriz ingiere todos esos venenos, los digiere y, luego, los elimina en forma de material de desecho no tóxico que sirve de fertilizante. La lombriz salvará el planeta por nosotros, si no la aplastamos y la destruimos con nuestra falta de cuidado con el entorno.

La lombriz se pasa la vida cuidando del medio ambiente, en tanto que algunos de nosotros ni siquiera somos capaces de echar la basura en el contenedor correspondiente. Si la lombriz pudiera comer cristal, plásticos y metales, yo no estaría tan preocupado, pero sus capacidades tienen un límite. Creo que va siendo hora de que dejemos de hablar de nuestro espíritu, de nuestra alma y de la otra vida y de que nos pongamos a trabajar con la lombriz como modelo de roles. Si alguna vez pongo en marcha un negocio o paso a formar parte de un equipo, me aseguraré de que tengamos a la lombriz por mascota. Nuestro lema: podemos tragarnos cualquier cosa que nos eches, convertirlo en fertilizante y darle la forma de una experiencia de crecimiento.

Soulución del día

Todas las criaturas de Dios son importantes para el plan;
tenemos que ser unos buenos encargados del planeta Tierra.

RECETA 162

DE *BREAKS*[24]

*Cuando te inspiras en un gran propósito, en
un extraordinario proyecto, todas tus ideas
rompen sus barreras: tu mente trasciende las
limitaciones, tu consciencia se expande en
todas direcciones, y de pronto te encuentras en
un mundo nuevo, grande y maravilloso. Las
fuerzas, facultades y talentos aletargados
recobran vida, y súbitamente te das cuenta de
que eres mucho más grande como persona de lo
que jamás imaginaste que podrías ser.*

PATANJALI

LO PRIMERO QUE PIENSO cuando escucho *break it up*, «hazlo pedazos», es
en una pelea. *Break-up*, «separación, distanciamiento», me hace pensar
en el fin de una relación; y *breakdown*, «derrumbarse», me lleva a pensar
en alguien que se viene abajo en una situación de gran estrés. Un *break-
in*, «robo con allanamiento de morada», hace referencia normalmente a
actividades ilegales. La mayoría de los *breaks* no son algo que le pueda
apetecer a uno. Incluso cuando decimos *give me a break*, «dame un respiro», ¿qué pretendemos? Queremos que la gente nos deje en paz y que
deje de presionarnos.

El *break* que a mí me gusta escuchar no es el *lucky break*, «golpe de
suerte», que se presenta por casualidad, sino el *breakthrough*, «avance,
adelanto importante». Esta palabra me genera la sensación de que ha
sucedido algo que te ilumina y te altera de un modo tal que traerá una
mejora en tu vida y en la de los demás.

Por favor, sigue esforzándote por «avanzar» en tu vida de amor y de
sanación. Todos los avances que los grandes profetas hicieron podemos
utilizarlos beneficiosamente en nuestra vida, aportándonos significado.

---

24 El autor hace en este fragmento una comparación de términos que se forman con la palabra inglesa
break, «romper», la cual, combinada con distintos sufijos, da lugar a expresiones diferentes que tienen
formas bien diferenciadas en castellano. *(N. del T.)*

Así pues, toma tu antigua vida y «hazla pedazos». No vivas a la espera de un «golpe de suerte». «Distánciate» de la gente de tu pasado que te lleva por mal camino, y no tengas miedo de «derrumbarte». Saldrás de la oscuridad y «avanzarás» hacia la luz.

Soulución del día

Hoy te mereces un break (respiro)… un breakthrough (avance).

RECETA 163

EL DÍA DEL PADRE

Vosotros sois el arco desde el que vuestros hijos,
como flechas vivientes, son impulsados hacia
adelante.

KHALIL GIBRAN

CREO SINCERAMENTE que en el Día del Padre soy yo el que tiene que dar regalos a mis hijos. Nadie debería decirles que tienen que regalarme nada, porque fuimos su madre y yo los que los creamos. Nadie les preguntó si querían ser creados y venir a este mundo.

El mayor regalo que les puedo dar es mi amor. Con los años, he aprendido a dar amor mejor de lo que era cuando ellos eran pequeños. Me he disculpado por mis insuficiencias y les he pedido que me enseñen a ser mejor padre. Mis hijos son muy tolerantes y unos magníficos maestros.

Uno de mis hijos llamaba regularmente a casa para dejar mensajes muy críticos en el contestador automático cuando era un adolescente. Él y yo trabajamos ahora juntos, en equipo, para ayudar a otras almas heridas. El otro día le comenté que aún guardaba las grabaciones de aquellos mensajes.

—Creo que puedes deshacerte de ellos ya –me dijo.

—No –respondí yo–, porque quizás algún día tengas un hijo, y quizás te deje un mensaje que te rompa el corazón. Entonces, te pondré esas grabaciones para recordarte que, con amor, tú y tu hijo también podéis sanar vuestra relación.

Soulución del día

Si eres padre, no pidas amor en el Día del Padre, derrámalo
tú sobre aquellos que te concedieron el don de ser padre.

RECETA **164**

LOUIE, LOUIE

Durante nuestros momentos más oscuros es cuando debemos enfocarnos en ver la luz.
TAYLOR BENSON

YO FUI A LA UNIVERSIDAD COLGATE de Hamilton, Nueva York. Hamilton es una pequeña población en la que sólo había un pequeño y viejo cine, y el operador del proyector se llamaba Louie. El hombre no prestaba demasiada atención a lo que hacía, y con frecuencia equivocaba el orden de los rollos de película. De vez en cuando, se dormía, la película se desenfocaba en la pantalla y todo el mundo en el cine se ponía a gritar, «Enfoca, Louie, enfoca». Eso daba siempre un resultado inmediato.

Gran parte de nuestra vida la desperdiciamos cuando nos enfocamos demasiado en cosas sin sentido, en preocupaciones y absurdos. De modo que, siéntate en un sillón y pregúntate en qué te vas a enfocar y qué es lo verdaderamente importante para ti. No estoy hablando de qué cosas materiales puedes llegar a acumular; estoy hablando de tu vida. Enfoca, Louie, enfoca… enfócate en la vida, en las relaciones, en el trabajo y en la familia. Mantén enfocado lo más importante en la gran pantalla de la vida.

Soulución del día

No te duermas en mitad de la vida; mantente enfocado en lo que es realmente importante.

RECETA 165

ARRUGAS

Aunque se escriban arrugas en tu frente, no dejes que se escriban en tu corazón. El espíritu nunca debería de envejecer.
JOHN KENNETH GALBRAITH

CUANDO LAVAS ALGO, puede suceder que salga arrugado. ¡Así es la vida! Simplemente, recuerda: si Dios te ha pasado por el escurridor es porque necesitabas un lavado. Si se me diera a elegir entre morir joven y tener arrugas, tendría muy clara cuál sería mi respuesta. Elijo la vida, venga lo que venga, a despecho de vejez y arrugas.

Cuando, como sociedad, respetemos las arrugas en lugar de perder el tiempo y el dinero intentando que desaparezcan u ocultarlas, habremos dado un gran paso adelante. En los países donde mucha gente alcanza más de cien años de edad, la gente miente con respecto a su verdadera edad. Te dicen que son más viejos de lo que son en realidad. ¿Por qué? Porque la gente que tiene arrugas es muy respetada. El día en que reverenciemos las arrugas y la sabiduría que va con ellas alcanzaremos un punto de inflexión que nos llevará hacia una sociedad más sana y más feliz.

Soulución del día

La próxima vez que te mires en el espejo cuenta tus arrugas y siéntete orgulloso.

UN DÍA DE DESCANSO

El Sabbath es un regalo especial de Dios al hombre trabajador, y uno de sus principales objetivos es prolongar su vida, y preservar la eficiencia de su tono laboral. La caja de ahorros de la existencia humana es el Sabbath semanal.

WILLIAM G. BLAIKIE

SIEMPRE HE TENIDO LA SENSACIÓN DE QUE DIOS quiere que seamos conscientes de nuestra mortalidad para que utilicemos nuestro tiempo de forma sabia. Y se me ocurre que el Sabbath viene a decirnos lo mismo. Dios descansó en el séptimo día, y nosotros deberíamos verlo como un día sagrado y hacer lo mismo. Se nos pide que celebremos el día y el tiempo, y que lo utilicemos de un modo diferente.

Me resulta difícil creer que el Creador necesitara realmente un día de descanso, siendo sus recursos ilimitados. Yo creo que el día de descanso se creó para llevarnos a pensar qué estamos haciendo con nuestra vida. Según algunas religiones, si trabajamos el día del Sabbath, pecamos y desperdiciamos el tiempo. Pero, si colaboramos con la vida y con la creación, entonces estaremos utilizando ese día del modo apropiado. No creo que, durante el Sabbath, uno tenga que sentarse en casa y no hacer nada, pero sí creo que no hay que trabajar.

Así pues, utiliza el séptimo día para crear, y sé consciente de tu tiempo, tal como Dios quiere que hagas.

Soulución del día

Elige un día de la semana como Sabbath. Todos tenemos trabajo que hacer, pero deja el trabajo a un lado el séptimo día de la semana, y tómate el día para descansar y re-crearte.

RECETA 167

FELICIDAD GARANTIZADA

Dar es un milagro, que puede trasformar hasta
al corazón más apesadumbrado.
KENT NERBURN, *SIMPLE TRUTHS*

¿**CREES QUE HAY ALGO** que pueda garantizar la felicidad? En un poema que leí una vez, titulado *Cómo ser feliz,* se daba una respuesta muy sencilla. Decía «Haz algo por alguien, ¡rápido!».

Ahora bien, quizás pienses que tú tienes más problemas que cualquier otra persona en el planeta, de tal modo que quizás sientas que esta respuesta no te va a ser de gran ayuda. Pero, si aceptas en primer lugar el hecho de que no eres la única persona que tiene problemas, y luego sigues las indicaciones del poema, te sorprenderás con el resultado. Por tanto, «aun en el caso de que tus asuntos terrestres te generen una terrible confusión, haz algo por alguien, ¡rápido!».

Cuando pienso en cómo puedo ayudar a los demás me siento mucho mejor que cuando me quedo dándole vueltas a mis problemas. Me he dado cuenta de que, cuando sigo la indicación del poema y encuentro a otras personas a las que ayudar, muchas de esas personas intentan compensarme de un modo u otro haciendo algo por mí.

Así pues, haz algo por alguien hoy y mira a ver qué ocurre en tu vida. Hasta un pequeño regalo de amor, como enviar una tarjeta de saludo o acordarse del cumpleaños de alguien, puede reconectarnos con la vida y con su sentido.

Soulución del día

¡Hazlo, rápido!

BRISAS, ONDAS Y SEMILLAS

Nosotros no tejimos la trama de la vida;
nosotros no somos más que un hilo de ella.
Todo lo que le hagamos a esa trama, nos lo
hacemos a nosotros mismos.
JEFE SEATTLE

SE ME OCURRE que lo que hacemos tiene el mismo efecto que el de una mariposa que bate sus alas. El pequeño movimiento de las alas de la mariposa puede que no te impresione, pero lo cierto es que afecta a las corrientes de aire del planeta y nos afecta a todos.

Del mismo modo que la semilla de diente de león puede trasladarse con el viento, cuando tú plantas tus semillas en la tierra están provocando un efecto en todo cuanto vaya a crecer. Hasta el guijarro más pequeño, cuando se arroja a un estanque, provoca cambios. Las ondas que generan tus acciones se difundirán y cambiarán la naturaleza de toda la vida.

Soulución del día

Por favor, recuerda que con tu vida, tus palabras y tus actos
arrojas semillas, generas brisas y creas ondas. Así pues, piensa
en lo que haces, pues nos afecta a todos y conforma la vida de
las generaciones futuras.

RECETA 169

BÉISBOL

Nunca dejes que el miedo a golpear la bola se
interponga en tu camino.
BABE RUTH

EL BÉISBOL NOS PUEDE enseñar muchas cosas. La primera es que nada se puede dar por terminado hasta que ha terminado. Hasta el último minuto puedes tener una ocasión. Y así es como conviene que vivamos; si quieres ser un ganador, no debes rendirte nunca.

Por otra parte, también tienes que entrenar. Quizás seas lo suficientemente afortunado como para haber nacido con una serie de genes que te proporcionan un gran potencial físico, pero si no entrenas no vas a hacer equipo. Lo que cuenta es el rendimiento, no la apariencia. ¿Cómo se puede llegar a actuar en el Carnegie Hall? Todo estriba en practicar, practicar y practicar.

Otra lección que nos puede enseñar el béisbol es que no hace falta ser un gran campeón para disfrutar con el juego. De los niños puedes aprender el modo de disfrutar jugando. Los niños no se preocupan por su aspecto ni por lo bien o mal que se les dé, ni se preocupan por si la gente se reirá de ellos si le dan o no le dan a la bola. Simplemente, corren, juegan y se divierten.

Así pues, juega, disfruta y date una oportunidad. Nunca te rindas, en tanto el partido de la vida no haya terminado.

Soulución del día

La vida es un partido de béisbol. ¿Qué quieres, dirigirte a la
base del bateador e intentar darle a la bola, o prefieres
sentarte en el banquillo y mirar?

PERMANECE EN EL AHORA

Acuérdate de estar aquí y ahora.
RAM DASS

CUANDO DIOS CREÓ EL UNIVERSO era *ahora*. Y este mismo instante que estamos experimentando también es ahora. No puedes decirle a la creación, «Lo haré más tarde», porque el universo sólo conoce el ahora. Así, cada vez que tienes la sensación de que no tienes tiempo, siempre será ahora.

El tiempo es una creación nuestra. El tiempo no existe para el Creador, el espíritu o la energía. El tiempo existe para la materia, pero sólo lo medimos nosotros. El único tiempo que podemos experimentar realmente es el ahora. Todo cuanto necesitas se halla en el presente, todo poder, amor y curación se halla en el *ahora*.

Soulución del día

Mantente centrado en el ahora y vive el instante; en realidad, es todo cuanto tenemos.

RECETA 171

LOS EXTREMOS

Es fácil sentarse y observar; lo difícil es
levantarse y emprender la acción.
AL BATT

No, «Los Extremos» no es un grupo musical. Son las decisiones que tenemos que tomar. Ahora bien, quizás seas de los que lo quieren todo con moderación y no quieren irse al extremo en ninguna decisión. Pero, sin extremos, no hay profundidad ni retos en tu vida.

¿En qué crees tú? ¿Qué has venido a hacer aquí? Tienes que tomar algunas decisiones cuando ves que se destruye la vida y la naturaleza. Lo cierto es que todos tenemos que tomar medidas extremas algunas veces. No es una cuestión de si serás un extremista o no, sino una cuestión de en qué vas a ser extremista.

¿Qué es lo importante para ti? ¿O es que no hay nada importante para ti y adoptas la posición extrema de no pronunciarte nunca por una causa o una persona que lo merezcan?

Esta postura me parece extremadamente decepcionante.

Soulución del día

Has de estar dispuesto a adoptar una postura por algo en lo
que creas, aunque eso signifique irse hasta el extremo.

RECETA 172

CORRER EL RIESGO

*Le di mi palabra a este árbol, al bosque y a
todo el mundo de que mis pies no volverían a
tocar el suelo en tanto no hubiera hecho todo
cuanto estaba en mi mano por hacer consciente
al mundo de este problema y por detener
la destrucción.*
JULIA BUTTERFLY HILL, *THE LUNA TREE SIT*[25]

NO ME PREOCUPA CORRER RIESGOS cuando sé que lo que estoy intentando conseguir y por lo que me arriesgo es algo que merece la pena. Saldré de allí a gatas, para que la gente se detenga, mire y escuche. Sé que el motivo por el cual estoy allí es por la verdad, y que eso es algo que tenemos que reconocer y ante lo cual tenemos que responder.

Cuando corres el riesgo de ponerte en peligro por algo en lo que crees siempre llega ayuda. Normalmente, las cosas no terminarán mal, sino que llegará un momento en que llegarán otros para echarte una mano.

No tengas miedo de correr riesgos y de decir la verdad ante el poder que sea. El poder de uno mismo es algo grande. Utilízalo sabiamente, y te sorprenderá cuánta gente va a estar dispuesta a echarte una mano y a apoyarte.

Soulución del día

¿Por qué cosa estás dispuesto a correr riesgos?

---

25 Versión en castellano: *El legado de luna: la historia de una mujer, una secuoya y la lucha por salvar el bosque.* RBA Libros. Barcelona, 2001.

RECETA 173

AFÉITATELA

*No te puedo afeitar la cabeza; tus hijos me han
amenazado si lo hago.*
ANTHONY PETONITO

A MEDIADOS DE LOS SETENTA, cuando los hombres llevaban el cabello largo hasta los hombros, sentí el impulso de afeitarme la cabeza. Aquel impulso me sacaba de quicio, y les decía una y otra vez a mi mujer, a mis cuatro hijos y a mi hija lo que quería hacer. Su reacción iba desde el «¿Estás loco?» hasta el «¡No te atrevas a avergonzarme más de lo que ya lo has hecho!».

Cuando se lo dije a mi barbero, Anthony Petonito, se encogió de hombros y me dijo que mis hijos le habían dicho, «No te atrevas a hacerlo». Pasaron los meses y, un día, en verano, le prometí a Anthony que, si me afeitaba la cabeza, me iría de la ciudad de vacaciones y nadie se enteraría. Así que, finalmente, me afeitó la cabeza.

Volví a la consulta, y mi esposa entró y preguntó por mí. Me había visto de espaldas, y no se dio cuenta de que era yo. Cuando me volví, lanzó un alarido. En el hospital, la gente se abrió conmigo, y me contaban sus problemas por el mero hecho de que yo parecía más vulnerable.

Actualmente, ir con la cabeza afeitada está de moda, pero eso me tiene sin cuidado. Para mí, el hecho de llevar la cabeza desnuda guarda relación con lo vivido en mi infancia, cuando mi abuela me masajeaba la cabeza, que había sufrido un trauma en el momento del parto; pero guarda aún más relación con mi sendero espiritual. Los monjes se afeitan la cabeza como señal de desnudez espiritual. Cuando leí al respecto de la tonsura y el afeitado de cabeza, supe que tenía que hacer lo mismo para poder encontrar y revelar mi yo espiritual.

Soulución del día

No es necesario que te afeites la cabeza, pero sí que tendrás que desnudar tu verdadero yo si quieres vivir la vida plenamente.

EL PODER DE LA PALABRA

Las palabras no tienen piernas,
y sin embargo caminan.
PROVERBIO DE MALI

HAY VECES EN QUE REALMENTE TENEMOS QUE ESCUCHAR lo que decimos. Piensa en todo lo que la gente dice acerca de su corazón cuando se siente herida: estoy descorazonado, tengo el corazón roto, siento dolor de corazón, mi corazón llora por ti, suspira por ti y muere por ti. ¡Uau! ¿Te has parado a pensar alguna vez en lo que nos decimos y nos hacemos a nosotros mismos? Tenemos que ser conscientes, cuando hacemos estas afirmaciones que nos hacen daño y prolongan el dolor, de que no sabemos cómo abordar nuestra vida.

Las palabras pueden ser el detonante que nos haga saber que tenemos que emprender la acción. Sé consciente de lo que dices y de qué mensajes están enviando a los demás tus palabras. Si acordarte de algo o pensar en algo te está rompiendo el corazón, entonces busca ayuda. No, no necesitas un trasplante de corazón, sino algún tipo de pegamento emocional. Lo encontrarás en el botiquín, debajo del amor y la risa. El amor es el fabricante de tu corazón, y te lo garantiza durante mucho tiempo, siempre y cuando utilices tu corazón para amar de manera regular. Si el corazón se te agrieta, el amor lo reparará eficazmente. Si necesitas ayuda a corto plazo y necesitas reiniciarte, recuerda que el humor y la alegría son un pegamento maravilloso, que mantienen las cosas en su sitio hasta que la garantía surte efecto y el amor te restablece.

Soulución del día

Cuando tus palabras se vuelvan en contra tuya, acuérdate
de ir a tu «botiquín» y buscar el remedio.

CULPABILIDAD

Culpabilidad: el regalo que no deja de darse.
ERMA BOMBECK

LA CULPABILIDAD PUEDE SER SANA o malsana. Puede llevarte a un cambio en tu comportamiento o no. Puedes pasarte la vida entre rejas y no sentirte culpable por aquello por lo que se te condenó, o puedes utilizar la culpabilidad para crecer. Cuando todos los Caínes se sientan culpables por haber matado a su hermano Abel, entonces podremos comenzar a sanar las heridas del planeta.

Existe una culpabilidad sana, que te lleva a sentir pesar por tu comportamiento y que busca enmendar tus acciones. Cuando lo haces, la comprensión, el perdón y la sanación vienen con ello, y puedes seguir avanzando en la vida.

Aquellas personas que no sienten culpabilidad son personas emocionalmente malsanas, y son un peligro para la sociedad y para todos los seres vivos. Pero aquellas otras que se sienten culpables de todo y no son capaces de soltarse de su culpabilidad tampoco contribuyen demasiado a la mejora de la sociedad.

Hoy saqué a una araña de casa porque me resultaba imposible matarla por una simple cuestión de conveniencia. Estoy orgulloso de mí mismo, y del hecho de sentirme mal ante la idea de matar a otro ser vivo. Preferiría morir libre de culpa, perdonándome a mí mismo e incluso a mi asesino, antes que morir odiando.

Soulución del día

No evites los sentimientos de culpabilidad, pues son una señal de tu salud mental. Escúchalos y sigue sus indicaciones.

RECETA 176

INDECISIÓN

*Es la puesta en marcha lo que detiene
a mucha gente.*
DON SHULA

TENEMOS EXCUSAS PARA TODO: lo haré mañana, en cuanto tenga tiempo, tengo una nota en mi despacho para recordármelo, y así sucesivamente. No hay mañanas, sólo hay hoyes. Si no te pones en marcha hoy, quizás nunca lo hagas.

Tiene que haber algún miedo implicado o, de lo contrario, te habrías puesto en marcha ya. No hay nada que te retenga, salvo tú mismo. Reconoce estas barreras, y comienza tu tarea dando un pequeño paso. Puedes marcarte tu propio ritmo, y hacerlo a tu manera; de modo que, ¿a qué esperas?

Soulución del día

*Deja de esperar el «momento oportuno».
El momento oportuno es aquí y ahora.*

¿QUIÉN HA HECHO ESO?

San Francisco se sintió impulsado a amar a todas las cosas que él sabía que tenían el mismo origen que él y en las cuales reconocía la bondad de Dios; pues él seguía a su Bienamado a todas partes, y en cada rastro de Él que encontraba en sus criaturas, él hacía de todo una escalera para alcanzar su trono.

PAPA PÍO XI

«¿QUIÉN HA HECHO ESO?». Puede que estas palabras las tengamos asociadas al temor, debido a que nos recuerdan a nuestros padres, cuando querían saber quién había hecho algo que no les tenía muy contentos.

Pero, ¿qué pasa con esas ocasiones en que contemplas algo realmente bello ante tus ojos? ¿Te has parado a pensar, «Quién ha hecho eso»? La próxima vez que veas una obra de arte, detente y reflexiona sobre su creador.

Cuando veas una flor, un hermoso cuadro, a un niño, o cuando te mires en el espejo, detente y pregúntate, «¿Quién ha hecho eso?». Si eres consciente de las preciosas obras de arte que hay a tu alrededor, cuidarás mejor de ellas y de ti mismo. El artista se enfrentó a un montón de problemas para crearnos a todos, de modo que no destruyas sus obras de arte, pues tenemos que preservar los tesoros milenarios.

Un árbol con mil años de edad merece que se le contemple con asombro. Cada nueva creación, sea una minúscula flor del campo que surge de la tierra o sea una cría de elefante, es una obra de arte. Pregúntate quién es el artista e intenta conocer mejor al Creador.

Soulución del día

Intenta verlo todo hoy como una preciosa obra de arte. Y, luego, pregúntate, «¿Quién ha hecho eso?». El mundo se convertirá en tu galería de arte.

RECETA 178

AHORRAR TIEMPO DE VIDA

El ayer no es más que la memoria de hoy,
y el mañana es el sueño de hoy.
KHALIL GIBRAN

ME SIENTO Y CONTEMPLO UNA FOTOGRAFÍA de uno de mis hijos, y pienso en cuánto se le parece a su propio hijo, a nuestro nieto. Espero que mi hijo esté dedicándole tiempo a su hijo. A diferencia de mí, espero que dentro de treinta años no mire la foto de su hijo y sienta el deseo de dar marcha atrás en el tiempo para dedicarle más tiempo.

No es justo que no podamos volver atrás en el tiempo una vez nos hemos hecho lo suficientemente sabios como para darnos cuenta de cómo deberíamos haber utilizado el tiempo. Me gustaría volver atrás y disfrutar más de mis hijos. Me gustaría poder sentarme con ellos, y amarlos de modos en los que no fui capaz de hacerlo entonces por mi falta de sabiduría. No es justo que tengamos que aprender por experiencia.

Éste es el motivo por el cual te envío estas palabras, para que no desperdicies tu vida, para que ahorres tiempo de vida y apliques el sistema a lo largo de todo el año. Así, cuando pasen los años, mirarás una fotografía y sonreirás, recordando los maravillosos momentos y los buenos sentimientos que quedaron atrás, en lugar de desear volver atrás e intentarlo de nuevo para hacerlo bien ahora.

Soulución del día

Ahorrar tiempo durante el día no tiene importancia; instituye
el ahorro de tiempo ahora.

RECETA 179

SILENCIO

Una vida feliz debe ser en gran medida una vida silenciosa, pues sólo en una atmósfera de silencio puede vivir la verdadera alegría.
BERTRAND RUSSELL

HEMOS LLENADO NUESTRA VIDA con actividades sin sentido y hemos eliminado el tiempo de silencio. Y es que hay personas que equiparan el hecho de estar en silencio con estar aburridas. Creen que, si no están haciendo algo en todo momento y yendo de un lugar a otro, se van a aburrir. Y, sin embargo, no hay nada más lejos de la verdad. He leído que Charles Darwin, después de recorrer el mundo, se pasó el resto de su vida en su propia casa.

¿Y qué pasaría con los niños si les dejáramos ser creativos y jugar durante un corto período de descanso o un tiempo para el silencio, en lugar de llevarlos de una actividad a otra durante cada minuto que no están en la escuela?

Muchas familias y comunidades están adoptando los «días de no hacer nada», para que los niños puedan quedarse en casa y descubrir que el tiempo de silencio puede ser mejor que llevarles de aquí para allá a todas partes. El mensaje es: aminora la marcha y vive, en vez de estar haciendo algo o yendo a alguna parte constantemente. ¿Qué importa lo que piensen los vecinos, si te ven tumbado en el patio o en el jardín de tu casa?

El tiempo de silencio en familia puede incluir actividades como jugar en el patio, sentarse en torno a un juego de mesa o, simplemente, darse un paseo. En la primera casa en la que vivimos teníamos una piscina en el patio trasero, de tal modo que nuestros cinco hijos disfrutaban quedándose en casa y pasando el tiempo juntos. Y los niños del vecindario también se pasaban buenos ratos en la piscina.

Soulución del día

Te puedes perder muchas cosas en la vida si no te tomas el tiempo para aminorar la marcha y vivir.

RECETA **180**

COMUNICACIÓN

Si le hablas a un hombre en un lenguaje que él comprenda, el mensaje le llegará a la cabeza. Si le hablas en su propio lenguaje, el mensaje le llegará al corazón.
NELSON MANDELA

QUIZÁS TE PREGUNTES SI LA GENTE ESCUCHA lo que estás diciendo cuando están enfermos o inconscientes, incluso si deberías intentar comunicarte con ellos o no. Sé de personas que podían escuchar mientras estaban bajo los efectos de la anestesia, en coma o durmiendo. Incluso los bebés escuchan cuando están todavía en el útero materno. Y puedo asegurarte que las personas con demencia senil o con la enfermedad de Alzheimer también te escuchan. Aunque quizás no sean capaces de comunicarse, siguen siendo conscientes en algún nivel de su consciencia.

Háblales, y hazles saber que las quieres. Cuida de ellas desde el corazón; porque, si lo haces para no sentirte culpable, lo van a sentir ellas y lo vas a sentir tú. Cuidar de alguien por motivos no sanos siempre pasa factura, tanto al cuidador como a la persona que requiere de atenciones.

Existen otras formas de comunicarse. Puedes hablar con el tacto; abrázales y dales masajes. A menudo llevo conmigo un bebé, o un cachorro de gato o perro, y se lo pongo en los brazos. Cuando veo a estas personas sonreír y reaccionar me doy cuenta de que están muy vivas, a pesar de su problema corporal o mental. Toda conexión es valiosa, y nos acerca más a unos y otros.

Soulución del día

Aunque creas que una persona está más allá de toda comunicación, no te rindas. Siempre hay algún modo de compartir el amor.

RECETA 181

TU NATURALEZA

Pues en la verdadera naturaleza de las cosas, si lo pensamos bien, cada árbol, con sus verdes hojas, es más glorioso que si estuviera hecho de oro y plata.

MARTÍN LUTERO

LA PRÓXIMA VEZ que alguien de tu familia se queje de tu comportamiento, dile simplemente, «Es mi naturaleza. Yo soy así». Así, te los quitas de encima y, si sigues comportándote de ese modo el tiempo suficiente, llegará un momento en que dejarán de quejarse. ¡Claro está que lo que digan a tus espaldas no va a ser muy agradable!

¿Por qué nos resistimos tanto a tener una *segunda* naturaleza? ¿Por qué no aprendemos de los demás y cambiamos nuestra manera de proceder? Las cualidades que son útiles en el mundo de los negocios llevan a una alta tasa de divorcios y a un alto ritmo de rotación de personal en las empresas. ¿Por qué no podemos adoptar una naturaleza bondadosa y dispuesta al cambio?

La naturaleza es amable, aunque tenga sus momentos tormentosos y sus estaciones. Si imitamos a la naturaleza, podremos variar sin dejar de ser nosotros mismos, en lugar de proteger nuestra artificial naturaleza con declaraciones que no son más que excusas, que no explican nada, y que manifiestan nuestra propia rigidez y poca disposición a salir de nuestro escondite y exponernos a nuestra verdadera naturaleza.

Soulución del día

Deja que la naturaleza tome su verdadero curso contigo.

RECETA 182

ACEITE DE OLIVA

*Seguir el curso que ofrece menos resistencia es
lo que hacen los ríos sinuosos y los hombres
retorcidos.*
LANNY HENNINGER

EL ACEITE DE OLIVA es un producto graso muy sano, y debería utilizarse regularmente para cocinar los alimentos, para aderezar las ensaladas y para añadir como un condimento más en las recetas. En los países donde el aceite de oliva forma parte natural de la dieta, los resultados de los estudios evidencian una mayor salud cardíaca de sus habitantes. Sin embargo, tener un corazón sano es el resultado de algo más que de la ingestión de aceite de oliva; pero el aceite es un buen maestro.

El aceite se elabora exprimiendo y prensando las aceitunas. Todos estamos bajo presión la mayor parte del tiempo debido al estilo de vida que llevamos. A menudo nos mostramos amargados, inquietos, resentidos, etc. Sin embargo, las aceitunas saben que las presiones de la vida nos convierten en lo que somos, y que se pueden utilizar para crear algo mejor. Quizás, si nosotros comprendiéramos también esto, sufriríamos menos con las «adversidades de la vida».

Que no te dé miedo la presión. Utilízala para guiarte, al igual que cuando naciste, y utiliza su energía para impulsarte hacia una vida con sentido.

Soulución del día

*La salida más fácil te llevará a lugares adonde no quieres ir.
A veces, lo único que necesitas es que trituren
y te presionen un poco.*

LOS ERRORES PUEDEN SER BUENOS MAESTROS

El único error de verdad es aquél del cual no aprendemos nada.
JOHN POWELL

¿QUÉ ES UN ERROR? Para la mayoría de las personas, decir «He cometido un error» significa o que se ha hecho algo equivocado o que se ha hecho algo incorrectamente. Pero, ¿acaso hacer algo equivocado es el peor resultado posible?

Los errores pueden ser nuestros maestros. Pueden redefinir nuestros objetivos y nuestras tareas y, de ahí, pueden terminar siendo beneficiosos. Normalmente, nos centramos en nuestros errores y perdemos la energía juzgándonos por ello. En vez de eso, sé paciente y espera a que te ofrezcan sus lecciones y sus enseñanzas, que no siempre se van a hacer evidentes de inmediato.

Yo he aprendido mucho de mis errores, y de ahí que ya no los etiquete como «errores». A veces, la dirección en la que me han enviado ha resultado ser mejor que la que yo hubiera tomado de no ser por ellos. De modo que no esperes otra cosa que cometer errores. Di «Lo siento», cuando afectes con ellos a otras personas, y aprende de ellos.

Soulución del día

Intenta ver tus «errores» hoy bajo una nueva luz.

RECETA 184

ADICCIONES

La gente se pasa la vida buscando la felicidad;
buscando la paz. Va en pos de sueños vanos, de
adicciones, religiones, o incluso de otras
personas, con la esperanza de llenar el vacío
que la atormenta. Cuando lo irónico del caso
es que lo único que tenía que hacer
era buscar dentro.

RAMONA L. ANDERSON

¿QUÉ ES LO QUE ESTAMOS BUSCANDO cuando nos hacemos adictos a una droga, al alcohol, a la comida, al sexo, al dinero, a comportamientos aberrantes y todo lo demás? ¿Qué sentimientos estamos buscando que echamos de menos? ¿Por qué nos destruimos a nosotros mismos y estamos dispuestos a renunciar a nuestra vida por unas sustancias y unos actos que nos alejan de lo que realmente deseamos?

No creo que sea por casualidad que a las bebidas alcohólicas las llamemos «espíritus»,[26] y que hablemos de tener un «subidón»[27] con las drogas. Pero nunca encontrarás el amor, la espiritualidad ni a nuestro Creador en botellas, cajas, píldoras, comida o cualquier otra cosa material.

Yo creo que los adictos están buscando amor, así como un lugar de paz y de unidad. De modo que se pierden en su adicción, intentando olvidar la sensación de vacío, la falta de autoestima, de amor y de valía. ¡Pero esto no funciona! No te sana ni a ti, ni tampoco sana tu vida, y te distancia de la gente de la que te gustaría estar cerca.

Sólo existe una adicción que te pueda proporcionar todo lo que quieres obtener de la vida. Hazte adicto al amor. Entra dentro de ti y abre tu corazón al único Sanador Universal: el amor.

---

26 El término *spirits,* en inglés, es el término que se les aplica a los licores. *(N. del T.)*
27 *Getting high,* «subir a lo alto», en inglés. *(N. del T.)*

Soulución del día

Tanto si te gustas como si no, ama, ama, ama. Regálate una sobredosis regularmente. Busca el subidón amándote a ti mismo y a los demás. El único efecto secundario conocido es que el amor es ciego ante las deficiencias de los demás; pero eso no es tan malo, si consideras por lo que tienen que pasar el resto de los adictos.

VERANO

Vuelve tu rostro al sol, y las sombras caerán
tras de ti.
PROVERBIO MAORÍ

EN EL VERANO, la vida es fácil. ¿Por qué? Porque cuando te pones de cara a la luz, ya no se ven las sombras. El verano nos ofrece la oportunidad de pasar el tiempo fuera de casa, entre los seres vivos de la naturaleza. Cuando nos comunicamos con la naturaleza y nos hacemos uno con ella, descubrimos una sabiduría a la que no se puede acceder de ningún otro modo. La naturaleza tiene las respuestas.

Así pues, sal fuera en verano y siente el regalo del calor del sol en tu piel, y observa cómo interactúan los elementos de la naturaleza. Tómate unas vacaciones de verano, o una temporada sabática estival, durante la cual puedas aprender a ser, no sólo a hacer. Búscate ese rincón del universo en el que encuentres la paz, y luego llévatelo a casa con el ojo de tu mente. Así, siempre podrás entrar dentro de ti y encontrar la paz de nuevo.

Cuando te encuentres en medio de la naturaleza, escucha. Escucha sus ritmos, y escucha tus ritmos. Todos ellos están relacionados con la creación. Cada vez que te halles en una situación difícil, siempre podrás retornar a ese momento estival y sanarte a ti mismo.

Soulución del día

Que tu luz porte todos los elementos del verano hasta los
demás, sea cual sea la estación del año en la que te encuentres.

RECETA 186

ERIZOS DE MAR

El mayor de todos los errores es no hacer nada
por el hecho de que sólo puedes hacer un poco.
Haz lo que puedas.
SYDNEY SMITH

TAL VEZ HAYAS ESCUCHADO LA HISTORIA de aquel niño que, estando en la playa, devolvía al agua todos los erizos que el mar sacaba a la orilla.

Un hombre se le acercó y le preguntó:

—¿Por qué haces eso? Debe de haber miles de erizos. No te va a servir de nada.

El niño agarró otro erizo y lo arrojó al océano.

—Al menos a uno le ha servido.

Recuerda: cambiando la vida de una persona, cambias el mundo. Toda acción tiene sus efectos. Así pues, haz algo y ayuda a alguien a volver al océano de la vida. No hace falta que arriesgues tu vida llevándolo entre el oleaje, pero averigua lo que necesita para volver al agua. Y, luego, ayúdale.

Soulución del día

Haz algo: devuelve un erizo al agua,
y estarás haciendo tu parte.

RECETA 187

PUESTA DE SOL

Cuando termina el día y se pone el sol, dejo ir todos mis problemas.
ALBERT SCHWEITZER

DEL MISMO MODO QUE TE ACONSEJO que comiences cada día como si fueses el sol, que sale una y otra vez, también te sugiero que te liberes de todos tus problemas y preocupaciones cuando se ponga el sol. Deja que se vayan con el sol, o no serás capaz de levantarte libre de cargas para comenzar el nuevo día.

Si te quedas con tus problemas durante la noche, pierdes poco a poco toda sensación de orden en tu vida. El tiempo nunca se hace más largo que cuando permaneces despierto, preocupado y temiendo la llegada del día siguiente, y lamentándote por la noche de insomnio.

Cuando contemples la puesta de sol, deja que tus preocupaciones se vayan con ella. Imagina cómo arden con brillantes colores. ¡Y deja que la belleza te recuerde que la vida es mucho más que un puñado de preocupaciones!

Soulución del día

Cuando te desprendes de tus problemas con la puesta de sol, dejas espacio para que las bendiciones llenen tu vida al día siguiente.

TERAPIA DE CIELO NOCTURNO

Los cielos declaran la gloria de Dios.
BEN ZION

ANOCHE, cuando saqué a pasear a mi perro *Furphy,* me quedé mirando el cielo estrellado. La bóveda del cielo era un muestrario interminable de estrellas, y me sentí sobrecogido y agradecido.

¿Quién sabe o a quién le importa cómo fue a parar todo eso ahí? Lo que importa es que estamos aquí, y que formamos parte de ese universo impresionante. Me sentí inspirado y en paz al cabo de unos instantes de contemplar el cielo nocturno.

Creo que todos nos ahorraríamos una fortuna en terapeutas sólo con que saliéramos de casa todas las noches y miráramos hacia arriba, al cielo. Y piensa en cómo cambiarían las cosas si las personas internadas en centros psiquiátricos o en prisiones vieran el cielo nocturno todas las noches. Yo creo que se trasformarían y se sanarían a través de la exposición ante esa belleza inexplicable.

Soulución del día

La próxima vez que necesites una terapia, prueba a contemplar el cielo nocturno.

FELIZ EN EL TRABAJO

*Había gente desdichada por todas partes, de
modo que les dije, «Lo dejo».*
SECRETARIA DE SALA HOSPITALARIA

UN DÍA LE DI LAS GRACIAS A UNA SECRETARIA de sala hospitalaria por su magnífica actitud, y le pedí que me dijera cómo se llamaba, porque quería regalarle un pin con su nombre. La mujer me dijo:

—Siéntese.

Yo obedecí, y me explicó:

—Cuando acepté este empleo estaba rodeada de personas desdichadas... los médicos y las enfermeras. Los pacientes no eran un problema. Me fui a secretaría para renunciar al empleo, pero me dijeron que tendría que seguir trabajando durante un plazo de dos semanas a partir del anuncio de mi dimisión. Durante esas dos semanas, me sentí desdichada día tras día. Pero, cuando llegó mi último día de trabajo, me levanté feliz, y me vine a trabajar feliz. De modo que, finalmente, no renuncié al empleo; y decidí que vendría aquí feliz.

Esa misma decisión nos puede venir bien a todos. Tú eres el responsable de tu vida y de tu actitud. Cambia una o la otra en función de tus necesidades y deseos, y tú también serás feliz. Si no quieres ser feliz, eso también es una decisión tuya. Nadie te puede obligar a ser feliz, si tú prefieres lloriquear y lamentarte.

Me encanta lo que dice Tom Hanks en la película *A League of Their Own*:[28] «Nadie llora en el béisbol». En el partido de la vida, recuerda que tu actitud y tus decisiones determinan el resultado.

---

28 Esta película se tituló en España como *Ellas dan el golpe*, y en Hispanoamérica como *Un equipo muy especial. (N. del T.)*

Soulución del día

Si te encuentras en un entorno o una situación difícil, intenta cambiar la actitud con la que te enfrentas a ello. Y, si eso no funciona, quizás es que ha llegado el momento de irse.

RECETA 190

NO HAS CAMBIADO NADA

Hace falta mucho coraje para soltarse de aquello que nos resulta familiar y aparentemente seguro y adoptar lo nuevo. Pero no hay ninguna seguridad en lo que ya no tiene sentido. Hay más seguridad en las cosas arriesgadas y excitantes, pues en el movimiento hay vida, y en el cambio hay poder.

ALAN COHEN

TE ENCUENTRAS CON ALGUIEN a quien hace años que no ves y dice, «No has cambiado nada». ¿Es eso un halago o una crítica? Depende de a qué esté haciendo referencia.

Si tienes miedo a los cambios y a crecer en la vida, quizás prefieras mantenerte en situaciones de escaso riesgo. Pero la fecha cambia todos los días, y tú también deberías cambiar. A todos nos conviene seguir creciendo, a fin de que nuestra vida siga teniendo sentido y de estimular nuestro cuerpo con la voluntad de vivir.

Cuando una persona vive una vida inalterada no trasmite esa voluntad de vivir, sino cierto tedio vital que lleva a la enfermedad. Pero aquellas personas que se mantienen abiertas a nuevas ideas y experiencias envían «mensajes vivos» a su cuerpo y a su espíritu.

Todos los deportistas saben que hay que mantenerse flexible para no lesionarse. De modo que extiende tus límites y ve en pos de aquello que en otro tiempo tenías miedo de intentar. Agrándate y trasforma tus objetivos, para que, cuando llegues a la reunión del quincuagésimo aniversario, nadie pueda decirte que no has cambiado nada.

Soulución del día

Asume hoy un riesgo, y salte de la rutina habitual.

SACRIFICIO

Déjame nacer una y otra vez en la rueda del renacimiento, para que, una y otra vez, pueda ofrecer este cuerpo en beneficio de los demás.
MITO HINDÚ

¿CUÁL ES EL RESULTADO de introducirse en el fuego sagrado? ¿Qué puedes quemar en él que te dé la vida? Cuando te inmolas en el fuego sagrado no sacrificas nada. Sacrificarse es renunciar algo y seguir viviendo. Cuando de verdad sirves a los demás, tú te estás sacrificando; pero, al mismo tiempo, estás creando una vida que no puede destruirse.

El sacrificio, tal como yo lo veo, puede ser la renuncia a algo con el fin de alcanzar un objetivo mayor. El fuego sagrado reduce a cenizas lo que no tiene sentido y deja la esencia. Cuando el humo y el hollín nos purifican, nos quedamos con una vasija dorada en la que portamos la esencia de la vida.

No tengas miedo de dar un paso adelante y de sacrificarte voluntariamente para alcanzar fines más grandes. No tengas miedo del fuego, porque no te va a hacer daño. Te dará energía y te aclarará el camino, del mismo modo que el fuego en el bosque prepara el terreno para un nuevo crecimiento. Avanza y renuncia a lo que te pesa y ralentiza tu progreso. Lo que tú sacrificas nutrirá a los demás y te sanará a ti.

Soulución del día

No hay sacrificio alguno cuando se hace por amor.

CREACIONES PRECIADAS

Dios te ama tal como eres.
INSCRIPCIÓN DE UNA TAZA DE LA CASA
DE LOS SIEGEL

UNA MAÑANA entré en la cocina y me encontré a mi esposa apartando unas tazas que se habían quedado sin asa. Me comentó que las había amontonado en el lavavajillas y que el resultado había sido desastroso.

—Por favor, échalas en el cubo del reciclaje –me pidió.

—No, cariño -respondí-. Yo puedo beber en una taza sin asa.

Me lanzó una mirada en la que entendí que, o las echaba al cubo o más me valdría buscar un consejero matrimonial. De modo que las empaqueté y me las llevé a nuestra casa de vacaciones, y las oculté en un armario de la cocina. Pocas semanas después nos fuimos de vacaciones. Cuando mi mujer abrió el armarito me di cuenta de que iba a tener problemas. De modo que me marché corriendo; es decir, me fui a correr un rato.

¿Por qué creo en un poder superior? Porque después de veinte años corriendo por la misma carretera sin encontrarme nada, aquella mañana me encontré en medio del camino con una taza con el asa rota. Yo sabía que Dios la había dejado allí para mí, de modo que la recogí. La taza estaba decorada con la imagen de dos rechonchos elefantes abrazados y con las palabras «Dios te ama tal como eres». Me la llevé a casa y se la enseñé a mi mujer. Y, actualmente, a aquella taza y a todas las demás tazas se las acepta como parte de la familia de nuevo, ¡al igual que a mí!

Soulución del día

Tú eres perfecto y eres amado. Dios te quiere tal como eres,
aunque tengas el asa rota.

BUENOS AMIGOS

La amistad fomenta la felicidad y reduce la desdicha, al duplicar nuestra alegría y dividir nuestra pena.
CICERÓN

¿QUÉ ES UN AMIGO? Para mí, es alguien que conoce tus defectos y, sin embargo, ve lo divino que hay en ti. Un amigo te seguirá queriendo a pesar de tus imperfecciones. Un amigo es alguien que está ahí, a tu lado, cuando tienes el coraje de pedir ayuda. Un amigo es también alguien que te puede decir no y seguir siendo amigo.

Un amigo te indica tus imperfecciones, no te culpa por ellas, sino que te ayuda a ser mejor en lo que estás haciendo, del mismo modo que un entrenador hablaría con un deportista. Un amigo siempre responde a tus llamadas, aunque le estés volviendo loco.

Un amigo nunca se pronuncia sobre quién tiene razón, sino que escucha cómo te sientes. Un amigo no juzgará nunca sin tomarse primero el tiempo necesario para comprender, y perdonará, dejará atrás el pasado y seguirá amando. Probablemente, lo más importante que un amigo puede hacer es no abandonarte nunca, hagas lo que hagas.

Soulución del día

Haz algo por reconocer hoy a un buen amigo, y acuérdate de serlo tú también.

RECETA 194

SIN MIEDO

Toda sanación es, en esencia,
liberarse del miedo.
UN CURSO DE MILAGROS

LA PRÓXIMA VEZ que sueñes con que un monstruo te persigue, date la vuelta, enfréntate al monstruo y mira a ver qué ocurre. Una vez te enfrentes al miedo, el sueño se detendrá. Y lo mismo ocurre en la vida real; tenemos que enfrentarnos a nuestros miedos para poder sanarlos.

Nuestro cerebro está hecho de tal modo que el miedo nos protege de todas aquellas situaciones que supongan una amenaza para nuestra vida, y nos ayuda a reaccionar con rapidez. Si te encuentras con una serpiente de cascabel, tu cerebro evitará cualquier evaluación consciente de peligro y hará que te quedes inmóvil, para que la serpiente no se sienta atraída por tu movimiento.

Pero, ¿qué ocurre si crees que cada rama seca con la que te encuentras es una serpiente venenosa? Que no vas a ir a ninguna parte. El miedo morboso puede paralizarnos. Tenemos que enfrentarnos a nuestros monstruos y buscar maneras de superar el miedo.

La música puede tranquilizarnos, sanarnos y relajarnos. La visualización y la meditación pueden ayudarnos a reprogramar el sistema. La actividad física genera antidepresivos naturales, que pueden ayudarte a sentirte mejor. Diseña un programa que se adapte a ti y que te ayude a resolver tus miedos y tus tensiones.

Soulución del día

La siguiente cita del doctor Robert Anthony nos ofrece un buen consejo a la hora de abordar nuestros miedos: «Se puede superar el miedo y la preocupación viviendo los días de uno en uno, o incluso viviendo los instantes de uno en uno. Tus preocupaciones se quedarán en nada».

RECETA 195

VÉNDELO

Herman Grimhoffer se quedó atrapado en un ascensor durante cuatro horas. Para cuando lo liberaron le había vendido un Cadillac nuevo al operador del ascensor.

MATTY SIMMONS

CUANDO EMPECÉ A HABLAR EN PÚBLICO sobre mis experiencias con pacientes con cáncer, me encontré con una fuerte oposición, incluso con ira, por parte de la profesión médica. Cuando me entrevistaban en esos famosos debates televisivos, me cuestionaban una y otra vez por causa de mis ideas. El intento de vender mis ideas me convirtió en objeto de la ira de todo el mundo. Mis ideas no encajaban con las ideas oficiales sobre el asunto.

Aprendí a contar historias, para que mis ideas no se enfrentaran de un modo tan radical con las de los demás. También aprendí a escuchar las historias y las anécdotas de los demás, mientras hablaban de sus ideas y de sus experiencias. Aprendí a preguntar y a no contar. Y descubrí que la mejor manera de vender mis ideas consistía en dejar que otra persona contara su experiencia con mis técnicas y que contará cómo le había ido.

Cuando les decía a otros médicos cómo podían ayudar a sus pacientes me encontraba con muchísimo desacuerdo. Pero cuando les preguntaba si querían ayudar a sus pacientes la respuesta era siempre sí. Es mucho más fácil vender ideas nuevas cuando tú y la otra persona estáis de acuerdo en las premisas básicas.

Yo no estoy intentando vender cosas materiales; estoy intentando vender atención médica humanista. Sigo teniendo mis momentos, cuando me olvido de compartir mis ideas de un modo que no genere confrontación. Y sigo teniendo trabajo que hacer, hasta que consiga que todos los profesionales de la medicina dejen de tratar a los pacientes y comiencen a cuidar de ellos.

Soulución del día

Si tus objetivos son admirables y beneficiosos, aprende a vendérselos a los demás y conviértete en un vendedor ambulante.

RECETA 196

ORDEN

Tenemos que aprender a soltar, a renunciar, a
dejar espacio para las cosas que deseamos
o por las que rezamos.
CHARLES FILLMORE

TODOS LOS DÍAS PIERDO EL CONTROL. No, no estoy diciendo que pierda el control de mi comportamiento, sino que no tengo el control de las situaciones que se nos presentan, a mí, a mi familia y en mi vida. ¿Qué es lo que sí puedo controlar? Sólo puedo controlar mis pensamientos y mi respuesta ante esas situaciones que están más allá de todo control.

He aprendido a crear orden en medio de ese caos incontrolable al que llamamos vida. Haciéndome uno con la vida y con el proceso de vivir, puedo dejar de juzgar, de luchar y de forcejear con lo que hay ante mí en cada momento. Puedo dejar de negar las cosas y desear otras cosas, y puedo comenzar a vivir.

Despréndete de la necesidad de control, y ponlo todo en manos de una autoridad superior. Ella restablecerá el orden y la paz interior. Cuando lo hagas, llegarás a controlar tu vida y a encontrar la paz en la tierra. Tú no puedes cambiar a los demás, y tampoco puedes alterar el pasado. Lo único que puedes hacer es someterte al orden divino.

Soulución del día

Restaura el orden en tu vida desprendiéndote
de la necesidad de control.

RECETA 197

PELIGRO

Nunca en toda su historia, la humanidad se ha enfrentado a un peligro tan monstruoso.
HARRY EMERSON FOSDICK

DESDE QUE SE DESARROLLARON LAS ARMAS NUCLEARES, vivimos con la sensación de que nos encontramos en el período más peligroso de la historia de nuestro planeta. Pero, si utilizamos el miedo de forma inteligente, resolveremos el problema. Del mismo modo que el miedo a las enfermedades y a los terremotos nos ha llevado a tomar medidas preventivas, podemos hacer lo mismo con los peligros de la guerra. Tenemos que sentir la motivación del miedo para que eliminemos la amenaza, en vez de reaccionar simplemente ante ella y precintar nuestros hogares con plásticos.

No podemos evitar la vida. Tenemos que vivir ahora, y no hacer un mal uso de los regalos de la energía y de la tecnología; sino, más bien, utilizarlos para mejorar la vida, para que no haya nada por lo que matar ni por lo que morir.

Los políticos del pasado se nos antojan una pandilla de psicóticos cuando leemos sus citas acerca de las ventajas de la guerra. La gente muere cuando los países entran en guerra. Como dijo un humorista, «Necesitamos la guerra para poder enseñar geografía». En realidad, no sirve para nada más.

Soulución del día

*Utiliza tus miedos para motivarte a hacer
los cambios necesarios.*

RECETA 198

PASOS

Con mucha frecuencia, vemos el calendario
como un mero símbolo del paso del tiempo.
Nos olvidamos de por qué estamos aquí, en la
tierra. Nos olvidamos de que existe una razón
para tanto dolor y tanta pugna. Nos olvidamos
de que se nos puso en la tierra para que
aprendiéramos algo.

LYNN V. ANDREWS

LA VIDA ES UNA SERIE DE PASOS. Algunos de ellos se destacan y se celebran con rituales, que hacen que nos detengamos y reconozcamos estos importantes ritos de paso. Si prestamos atención a estos especiales momentos de cambio y de iniciación, nos haremos más conscientes de nuestro lugar en la vida.

El paso a la edad adulta es particularmente importante. No se puede permanecer en la infancia para siempre. Hay responsabilidades que tenemos que afrontar, si queremos convertirnos en seres humanos íntegros. La negativa a los ritos de paso puede liberarte de toda responsabilidad, pero también te negará una vida plena.

La vida avanza y no se detiene nunca. No puedes detener la vida. Es como un río, cuyas aguas pasan incesantemente. Tenemos que aprender a discurrir con el flujo, y no permitir que nuestras resistencias le pongan un dique a nuestra vida.

Soulución del día

Valora el viaje, los pasos, los giros y las vueltas; todos ellos
conforman fases de tu vida.

QUERIDO DIOS

La fe es la más alta pasión del hombre.
Posiblemente, en cada generación hay muchos
que nunca consiguen alcanzarla, pero no hay
nadie que la rebase.
SØREN KIERKEGAARD

«QUERIDO DIOS, ME ESTÁS VOLVIENDO LOCA. Estoy enferma y cansada de estar enferma y cansada. O me pones bien o me dejas morir. Has hecho un pésimo trabajo, por decirlo suavemente, con este mundo. ¿Qué pasa con todas esas guerras y con el sufrimiento de la gente inocente? ¿Qué sentido tiene todo eso? ¿Por qué has hecho esto?

»Si tú eres responsable y todopoderoso, ¿por qué no arreglas las cosas? Y, si no eres responsable y todopoderoso, entonces dilo y deja que nos apañemos solos. Dejar que las cosas sigan así no tiene sentido. De modo que sácame de aquí o arregla las cosas esta noche».

Conozco a una mujer que se iba a dormir después de reprochar a gritos todo esto a Dios. ¿Qué crees tú que sucedió? ¿Nada? Estás equivocado. La mujer se despertó curada de su enfermedad. ¿Fuiste tú, Dios? ¿Quién sabe? Pero lo que sí sé es que, cuando tienes la pasión que ella mostró o una fe y una creencia total en Dios, y pones en sus manos tus problemas, las cosas cambian.

Soulución del día

¿Pasión o fe? Elige tu sendero hacia la curación.

CHOCOLATE

Fuerza es la capacidad para romper una barra
de chocolate en cuatro trozos con las manos
desnudas... para luego comerse sólo uno de los
trozos.

JUDITH VIORST

EL CHOCOLATE TIENE UN CLARO EFECTO en los seres humanos debido a su naturaleza química. Y también es bueno porque contiene antioxidantes. Nos hace sentir bien, y también tiene buen sabor, y se disfruta mucho. Hay personas que dicen que comer chocolate estimula la sensación de estar enamorado.

En ocasiones, estamos tan ocupados negando nuestras necesidades que nos hacemos adictos al chocolate. Siempre lo tenemos a mano, y pensamos que nos merecemos darnos un gustazo porque nuestra vida se nos antoja difícil e injusta. El helado de chocolate, incluso el yogur helado de chocolate bajo en grasas, puede sentarnos mal si lo consumimos en exceso. Pero, quizás estés diciendo, «¡Y, entonces, qué! ¡Mira por lo que estoy pasando! ¿Por qué me voy a negar un poco de chocolate?».

Llega un momento en que lo que es bueno para ti puede convertirse en autodestructivo. Yo no quiero morir sin volver a experimentar el sabor del chocolate, pero tampoco quiero que sea el chocolate lo que me mate. Me puedo tomar un helado de chocolate como un gustazo que me doy a mí mismo, pero también puedo decir que no a un segundo helado de chocolate como un gustazo que me doy a mí mismo.

Lo que tenemos que hacer es encontrar una vida que nos proporcione la química del chocolate dentro de nuestro cuerpo. Cuando lo conseguimos, las adicciones y los excesos cesan. En vez de sustituir el amor por un simulacro artificial, mejor será que nos busquemos lo real.

Soulución del día

Todo cuanto necesito es amor… ¡pero un poco de chocolate de
vez en cuando no hace daño a nadie!
(Lucy, Peanuts)[29]

---

29 Nombre original de las famosas tiras cómicas de Charlie Brown y Snoopy. *(N. del T.)*

RECETA **201**

¿QUÉ PASARÍA SI...?

Claro está que no puedes desfreír un huevo,
pero no hay ninguna ley que te impida
pensar en ello.
DON HEROLD

SI PUDIERAS VOLVER A VIVIR TU VIDA, ¿qué harías de forma diferente? Existen poemas e historias que reflexionan sobre el pasado y en los que sus autores afirman que se habrían dedicado a recoger margaritas, a comer más helado, a tomarse muy pocas cosas en serio, a ser más tontos, a vestirse exclusivamente de color púrpura y a prestar menos atención a lo que los demás pudieran pensar y dedicarse a ser perfectos.

Pero quizás podríamos aprender algo de los ángeles. Se nos dice que los ángeles pueden volar porque se toman a sí mismos muy a la ligera, que pasan por alto las opiniones de los demás y no se toman tan en serio las cosas. Will Durant decía, «La alegría es más sabia que la sabiduría».

El sabio sabe qué puede ir mal mañana y puede enfrentarse al día con seriedad. El de corazón ligero todavía puede disfrutar del día de hoy, aunque sea consciente de la seriedad del día de mañana. ¿Qué día prefieres tú? Como Don Herold dice, «¡Si las naciones se declararan carnavales internacionales, en lugar de guerras internacionales, nos iría mucho mejor!».

De modo que pregúntate, «Si pudiera volver a vivir los últimos años de mi vida, ¿qué cosas haría de un modo diferente?». Y, luego, sal afuera y disfruta haciendo esas cosas ahora.

Soulución del día

Reúne a unas cuantas personas y pon en marcha la S.I.C., la Sociedad Internacional del Carnaval. Quizás en las Naciones Unidas la acepten como miembro.

RECETA **202**

PONTE DURO

Cuando el camino se pone duro, el duro
sigue caminando.[30]
FRANK LEAHY

NORMAN VINCENT PEALE compartió conmigo algo en cierta ocasión acerca de la supervivencia en situaciones difíciles. Él decía que, cuando las cosas no le iban bien, su madre siempre le decía, «Norman, si Dios da un portazo aquí, otra puerta se abrirá más adelante en el pasillo». Con una madre así, uno puede empezar a ver la luz al final del túnel.

Ser duro no es ser rudo ni tosco, sino tener la fortaleza necesaria para enfrentarse a cualquier situación con los propios recursos interiores. Peale también me dijo que tuvo un profesor en quinto grado que una vez escribió la palabra *can't*, «no puedes», en la pizarra. Luego, el hombre se volvió hacia la clase, y todos le dijeron que borrase la *'t*, dejando *can*, «puedes».

Cree en ti mismo y considérate una persona dura y capaz. El profesor de Peale terminó diciendo, «Vosotros podéis si pensáis que podéis». Tenemos que creer en nuestras capacidades, en nuestra fortaleza y nuestra dureza para poder sobrevivir y prosperar. Tenemos que creer que lo que estamos haciendo es importante y significativo. Cuando lo hagamos, la capacidad para la supervivencia y para prosperar en la vida vendrá por sí sola.

Soulución del día

Cada vez que pienses que tú can't, «no puedes», elimina la t y
«podrás». Luego, utiliza la t para ponerte tough, «duro».[31]

---

30 *When the going gets tough, the tough get going.* Se trata de un juego de palabras en inglés. *(N. del T.)*
31 Como es evidente, el autor hace un juego de palabras en inglés. *(N. del T.)*

RECETA 203

TITANIC

Es la preocupación por lo que poseemos, más que ninguna otra cosa, lo que nos impide vivir libre y noblemente.
BERTRAND RUSSELL

¡CUÁN DIFÍCIL SE NOS HACE desprendernos de todo aquello que atesoramos! Pero, ¿cuántas de estas cosas tienen verdadero valor, y cuántas de ellas son, simplemente, objetos que vamos acumulando?

Si estuvieras en el *Titanic* y tuvieras un salvavidas en una mano y una bolsa de oro en la otra, ¿preferirías ahogarte, antes que soltar la bolsa de oro? Si tu hijo no tuviera un salvavidas, ¿seguirías aferrándote al oro, o lo soltarías e intentarías salvarlo? Y, si sólo uno de vosotros pudiera salvarse con el salvavidas, ¿qué decisión tomarías?

A veces, son las cosas a las que nos aferramos las que tiran de nosotros hacia el fondo y nos destruyen. Tenemos que desprendernos de todas las tonterías que llevamos a cuestas. Y, cuando nos desprendemos de todo lo que nos hunde, nos vemos libres de cargas y podemos ser izados a los botes salvavidas. ¿Para qué enfrentarnos al peligro de ser arrastrados hacia el fondo, cuando podemos despertar a lo que nos mantiene a flote y es verdaderamente importante en la vida?

De lo que se trata es de sobrevivir, no de aferrarse indiscriminadamente a las cosas. De modo que decide a qué te vas a aferrar de verdad y qué es lo que le da verdadero sentido a tu vida, y despréndete del resto.

Soulución del día

Despréndete de lo que tira de ti hacia el fondo y de lo que drena tu energía, para que puedas mantener la cabeza fuera del agua.

RECETA 204

DINERO

El dinero es para hacer la vida más fácil.
SIMON SIEGEL

UNA TARDE, estaba yo dando una charla a un grupo denominado Asociación de Jóvenes Presidentes. Era un grupo compuesto por hombres y mujeres jóvenes que dirigían empresas valoradas en varios millones de dólares. Les pregunté:

—¿Es justa la vida?

Yo esperaba escuchar un sonoro sí como respuesta, pero gritaron:

—¡No!

Y lo hicieron con más fuerza que ningún otro grupo ante el cual hubiera hecho aquella pregunta. El caso es que respondí:

—La vida debe ser justa. Vosotros no tenéis motivo para quejaros.

El dinero no resuelve tus problemas, a menos que sepas qué hacer con él. El 95 por 100 de las personas que ganan un premio gordo en la lotería terminan arruinadas al cabo de cinco años de haber obtenido el premio. Mi padre, que es a quien he citado arriba, perdió a su padre cuando tenía doce años. Y mi padre decía que aquello había sido una de las mejores cosas que le habrían podido ocurrir. ¿Por qué? Porque le enseñó a sobrevivir por sí solo, y a darse cuenta de que el dinero no servía para otra cosa que para hacer la vida más fácil, nada más.

Hace algún tiempo, uno de nuestros hijos nos llamó por teléfono para pedirnos dinero para matricularse en un curso. Yo le recordé que había recibido una buena cantidad de dinero procedente de la herencia de mi padre, tras su fallecimiento. Mi hijo me dijo, «Le di el dinero a un amigo para que pudiera venir a Estados Unidos y pudiera ir a la universidad». El caso es que le di el dinero a mi hijo a regañadientes. Yo no estaba lo suficientemente iluminado entonces como para apreciar el valor excepcional de su gesto, así como lo mucho que se parece a mi padre. Finalmente, he aprendido mucho, tanto de mi padre como de mi hijo, y me siento más feliz y en paz en la vida sin tener en cuenta qué me debe quién, sino buscando la forma de ayudar a todo aquel que esté en una situación de necesidad.

En cierta ocasión nos robaron en casa; pero, en vez de aferrarme a la ira, lo que hice fue imaginar que le daba al ladrón unos cuantos dólares más para que pudiera hacer un buen regalo de Navidad o de cumpleaños a sus hijos o a su madre. ¿Acaso estoy como un cencerro? Sin duda, pero lo que no voy a dejar es que me roben las cosas valiosas de mi vida, controlando mis pensamientos y mis emociones.

Soulución del día

Si no puedes llevarte eso contigo cuando te vayas, mejor será
que lo regales antes de irte.

RECETA 205

EL SANTUARIO

El santuario... ofrece algo más que refugio y
alivio; te ofrece un renacimiento.
MARGARET BLAIR JOHNSTONE

SI NECESITAS TIEMPO PARA DESCANSAR y renovarte, te puede ir muy bien hacerte un santuario. A menudo les pregunto a los participantes de mis talleres cómo se sentirían en una sala blanca. A aquellas personas que se sienten cómodas con la idea quizás encuentren válida esta imagen para utilizarla como santuario, como un lugar útil, libre de estimulaciones. Al igual que el Sabbath, un santuario te ofrece la posibilidad de descansar y de hacer otro tipo de trabajo: trabajo interior, que realizas en un lugar libre de toda distracción.

Puedes hacerte un santuario en cualquier parte. No tienes más que cerrar la puerta y disfrutar de aromas, sonidos e imágenes agradables. Puedes hacerlo con una vela aromática, con un cuadro o un póster en la pared, y poniendo una música tranquilizante. Lo único que tienes que hacer es cerrar la puerta y hacer saber a los demás que te estás tomando «un tiempo en tu santuario».

En tu santuario puedes darte el regalo de un tiempo para el silencio. Desenchufa el teléfono, apaga todos los aparatos, radios y televisiones. Y, por encima de todo, apaga tu mente y pon un poco de paz en tu hogar. Tranquilízate y lo entenderás.

Soulución del día

No hace falta que salgas de la habitación en la cual te
encuentras para hacerte un santuario. Puede ser un lugar real
o un lugar de tu imaginación, tu rincón del universo.

RECETA 206

GUERRAS

Nos hemos encontrado con el enemigo, y
éramos nosotros mismos.
POGO

¿QUÉ ESTAMOS INTENTANDO MATAR O ELIMINAR? ¿Por qué hacemos la guerra? Yo creo que existen muy pocas razones legítimas para matar a otra persona. Durante su preparación, a los agentes del FBI se les pregunta si serían capaces de matar. A los soldados se les pide que vayan a la guerra y que maten a otros seres humanos. La pregunta de si está bien matar o ir a la guerra es ciertamente difícil de responder.

En mi opinión, en la mayoría de los casos, estamos proyectando sobre los demás todas las cualidades negativas que desearíamos no tener en nuestro interior. Así, nos empeñamos en matar lo que no podemos aceptar en nosotros mismos, provocándonos a nosotros mismos y a los demás un gran sufrimiento. Vamos a la guerra en el mundo exterior porque no podemos enfrentarnos a la guerra en nuestro propio mundo interior. La guerra interna es aún más dolorosa y, sin embargo, es la verdadera guerra a la que todos tenemos que enfrentarnos.

Tenemos que buscar al enemigo interior y destruirlo. Y, cuando lo hagamos, seremos capaces de ayudar a los demás a hacer lo mismo en su vida, para que dejen de ser destructivos unos con otros. Cuando aprendamos a amarnos a nosotros mismos más que odiamos a nuestros enemigos, las guerras cesarán.

Soulución del día

Sé un valiente guerrero, y entra dentro de ti para derrotar
al verdadero enemigo.

RECETA 207

COSAS BUENAS

La alegría que no se comparte es como la vela
que no se enciende.
PROVERBIO ESPAÑOL

CONVIENE QUE SEAMOS MÁS CONSCIENTES de cómo nos comunicamos unos con otros. ¿Cómo sería nuestro mundo si, cuando nos encontramos con alguien en la calle, sólo habláramos de cosas buenas y nos recordáramos las cosas positivas unos a otros? Estaríamos esperando encontrarnos con gente conocida para decirle, «Sé algo bueno de ti», o «He oído decir maravillas de ti».

Pero, ¿de qué solemos hablar cuando nos encontramos? Con mucha frecuencia, nuestras conversaciones giran en torno a los problemas que tenemos y a la persona o cosa que los provocó. Quizás, incluso, soñemos con esos problemas, y quizás les dediquemos una gran cantidad de tiempo…, tiempo irrecuperable, por otra parte. Somos todos muy conscientes de las deficiencias, los defectos y los problemas de los demás, cuando lo que necesitamos de verdad es centrarnos en lo positivo.

Cuando nos aproximamos a los demás de este modo, de un modo positivo, les abrimos la puerta para que se sientan mejor consigo mismos, y todos nos ofrecemos la oportunidad de compartir la alegría.

Soulución del día

Inicia cada conversación con un «Sé algo bueno acerca de ti»
o «He oído que hiciste algo estupendo». Observa lo que ocurre.

RECETA 208

GARANTÍA DE SERVICIO

Una poderosa fortaleza es nuestro Dios,
un baluarte inquebrantable.
MARTÍN LUTERO

EL OTRO DÍA puse una señal en la entrada de nuestra casa que ponía «Esta casa está protegida por G. O. D.»[32] Tenemos un contrato con G. O. D., sistemas de seguridad Guaranteed On Duty (Garantía de Servicio). Se me ocurrió que esto le llamaría la atención a todo el mundo. Yo quería hacer saber a todos que nuestra casa y nuestras posesiones estaban protegidas por algo más que un sistema de alarma, y que ellos también podían tener el mismo sistema de seguridad, a un precio muy bajo.

Yo creo que la única seguridad verdadera que se puede tener procede de la relación con Dios. No puedo expresar con palabras lo que sucede en cuanto Dios entra en tu vida, pero sí he visto a muchas personas curarse de enfermedades incurables a partir del momento en que «pusieron sus problemas en manos de Dios». Lo más que puedo llegar a describir es la sensación de serenidad absoluta y paz interior que te invade al saber que nunca estás solo cuando te enfrentas a los problemas de la vida.

Uno de los versos de la canción *Amazing Grace* refleja este punto de vista, y es también el lema de nuestro sistema de seguridad: «El Señor me ha prometido el bien. Su palabra asegura mi fe. Él será mi escudo y mi parte en tanto tenga vida».

Soulución del día

Firma por un período de prueba con el sistema de seguridad
G. O. D. (D. I. O. S.) y observa qué ocurre.

---

32 *God,* en inglés, significa «Dios». *(N. del T.)*

RECETA 209

NUEVAS IDEAS

No hay nada más difícil de llevar a cabo, más peligroso de conducir ni más incierto en su éxito que tomar la iniciativa en la introducción de un nuevo orden de cosas.

NICOLÁS MAQUIAVELO

CUANDO EMPECÉ A HACER PONENCIAS en los congresos de médicos acerca de mi experiencia con los pacientes de cáncer y de la relación entre la mente y la materia, la reacción del resto de médicos fue sorprendente. Me gritaban. Incluso recuerdo que uno de ellos me preguntó al término del congreso, «¿Nos está diciendo que lo estamos haciendo mal?».

Me he dado cuenta de que las mentalidades cerradas no quieren escuchar nada nuevo, y que se revuelven contra todo nuevo concepto que intentes introducir. Es como si estuvieras haciendo pedazos sus creencias, creencias largo tiempo sustentadas, sean religiosas o científicas. Nadie quiere ayudarte a demostrar aquello en lo que no cree. Incluso parecen esforzarse por demostrar, a través de la investigación, que estás equivocado. Y cuando sus investigaciones demuestran que eres tú quien tiene razón se ven metidos en un grave aprieto, a menos que reivindiquen entonces haber descubierto primero aquello de lo que tú les hablabas.

El conocimiento es algo interesante para la gente de mentalidad abierta, pero es un problema para todos los demás. Ver no siempre supone creer, no lo dudes. Aunque esas personas hayan visto la verdad delante de sus ojos, si no forma parte de su sistema de creencias la negarán y dirán que la investigación no tuvo los controles adecuados, o se inventarán cualquier otra excusa.

Siempre tiene sus riesgos compartir nuevas ideas, pero sin ellas no habría progreso ni crecimiento alguno.

Soulución del día

Aquellas personas que dicen la verdad deben tener la fortaleza necesaria para contar lo que han experimentado hasta que su verdad sea aceptada. Sé paciente: la verdad se hará evidente en sí misma.

RECETA 210

¿PARA QUÉ DORMIR?

Los sueños nocturnos te preparan
para el día que viene después.
LUCY, *PEANUTS*

¿POR QUÉ DORMIMOS? ¿Acaso Lucy y Shakespeare, que escribió, «Dormir, tal vez soñar», sabían algo que los demás no sabemos?

La mayoría de los seres vivos no duermen del modo en que lo hacemos nosotros. Los caballos duermen de pie y durante sólo unas pocas horas, porque saben que dormir es un ejercicio peligroso. Los depredadores duermen más, porque tienen menos que temer. Imagina los tiempos en que los seres humanos dormíamos en zonas abiertas, lugares donde a los depredadores les resultaba fácil dar con nosotros. Para sobrevivir, tenías que mantenerte despierto, o bien alguien tenía que montar guardia. Entonces, ¿por qué la evolución nos ha dado esta necesidad? No creo que sea simplemente porque nuestros cuerpos necesitan descanso. Se puede descansar sin dormir.

Yo creo que dormimos para permitir que nuestra mente consciente y nuestra mente inconsciente se comuniquen entre sí y organicen todo aquello que conviene que sepamos y de lo que conviene que seamos conscientes. Esta sabiduría, procedente de nuestro Creador, se nos comunica a través de sueños y visiones. Ése es el lenguaje universal con el que la creación nos habla a todos. Las diferentes lenguas nos separan, pero los símbolos nos unen.

Cuando Charlie Brown le preguntaba a Lucy qué significaba lo que he citado arriba, Lucy le respondía, «Es por la noche, Charlie Brown, cuando tu cerebro trabaja de verdad. Tu cerebro intenta solucionarlo todo para ti. Está intentando que te veas como eres en realidad».

Soulución del día

¡Consiéntete una buena noche de descanso y sueña!

RECETA 211

BOMBILLA

¿Acaso con toda vuestra ciencia podéis decir cómo es, y de dónde viene, esa luz que entra en el alma?
HENRY DAVID THOREAU

¿ERES LA LUZ O ERES LA BOMBILLA? Las bombillas no duran demasiado. Con el tiempo, se queman o se rompen. Pero la luz permanece indefinidamente; no se puede quemar, y no tiene límites. Cuando conectas con la luz que hay dentro de ti tocas el infinito.

No seas como la bombilla, que se enciende o apaga a requerimiento de quien toca el interruptor. No durarás demasiado de ese modo. Necesitas tiempo para satisfacer tus necesidades, para apagarte y enfriarte, y así poder reconectar con tu luz interior.

Cuando irradies tu luz a los demás, aprenderán de ti y seguirán tu iluminado sendero.

Soulución del día

No dejes que los demás le den a tu interruptor. Irradia tu verdadera luz y comparte la iluminación.

DULCE CORAZÓN

Las pequeñas gentilezas endulzan la vida; las grandes la ennoblecen.
CHRISTIAN NESTELL BOVEE

MI ESPOSA ME HA DICHO «mi dulce corazón» hace unos minutos, cuando entraba en la habitación en la que estoy trabajando. Y yo le he preguntado:

—¿Por qué me dices «mi dulce corazón»?

—Porque lo eres –me ha respondido.

La belleza de la expresión me ha cautivado realmente. Ser el corazón dulce de alguien en su vida es un regalo increíble. Normalmente, hablamos más de corazones rotos y de dolor de corazón, en vez de hablar de algo que endulza la experiencia vital del corazón.

Una vida llena de corazones dulces sería buena para la salud de cualquiera. Detente un momento y piensa en todas las personas de tu vida que son un corazón dulce para ti, y fíjate en cómo reacciona tu cuerpo con ello. Si no se te ocurre nadie, no culpes al mundo. Asume tú la responsabilidad y ve a endulzar algunos corazones, por tu bien y por el de ellos.

Soulución del día

Mira a ver de cuántas personas podrías ser hoy un corazón dulce, y recuerda: no valen los endulzantes artificiales.

RECETA 213

EL SOL Y MI HIJO[33]

Ella había sacado el máximo partido del
tiempo, y el tiempo le devolvió el cumplido.
LORD BYRON

SOY CONSCIENTE DE QUE EL SOL sale cada mañana sin quejarse de nada. Día tras día, se eleva al amanecer, esparciendo su luz, sean cuales sean las condiciones climáticas. Mi hijo se levanta mucho más tarde y, encima, lo hace quejándose y hablando de los problemas que tiene consigo mismo y con el mundo.

¿Qué diferencia hay entre lo que ve el sol y lo que ve mi hijo? Que el primero esparce su luz y no pide nada a cambio, salvo la ocasión de hacer su aportación en el crecimiento de la vida y de ofrecerle a la gente un alegre día. En cambio, mi hijo va en pos permanentemente de una vida mejor para sí mismo, donde aquellas cosas que le molestan dejen de existir.

El sol lleva mucho más tiempo dando vueltas, y sabe cuál es el camino que lleva a un día feliz. Mi hijo todavía está aprendiendo, a través de sus problemas y sus sentimientos, cómo encontrar la felicidad en el nuevo día. Todos tenemos esa elección. Podemos traer más luz o más oscuridad al mundo, con la elección que hacemos cada mañana.

Soulución del día

¿Qué prefieres, traer luz o traer nubes? Opta por ser una
fuente de luz para alguien en el día de hoy.

---

33 *Sun and son*, en el original inglés. Una vez más, el autor recurre a un juego de palabras en inglés, con dos palabras de fonética muy similar. *(N. del T.)*

ESTANCIA EN EL HOTEL

*Un cómico dice cosas divertidas, y un
comediante hace divertidas las cosas.*
MILTON BERLE

CUANDO LLEGO A UN HOTEL me encanta rellenar el formulario de inscripción y jugar con las respuestas a las preguntas. Es el niño, el cómico, la personalidad múltiple, el comediante, el que toma las riendas en mí.

La primera pregunta que suelen hacer es, *¿Cuánto tiempo permanecerá con nosotros?;* a lo que yo respondo con «Espero disfrutar de una larga vida. Tengo buenos genes, no tengo problemas de salud y hago ejercicio con regularidad». Luego, pone *firme;* de modo que le pido al recepcionista que me estreche la mano con fuerza y me diga qué tengo que poner en el papel, tomando en consideración su valoración. Después pone *Compañía.* Escribo que sí, mi esposa. Y luego pone *empleado por,* seguido por un espacio en blanco, donde normalmente pongo *Dios.*

Pero la pregunta que más me gusta me la hacen al salir de la habitación y me dejo la llave dentro. Voy a recepción y pido otra llave, y me preguntan «¿Tiene usted alguna identificación?». Yo me arremango una pernera del pantalón, pongo la pierna sobre el mostrador y digo, «Aquí tiene una marca de nacimiento muy particular». La persona que está al otro lado del mostrador normalmente se retira y llama por teléfono a mi habitación. Cuando el recepcionista se echa a reír ya sé que mi esposa le acaba de decir que busque mi marca de nacimiento para identificarme.

Así, consigo una llave y una sonrisa, y tampoco se olvidan de mí, sea cual sea mi tiempo de estancia en el hotel.

Soulución del día

*Deja que tus personalidades múltiples se diviertan también
un poco. Y pregúntale siempre al recepcionista o al
dependiente, «¿En qué puedo ayudarle?».*

RECETA 215

MUROS

Estoy cansado de darme con la cabeza una y otra vez contra determinados muros que la gente y yo construimos entre la gente y yo.

ANÓNIMO

NUESTRAS CONEXIONES, NUESTRAS RELACIONES, nos mantienen vivos al darle un sentido a nuestra vida. Entonces, ¿por qué levantamos muros entre nosotros? Yo creo que es por miedo: ¿qué pensarán los demás de mí si ven quién soy en realidad, si ven mi casa, mi vida y lo que hago?

Los muros nos impiden ver la verdad y conocernos unos a otros. No podemos convertirnos en una familia si los muros nos separan. Echa abajo los muros saliendo desde detrás del tuyo y dejando que la gente te conozca. Puedes comenzar haciendo una pequeña grieta y quitando unas cuantas piedras. Y, cuando veas las ventajas de mostrarte como eres, te será más fácil echar abajo todo el muro. En tanto no quites la separación, nunca conocerás a la gente que hay al otro lado del muro.

Pero, si todavía no estás preparado para echar abajo todo el muro, háztelo al menos de cristal. Así, tanto los demás como tú os sentiréis seguros y, con todo, podréis ver la verdad del otro. Al cabo de un tiempo ya no habrá necesidad de muro alguno.

Soulución del día

Dedícate a derribar muros en lugar de levantarlos.

LA COSECHA

Existir es cambiar; cambiar es madurar;
madurar es crearse a uno mismo
indefinidamente.
HENRI BERGSON

NOSOTROS PLANTAMOS UNA SEMILLA. La semilla crece durante el verano hasta que llega el tiempo de la cosecha, y entonces cortamos lo que ha crecido. Las raíces permanecen; y cuando llegué la siguiente primavera brotarán de nuevo. Lo mismo ocurre con la vida. La muerte lo corta todo en determinado punto. Para algunos, la estación del crecimiento es más larga, y nos creamos a nosotros mismos muchas veces; pero el tiempo de la cosecha llega inevitablemente para todos.

Sin embargo, si hemos arraigado firmemente las raíces en el suelo seremos inmortales. Yo veo esto cuando la familia se reúne y nos congregamos ante la mesa cuatro generaciones en una misma sala. Es una sensación increíble tomar conciencia de que todos en la habitación estamos conectados con mis padres, a través de sus hijos y de los hijos de sus hijos. Las raíces se han extendido en la profundidad de la tierra, y brotarán para siempre en tanto exista vida en este planeta.

Tus raíces no tienen por qué guardar relación con el hecho de haber tenido un hijo, sino con el proceso activo de ayudar a los demás a crecer y a prosperar a lo largo de las estaciones de su vida. Tú puedes ser el agricultor que proporciona el campo y el sustento para que otros puedan echar raíces en tu campo de sueños.

Soulución del día

Prepara bien tus cultivos para que, cuando llegue el momento
de la cosecha, estén listos para cortar, y sabrás que las raíces
son fuertes y seguirán creciendo.

RECETA 217

MISIÓN

No se nos pide que tengamos éxito,
sino que seamos fieles.
MADRE TERESA

TODOS TENEMOS UNA MISIÓN QUE CUMPLIR POR LA HUMANIDAD. No se nos ha enviado aquí para destruir, sino para construir y crear. Tenemos que preguntarnos de qué modo podemos dar, con nuestra presencia individual, un rumbo mejor a la humanidad.

Si nosotros cambiamos, la humanidad cambiará. No hace falta ser el director general de una importante empresa, ni el presidente ni el primer ministro de un país poderoso para llevar a cabo esta misión. No hay más que mirar a lo que tenemos delante de nosotros y comenzar justo donde estamos. Tenemos que ver dónde podemos ayudar, y luego conducirnos de tal forma que podamos cumplir con nuestra misión personal por la humanidad.

Cada acto tiene sus efectos, sea arrojar basura en la cuneta de una carretera o sea amar a tu vecino. Cuando tomes una decisión o emprendas una acción, pregúntate, «¿De qué modo afectará esto a la humanidad?».

Soulución del día

¿Cómo tienes pensado cumplir con tu misión
por la humanidad?

BENDICIONES

Con mucha frecuencia se nos dice lo que Dios puede hacer por nosotros, pero muy pocas veces se habla de lo que Dios puede hacer con nosotros. Dios es ahora una especie de botones cósmico, dispuesto a hacer cualquier cosa por hacernos la vida agradable y segura sin pedir nada a cambio, salvo una razonable propina.
WILLIAM SLOAN COFFIN

MUY A MENUDO, CUANDO ORAMOS, pedimos por aquello que queremos para nosotros mismos y para los demás. Sin embargo, las investigaciones realizadas por los físicos cuánticos demuestran que las oraciones en las que se piden simplemente bendiciones generan un mayor bien que aquellas otras en las que se pide que ocurran hechos concretos.

Cuando rezamos, ¿cuántas veces nos ofrecemos nosotros como botones o servidores del Creador? Tenemos que buscar la armonía, y no el control. La creación es un proceso en curso, y no podemos estar pidiendo todos los días en función de nuestro estado de ánimo o de nuestros deseos. Las bendiciones nos ayudan a todos; proporcionan una energía y un estado mental que nos ayuda a sobrevivir ante lo que la vida nos presenta.

Si todo en la creación recibiera las bendiciones, entonces los problemas desaparecerían, y todo lo que queremos se haría realidad.

Soulución del día

*Prueba a pedir bendiciones, en vez de cosas concretas,
y observa qué ocurre.*

EL DINOSAURIO PACÍFICO

*Cuando el poder del amor supere al amor al
poder, el mundo conocerá la paz.*
JIMI HENDRIX

EL OTRO DÍA VI EL ESQUELETO COMPLETO de un brontosaurio. El fémur solo pesaba más de doscientos kilos. Y, sin embargo, este enorme ser era con toda probabilidad un bendito. Debido a su peso, se pasaba gran parte del tiempo en el agua, comiendo ingentes cantidades de hierbas y plantas acuáticas.

Nosotros somos muy pequeños comparados con el brontosaurio; y, sin embargo, ¿te has dado cuenta de hasta qué punto podemos ser destructivos? ¿Qué sentido tiene todo esto? ¿Por qué en nuestra pequeña especie nos dedicamos a matarnos unos a otros y a destruir otras muchas formas de vida, mientras que el enorme brontosaurio sólo masticaba hierbas?

Sé que también había dinosaurios agresivos que mataban a otros dinosaurios, y acepto el hecho de que la naturaleza precisa de un ciclo de vida y muerte para mantenerse a sí misma. Pero, ¿por qué la humanidad optó por destruir? Cuanto más grandes nos hacemos, más recurrimos a las amenazas con nuestro poder. Ciertamente, no dispongo de una solución fácil y rápida. Sé que los dinosaurios aparecieron y desaparecieron, y nosotros también desapareceremos, a menos que cambiemos nuestra manera de vivir y optemos por vivir en paz y no en conflicto.

Soulución del día

*Tú dispones del poder para marcar la diferencia.
Opta por el amor y la paz.*

EL GANADOR DE LA LOTERÍA

*Lo que le ocurre a un hombre no es tan
importante como lo que ocurre dentro de él.*
Louis L. Mann

YO JUEGO A LA LOTERÍA REGULARMENTE con la esperanza de ganar y hacer algo bueno en el mundo con los fondos que reciba. Muy pocas cosas de las que he pensado que me gustaría gastarme el dinero tendrían un motivo personal.

Sin embargo, el otro día me di cuenta de que ¡ya había ganado la lotería! Para mí, la verdadera lotería la tengo en mi vida y mi familia, en el amor que todos compartimos y en las cosas que hemos hecho y que haremos unos por otros. Esto tiene mucho más valor que cualquier cantidad de dinero que pueda llegarme a través de un boleto de lotería ganador. El mero hecho de mirar a mi alrededor y ver a las sucesivas generaciones de mi familia, sentir su amor y ser consciente de la bondad de todos ellos, me hace sentirme un ganador.

La mayoría de las familias que ganan en la lotería terminan encontrando en ello un motivo más para discutir y pelearse acerca de quién se merece qué cosas. En nuestra familia, todos lo compartimos todo equitativamente, y tenemos el bienestar de los niños en el corazón. Todos somos ganadores, y ése es un maravilloso sentimiento. Pruébalo. Intenta ver en cuántas cosas en tu vida eres un ganador.

Soulución del día

*Gana la lotería de la vida, y comparte
tu amor y tus ganancias.*

RECETA 221

IRA

Eso es lo que ocurre cuando te enfadas con alguien, que lo conviertes en parte de tu vida.
GARRISON KEILLOR

CREO QUE HAY VECES en que enfadarse está bien, como ocurre cuando no te tratan con respeto. Si no te liberas de la ira, ésta termina haciéndote más daño que la persona con la que te has enfadado. Si no puedes desprenderte de la amargura, el resentimiento y la irritación que te provoca lo que haya ocurrido, esos sentimientos seguirán perjudicándote en tu interior.

Tus pensamientos son los que controlan el resultado. Lee las cartas al director de los distintos periódicos y descubrirás lo que le molesta a cada uno. Rara vez verás una carta en la que alguien agradece algo o reflexiona sobre una experiencia agradable. A través de tu ira dejas claro quién eres y en qué crees.

En la inmensa mayoría de los casos, la ira malsana de la gente tiene que ver con principios y reglas de comportamiento con las que la misma persona tiene dificultades. El mejor consejo que puedo dar es éste: deja de escribir cartas coléricas acerca de lo que una buena persona debería de hacer, y sé, más bien, una buena persona. Deja de criticar, y sé la persona que te gustaría que fueran todos los demás.

Soulución del día

*Las creencias correctas son una cosa,
pero la acción correcta lo es todo.*

RECETA **222**

¿QUÉ ES UN MILAGRO?

Sólo existen dos formas de vivir la vida. Una es
como si nada fuera un milagro. La otra es
como si todo fuera un milagro.
ALBERT EINSTEIN

LA OTRA NOCHE, MIENTRAS ESTABA LEYENDO, me encontré con esta pregunta: «¿Qué es un milagro?». Aquello me hizo pensar en todas aquellas cosas de nuestra vida que mi madre llamaba «Redirecciones de Dios». Ella utilizaba este término para identificar esos incidentes aparentemente fortuitos que afectan a nuestra vida de un modo positivo.

Puede ser esa persona con la que te encuentras casualmente, o esas palabras que lees casi inadvertidamente, o bien esa ayuda que llega inesperadamente de un extraño, o un millón de posibilidades más. Y, de pronto, eso se convierte en un milagro en tu vida. Quizás, estos incidentes aparentemente fortuitos sean mucho más que algo que sucede de forma accidental. ¡Quizás sean los verdaderos milagros!

Soulución del día

Tan sólo tenemos que reconocer que el potencial para los
milagros está presente en todo momento.

RECETA 223

CEGUERA DE AMOR

El amor no es ciego; sólo ve lo que de verdad importa.
WILLIAM CURRY

¿QUÉ ES LO QUE HACE QUE EL AMANTE SEA CIEGO? ¿Qué hace que el amante no pueda ver? ¿Acaso la ceguera es siempre algo malo?

¿Qué es lo primero que ves cuando comienza el día y entras en el salón de tu casa? ¿Es el desorden de la noche anterior y todo lo que tienes que poner en su sitio, o es el potencial del día que tienes por delante?

Despierta a la vida y comienza a ver lo que tienes delante de ti. Tú puedes elegir ante qué cosas vas a padecer ceguera. Amar la vida y ser ciegos a sus defectos y sus problemas no significa que no seas consciente de ellos; no te impide que intentes cambiar las cosas para mejor. Pero sí significa que no te dejas controlar por todo eso, que no te dejas sumir en la amargura y el resentimiento.

Cuando, en el aeropuerto, te pongas en la fila de facturación de equipajes que va más lenta, y el empleado haga un alto para llamar a su jefe cuando tú acabas de dejar tu maleta en la cinta trasportadora, en esos momentos, cuando estés a punto de ponerte a gritar, recurre a tu ceguera de amor. Contempla a través de los ojos del amor y fíjate en lo que ocurre con tu visión.

Soulución del día

Difunde la dolencia de la ceguera de amor, y ten esperanza en que nadie encuentre una cura.

ESPACIO SAGRADO

*El mundo moderno ha intentado negar la
sacralidad de la vida humana. Pero en
absoluto la ha negado. Más bien, la ha
distorsionado. Ni siquiera ha eliminado por
completo la idea de la sacralidad.
Simplemente, la ha reemplazado por unas
ideas relativamente superficiales, como la
noción de «calidad de vida».*
DONALD DEMARCO

LA PRIMERA VEZ QUE VI las palabras *espacio sagrado* me vinieron a la cabeza imágenes de templos y de santuarios de todo el mundo. También pensé en lugares especiales que tengo dentro de mi propia casa. Pero, cuando me detuve a pensarlo mejor, me di cuenta de que el lugar más sagrado se encuentra dentro de cada uno de nosotros. Somos algo sagrado y, sin embargo, ¿cuántas veces nos tratamos a nosotros mismos de este modo?

¿Acaso nos detenemos a pensar en nuestro cuerpo como en un lugar sagrado? A un lugar sagrado se le honra y se le mantiene limpio, se le toca con reverencia con el fin de no estropearlo ni dañarlo. En ocasiones, es un lugar donde almacenas sucesos y objetos importantes y significativos. ¿Cuántos de nosotros tratamos así a nuestro cuerpo?

¿Por qué abusamos de nuestros sagrados cuerpos con venenos físicos y emocionales? Creo que es porque muy pocas veces nos han tratado como algo sagrado. Si se nos ve y se nos trata como algo imperfecto y despreciable, no podemos ver la sacralidad que existe en nuestro interior.

Recuerda: tú eres un hijo, una hija, de Dios. Si alguien te trata mal, es su problema; esa persona no tiene un espacio sagrado en su mente, en su cuerpo, ni vive desde él para poder ver tu divinidad.

Soulución del día

Crea un espacio sagrado en tu vida a partir del cual puedas honrar todo lo sagrado que hay dentro de ti y de los demás.

RECETA 225

DIRECCIONES

Cuando un viajero perdido necesita reducir la marcha, saca el mapa y se toma unos momentos para averiguar dónde se encuentra... ¿no podría hacer lo mismo todo aquel que ha perdido la dirección en su vida?

DEBORAH NORVILLE

CUANDO SALGO A CORRER UN RATO o a dar una vuelta en bicicleta, suele ocurrir que alguien me para con la intención de preguntarme alguna dirección en la zona. Yo no presto atención a los nombres de las calles, por lo que me resulta difícil dar indicaciones precisas. De ahí que terminara por meterme un mapa en el bolsillo, para así poder indicar mejor las direcciones cuando alguien me preguntara.

El otro día se me acercó una mujer, y yo estaba a punto de sacar el mapa cuando dijo, «Tengo un cáncer, y me gustaría que me ayudara». La mujer también necesitaba algunas indicaciones, aunque de un tipo diferente.

Todos necesitamos ayuda para encontrar nuestro camino; o, al menos, eso es lo que yo he podido aprender. Muchas religiones y filosofías utilizan las palabras *sendero, dirección, puerta* o *el camino* como parte de su mensaje. No creo que estas palabras guarden relación con ningún mapa, sino con la dirección de nuestra vida. Tenemos montañas que escalar y ríos que cruzar, si queremos llegar adonde deseamos ir.

Soulución del día

No hay nada de malo en pedir ayuda y orientación, pero sólo tú puedes decidir tu destino.

RECETA 226

ADICTO AL TRABAJO

Si te frustra que no te dejen subir con un ordenador portátil en una noria, quizás seas un adicto al trabajo.
Dr. Donald E. Wetmore

PICASSO DIJO EN CIERTA OCASIÓN que había una clara diferencia entre ser un adicto al trabajo y ser una persona productiva. Pregúntate si encuentras tiempo para la creatividad y para el juego. Si la respuesta es no, quizás seas un adicto al trabajo. Después, pregúntate si lo que estás haciendo te distancia de la gente o hace que entre gente en tu vida. Si eres creativo, tu trabajo atraerá a otras personas hacia ti; en tanto que el adicto al trabajo no tiene tiempo para la gente. ¿Para qué querría alguien ser adicto al trabajo? Ten valor y hazte esta pregunta.

Si unos padres adictos al trabajo te educaron con lemas autodestructivos, lo lógico será que esos esquemas mentales sean los que tú consideras más apropiados, aunque en realidad no lo sean. Despierta al niño creativo y juguetón que hay dentro de ti. Dale algo de libertad para expresarse y para disfrutar del mundo, en vez de estar separado de él.

Soulución del día

Haz una lista con dos columnas. En la parte superior de una de ellas escribe «productivo», y en la parte superior de la otra pon «adicto al trabajo». Y, ahora, haz una relación de las actividades típicas de cada día. ¿Hacia qué lado te inclinas?

GUÍAS ESPIRITUALES

Mantente abierto a todos los maestros y a todas las enseñanzas, y escucha con el corazón.
RAM DASS

HACE MUCHOS AÑOS, asistí a un taller de Elisabeth Kübler-Ross en el que habló de los espíritus y guías que todos tenemos a nuestro alrededor para ayudarnos. Había allí otro cirujano que se mostró muy escéptico, pero yo estaba abierto a las palabras y la experiencia de la doctora Kübler-Ross. Cuando volví a casa y comencé a vivir lo que ella decía, me convertí.

A lo largo de mi vida, he podido confirmar en muchas ocasiones mis creencias en espíritus y guías. Una vez, estando a solas en un vestíbulo, tras haber pronunciado un sermón dominical en el funeral de un amigo, Olga Worrall, una sanadora espiritual, se me acercó y me preguntó si yo era judío. Pensé que debía de sentirse confusa, al haberme visto hablar en el servicio del domingo cristiano.

—¿Por qué lo preguntas? –dije.

—Porque había dos rabinos de pie a tu lado –respondió.

Luego me dijo cómo se llamaban y qué ropa llevaban. La descripción que me dio coincidía exactamente con lo que yo había visto en mis meditaciones.

Una noche, mientras estaba dando una conferencia, me percaté de que las palabras que yo decía no tenían nada que ver con las notas que yo había hecho previamente. Tuve la sensación de que no era yo el que estaba hablando, sino que me estaban utilizando para decir algo. Al final, vino una mujer y me dijo que mi charla había sido mejor de lo habitual, y que había visto a un hombre delante de mí, de pie, durante toda la conferencia. La mujer me dijo:

—Lo he dibujado. Aquí está.

Ese dibujo todavía está colgado en una pared de mi casa, y una vez más supe exactamente quién era: mi guía interior. Desde entonces, le dejo a él que haga todo el trabajo.

Soulución del día

Todos tenemos a nuestra disposición guía y ayuda a través del campo de la consciencia.

COMPLEJO DE INFERIORIDAD

Todo el que tiene éxito lo tiene por causa de un complejo de inferioridad. Afortunadamente, todo el mundo tiene un complejo de inferioridad.

MARIE BEYNON RAY

PUEDES CONSIDERAR AQUELLAS COSAS de tu vida en las que te sientes inferior bien como ventajas o bien como predisposiciones. Si aceptas el hecho de que eres inferior, nunca cambiarás. Te terminarás sintiendo cómodo en ese papel. Ser inferior o ser incapaz de hacer algo no supone riesgos. Todos te dejarán en paz y no te pedirán ayuda ni participación en sus proyectos.

Pero si te fijas en la vida de los más famosos artistas, deportistas, políticos, etc., te darás cuenta de que fue su sentimiento de inferioridad lo que les llevó a cambiar. No se limitaron a pasar desde la situación de inferioridad hasta una situación media. Tomaron la determinación de destacar, y pusieron en ello el empeño y la energía necesarios.

Así pues, mírate a ti mismo y determina en qué te sientes inferior, y luego cámbialo. Mis gatos y mi perro no parecen tener problemas de inferioridad; de modo que esto debe de ser algo que hemos desarrollado los seres humanos por naturaleza, o bien por el modo en que nos tratamos unos a otros y evaluamos nuestros logros y a nosotros mismos. Por tanto, si el problema lo hemos creado nosotros, nosotros podremos cambiarlo.

Soulución del día

Sé consciente de en qué situaciones te sientes inferior.
Localízalas y, luego, toma la determinación de destacar en eso.

RECETA **229**

EL *SHOW* DE LA EXHIBICIÓN DEL PERRO

Creo que los perros son las criaturas más sorprendentes; ofrecen amor incondicional. Para mí, los perros son el modelo a seguir para sentirnos vivos.

GILDA RADNER

MI ESPOSA Y YO estábamos viendo por televisión el Westminster Dog Show,[34] y emitieron un maravilloso aunque breve reportaje acerca de lo que podemos aprender de los perros. Aquello me trajo a la memoria algo que yo utilizo en mis conferencias. En ellas, siempre leo una lista en la que pregunto: ¿serías capaz de pasar sin cafeína, comer la misma comida todos los días, juzgar a todos por igual, no aburrir a la gente con tus problemas, aceptar las críticas sin resentimiento, etc.? Y luego termino con «Si es así, entonces es que eres casi tan bueno como tu perro».

La gente no tiene ni idea de que estas preguntas terminarán así, porque yo se las leo muy serio. Luego se echan a reír; pero en realidad no tiene nada de divertido. No tuve tiempo para copiar la lista de cualidades de los perros de las que hablaron en aquel reportaje televisivo, pero recuerdo que hablaban de cualidades tales como recibir a la gente con entusiasmo, hacer las paces tras los desencuentros, darse un relajante paseo y disfrutar del instante.

Ése es el motivo por el cual he titulado esta receta el «El *show* de la exhibición del perro». Hay «perros de exhibición», que destacan las cualidades de raza, y hay «exhibiciones del perro», aquéllas en las que los perros nos muestran cómo deberíamos comportarnos. Los perros son grandes maestros, que nos recuerdan cómo deberíamos vivir para hacer de este planeta un lugar más agradable. Un gruñido de perro es una cosa,

---

34 El Westminster Kennel Club Dog Show es una exhibición canina de dos días de duración que tiene lugar en el Madison Square Garden de Nueva York todos los años desde 1877. *(N. del T.)*

pero lo que nos hacemos mutuamente las personas es otra cosa muy distinta.

Soulución del día

No dejes de ver una exhibición de perros, y aprenderás algo.

RECETA **230**

MENSAJEROS ALADOS

*La muerte no es un punto y final, sino una
coma, en la historia de la vida.*
ANÓNIMO

EN LOS GRUPOS PARA FAMILIARES DE FALLECIDOS que dirijo he tenido ocasión de escuchar muchas historias que han llegado a convencer, incluso a un científico escéptico como yo, de que seguimos recibiendo mensajes de nuestros seres amados incluso después de su muerte.

En uno de estos grupos, una mujer me contó que a su hija, que había sido asesinada, le encantaban los pájaros; y que, tiempo después, durante la boda al aire libre de su otra hija, un pájaro había interrumpido el servicio. Todos los invitados supieron de inmediato que era la hermana fallecida que había venido a saludar. Y, justo cuando la mujer terminó de contarnos su historia, un pájaro se metió en nuestra sala de reuniones a través de una ventana abierta. Fue la única vez que ha ocurrido esto en todos los años que venimos haciendo reuniones en ese lugar. Claro está que todo el mundo dijo, «¡Es tu hija!».

En otra ocasión, una mujer contó que, durante un invierno, mientras conducía por la autopista, se posó en la autopista, delante de ella, una gaviota, el ave favorita de su hijo. La mujer sintió que era su hijo y que quería que se detuviera. La mujer detuvo su auto y, al cabo de un rato, se puso en marcha de nuevo. Cuando llegó a la siguiente curva se dio cuenta de que la carretera estaba cubierta de hielo, y que muchos automóviles habían patinado y habían chocado entre sí. Se percató de que, si no hubiera parado, ella también se habría estrellado contra los otros automóviles.

Creo sinceramente que, cuando abandonamos nuestro cuerpo, nos adentramos en una situación en la que no existe el tiempo ni el espacio, de modo que podemos seguir comunicándonos con aquellas personas a las que queremos.

Soulución del día

Ten una mentalidad abierta y fíjate si recibes mensajes de aquellos que fallecieron. No dejes que tus creencias limitadoras bloqueen tu capacidad para experimentar una realidad mucho más amplia.

ÁRBOLES

Durante la tempestad, los árboles no se esfuerzan por mantenerse rectos, altos y erguidos. Se doblegan y se dejan empujar por el viento. Son conscientes del poder implícito en el hecho de dejarse llevar. Aquellos árboles y aquellas ramas que se esfuerzan demasiado por mantenerse rectos, fuertes y erguidos son los únicos que se quiebran.

JULIA BUTTERFLY HILL

A TODOS NOS CONVIENE SABER cómo doblegarnos o cómo hacernos lo suficientemente fuertes como para no fracturarnos cuando nos enfrentamos a las tempestades de la vida. Sin embargo, si no podemos recurrir a ninguna de estas posibilidades, convendrá que apreciemos lo que dijo en cierta ocasión Hemingway: que, si te rompes, te harás más fuerte en los puntos de fractura.

Los huesos fracturados son más fuertes en el punto de la fractura que los huesos normales. Y la vida es así. Si aprendemos lo que tenemos que aprender con aquello que nos parte por la mitad, nos haremos más fuertes y no nos partiremos en dos cuando nos enfrentemos a los problemas.

Y lo mismo ocurre con la personalidad. Los egocéntricos, los arrogantes y los obstinados son desarraigados y derribados cuando intentan demostrar lo duros que son. Mantén la disposición a doblegarte, curvarte y ceder cuando te enfrentes a fuerzas que están más allá de tu control. Luego, cuando las cosas se calmen, podrás recuperarte y seguir adelante en tu vida. En última instancia, tus experiencias te harán lo suficientemente fuerte como para resistir muchas cosas que otras personas no podrán soportar. Pero, hasta entonces, déjate llevar, deja de intentar demostrar lo que no necesitas demostrar, doblégate y ve con el viento.

Soulución del día

Considera la vida como un programa de ejercicios. Cuanto más flexible te hagas y más problemas superes, más fuerte te harás.

RECETA 232

CANTA

Quien canta su mal espanta.
MIGUEL DE CERVANTES, *DON QUIJOTE*

A NADIE EN MI FAMILIA SE LE DIO BIEN LA MÚSICA. Sí, todos cantábamos, pero nadie sabía si afinaba o no porque todos éramos duros de oído. Sin embargo, la madre de mi esposa fue cantante de ópera. Cuando empecé a salir con Bobbie, que nunca era puntual, me sentaba a esperarla frente al piano del salón de su casa y me ponía a cantar, mientras tocaba el piano con un solo dedo. Me di cuenta de que su madre siempre cerraba las ventanas cuando yo cantaba; y, cuando su hija y yo íbamos en serio, la mujer me dijo mi canto era insufrible para toda la familia.

Tengo un amigo que es guitarrista, y una vez se ofreció a acompañarme mientras yo cantaba *Amazing Grace,* al término de un retiro para pacientes de cáncer. Antes de la actuación, durante la comida, me dijo, «Canta unos cuantos versos para mí». Así lo hice, y el me acompañó con la guitarra. Aquella noche, cuando canté acompañado por mi amigo, me sonó todo horriblemente. Le pregunté si yo había cantado en un tono diferente, y mi amigo me contestó: «Cantaste en varios tonos distintos. Ése era el problema».

Después de muchos años de adiestramiento con mi mujer, soy capaz de escuchar música y de cantar sin perder el tono durante la mayor parte del tiempo; de modo que, ahora, a ella le gusta oírme cantar. Lo que quiero decir con todo esto es que cada persona debería de cantar su propia canción. Cantar es terapéutico y, añadiría yo, si desentonas no te preocupes, canta simplemente en el auto y en la ducha.

Soulución del día

Así pues, como dice la canción, canta, canta tu canción, y no te preocupes si no suena demasiado bien, simplemente canta.

RECETA 233

TOTALIDAD

Los instantes de santidad tienen lugar cuando experimentamos instantes de totalidad con nosotros mismos.

ANÓNIMO

LA RAÍZ DE LA PALABRA *integridad* significa la cualidad de estar completo o entero, la totalidad.

¿Cuándo somos un todo? ¿Qué significa esa palabra para ti? Para mí, no hace referencia a mi cuerpo, sino a la sensación de quién soy yo. Tiene que ver con mi esencia, independientemente de cuántas partes de mi cuerpo haya perdido o de mi estado físico en el presente. Mi totalidad tiene que ver con mi integridad como ser humano. Tiene que ver con mi capacidad para amar y ser honesto, con mi disposición a sentir e, incluso, a sufrir. Tiene que ver con el hecho de ser auténtico con todas aquellas personas con las que mantengo una relación, y con estar dispuesto a ver los aspectos de mí mismo con los que no me siento cómodo.

Ser un todo es estar completo. Estar completo no se refiere a nuestras partes físicas, sino a ser un ser humano completo, un ser humano que cumple con su parte en la naturaleza de la vida.

Soulución del día

¿Qué es lo que te hace sentirte un todo, algo completo?

RECETA 234

LÉELO EN VOZ ALTA

¿Qué clase de hombre merece más compasión?
Un hombre solo en un día de lluvia que no
sabe leer.

BENJAMIN FRANKLIN

UNA AMIGA MÍA LLAMADA GLORIA envía a diario un correo electrónico al que ha dado en llamar *Cartas del cielo*. Hay veces, cuando lo leo, en que enjuicio su estilo literario y las palabras que utiliza para expresar algunos conceptos sumamente profundos y espirituales. Mi mente parece querer centrarse en el contenido literal, en lugar de hacerlo en el significado subyacente. Gloria hizo recientemente un CD con todo este material, y la verdad es que me encanta escucharla mientras lee sus cartas. Me doy cuenta de que, cuando escucho su voz, me conduzco de un modo menos analítico. Las cartas me parecen mucho más profundas cuando las escucho.

En cierta ocasión en que el actor Charles Laughton leía en público una obra de Shakespeare, alguien le acusó de haber eliminado algunos fragmentos del texto. El acusador comentó que era la primera vez que había conseguido comprender a Shakespeare, y ése fue realmente el motivo por el que creyó que el actor se había saltado algo. ¿Qué nos enseña esto? Prueba a leer en voz alta para ti y para tu familia, o para cualquier otra persona que esté dispuesta a escucharte. El mero hecho de que exhibas emociones a través de la voz trasformará las palabras, y la gente las escuchará con más atención.

Otra cosa que hago a menudo es releer en voz alta los mismos libros u obras teatrales que he leído en silencio, para saber en qué medida he crecido. Si la lectura se me hace aburrida, tomo conciencia de que no he avanzado mucho en mi desarrollo. Pero, cuando cada nueva lectura me ofrece nuevas ideas y puntos de sabiduría que no había percibido anteriormente, es cuando sé que estoy creciendo y abriendo mi mente y mi vida a cosas nuevas.

Soulución del día

Lee y escucha las versiones en audio del mismo libro o conferencia, y si te da la impresión de que quien habla parece cada vez más sabio es porque estás creciendo.

RECETA 235

REFLEJO Y CARIÑO

Lo que nos perturba no son las cosas en sí, sino la visión que tenemos de ellas.

EPÍCTETO

HACE ALGÚN TIEMPO, UNA DE MIS GATAS y yo nos estuvimos mirando en el espejo. La gata, llamada *Miracle* («Milagro»), no parecía estar preocupada por el estado de su pelaje, por su cola retorcida ni por otros defectos físicos. Simplemente, se miraba a sí misma y no pedía un cepillado, ni champú ni cirugía estética.

Yo me miraba a mí mismo y no estaba nada contento con mi cuerpo. Pensaba que le vendrían bien algunos retoques. Pero supongo que no estoy preparado para hacer ese tipo de retoques que marquen la diferencia; no soy de los que se planteen la cirugía estética. Me admiró la actitud de *Miracle,* e intenté aprender algo de ella.

Tengo la sensación de que ella se acepta a sí misma, y que a mí me resulta difícil hacer lo mismo. Me gustaría ser capaz de mirarme algún día en el espejo y decir, «Hola. Ése soy yo», al igual que hace *Miracle.* Con suerte, y con la práctica, quizás algún día sea capaz de hacerlo.

Soulución del día

Contempla cada día con agrado tu imagen en el espejo. Obsérvate con cariño y aprobación.

LA RISA PERDURA

Una sonrisa incrementa tu valor nominal. La
risa es contagiosa; sé un portador de risas.
¡El que ríe, perdura!
FRASES QUE SUELE DECIR BOBBIE SIEGEL

TUS PENSAMIENTOS GENERAN TUS SENTIMIENTOS, y tus sentimientos afectan a la química de tu cuerpo. El hecho de reír y sonreír tiene un efecto positivo y curativo en tu cuerpo.

Cuando mi esposa, Bobbie, se pone a hacer payasadas, me doy cuenta del efecto positivo e inspirador que genera en todos los que la observamos. Nadie se quejará nunca del tiempo que dediques a hacerles reír o a amarles. A todos nos envían correos electrónicos divertidos, y rara vez los consideramos un *spam*.

Ríe. Sonríe. Es terapéutico. Dado que sólo vas a estar en este planeta durante un tiempo limitado, ¿para qué tomárselo todo tan en serio? Sí, sé que todos tenemos problemas, y con esto no pretendo quitarle importancia al hecho de que sigue habiendo personas sin hogar y personas que pasan hambre. Pero, ¿crees que se molestarían con cualquier persona que les hiciera reír? La risa es siempre una buena medicina, aun en tiempos difíciles.

Soulución del día

Sé un humorista, de acuerdo con tus talentos, y ayuda a la
gente a encontrar un motivo para sonreír.

CREATIVIDAD

Eso es algo que uno hace solo… y reconocer y aceptar esto, y dejar de preguntar cómo, es dar el primer paso hacia nuestra propia creatividad.
MICHAEL DRURY

¿TE HAS PARADO ALGUNA VEZ a pensar que Dios no hizo ningún anteproyecto para la creación? Aunque nos quejemos de las imperfecciones y de las dificultades de la vida, seamos honestos, Dios hizo un trabajo magnífico después de todo.

Todos somos creadores; no tenemos más que acceder a ese espacio divino que existe en nuestro interior y que nos inspira. Cuando te conozcas a ti mismo y sepas lo que deseas, tú también serás creativo. Te sentirás impulsado a hacer lo que sea que te lleve a lograr tu objetivo. No preguntarás cómo; simplemente lo harás.

Al término de un concierto, una mujer se fue hacia el violinista Fritz Kreisler y le dijo, «¡Daría mi vida por tocar como usted!», a lo que Kreisler respondió sombríamente: «Yo lo hice».

Soulución del día

¿Qué te gustaría crear?
Sé tú mismo y ten la valentía de crear.
Si te cansa, tómate un día de relax. ¡Nuestro Creador lo hizo!

MI MEJOR DÍA

La vida, más que comprenderla, tenemos que apreciarla.
STUART HELLER

UN DÍA, EN EL BANCO, cuando me llegó el turno en la ventanilla, le dije a la cajera:

—¿Cuál ha sido el mejor día de su vida?

La mujer se paró a pensarlo un poco y respondió:

—Cuando di a luz a mi hija.

Y una voz, desde el otro extremo de la oficina, gritó:

—No es verdad.

Entonces se inició una discusión, en la que la mujer se defendió diciendo quién era el otro para decirle lo que ella misma sentía. Antes de que las cosas llegaran a más, les interrumpí y dije:

—El mejor día de tu vida, y el mejor día de la vida de cada persona, es hoy. Conviene no olvidarlo, y conviene vivir el día de hoy. Es el único día que tenemos.

No me resulta difícil hacer una terapia en el banco formulando las preguntas que suelen hacer los cajeros. A veces, cuando llego a la ventanilla, simplemente digo, «¿En qué puedo ayudarle?». También, cuando recurro al cajero exterior del banco, en el que no te tienes que bajar del automóvil, me encanta preguntar, «¿Tienen preparado mi pedido?». Ya saben todos quién soy. Cuando llamo al despacho donde trabaja mi hijo, que es abogado, y le digo a la secretaria que soy un agente del FBI, mi hijo siempre responde al teléfono con un «Sí, papá, ¿qué pasa?». Ahora, su secretaria ya lo sabe.

Pero, si crees que esto es una locura, escucha. Una vez llamé a la sala de operaciones de pacientes externos a través del intercomunicador de la puerta del garaje, por donde la gente entra para recoger a los pacientes después de la operación. La rampa que hay allí es para sillas de ruedas. No dije que era yo; solamente dije:

—Necesito que alguien me aguante la puerta, para poder entrar con mi Volkswagen a recoger a un paciente.

Escuché a la secretaria dar un alarido de terror. Pero instantes después escuché la voz de una enfermera decir:

—Estaremos allí en un minuto para ayudarle, doctor Siegel.

Soulución del día

Anímate, y ten tu mejor día siempre, cada día.

RECETA 239

VERDADES ETERNAS

*La verdad es evidente por naturaleza. En
cuanto quitas las telarañas de la ignorancia
que la rodean, brilla con claridad.*
MOHANDAS GANDHI

LA VERDAD ES que no hay nada que decir ni aprender que no hayan dicho
o aprendido ya aquellos que nos precedieron. Los sabios y los maestros
han dicho siempre las mismas cosas, porque los problemas de la vida y las
verdades de la vida no cambian con el tiempo. Para referirme a estas enseñanzas, yo prefiero utilizar el término de «la sabiduría de los sabios».

No voy a negar que sea útil publicar su sabiduría en muchos idiomas
y con historias modernizadas que faciliten la comprensión; pero todos
conocemos esas verdades en lo más profundo, y nuestro sendero en la
vida consiste en reconectar con ellas, para así reducir nuestro sufrimiento
e incrementar nuestra alegría.

Normalmente redescubrimos, a través de nuestras dichas e infortu-
nios personales, las verdades eternas que nos enseñaron los profetas del
pasado. Tanto si ganas el gordo en la lotería como si contraes una enfermedad muy grave, cada experiencia lleva en sí una lección que nos acerca
a las verdades eternas.

Soulución del día

*Ojalá llegue el día en que todos seamos conscientes de estas
verdades eternas y las practiquemos.*

LOS ADIOSES

*La amistad y la sociedad son, por encima de
todo, cualidades internas.*
HENRI NOUWEN

CUANDO PRONUNCIAS la palabra *adiós,* ¿qué sientes y qué piensas? ¿Te apetece alejarte de la otra persona, esa sensación de «adiós, ve con viento fresco», o quieres mantener la conexión con ella, a pesar de la distancia?

Los adioses pueden construir un puente que nos mantiene conectados a pesar de la distancia. De algún modo, mantienen un lazo espiritual y emocional entre tú y la persona a la que dices adiós. Piensa en tus intenciones cuando digas adiós, y serás capaz de permanecer en contacto con las personas con las que te relacionas en el mundo, independientemente de la distancia que os separe.

Tenemos que recordar que la consciencia es no-local, y que cuando deseamos cosas buenas a los demás estamos ayudando a que eso ocurra. Ten en tus pensamientos y en tus oraciones a los demás y ayúdales a experimentar un adiós. Será más probable que les sucedan cosas buenas en función del modo en que tú actúes tras haberles dicho adiós.

Soulución del día

*Construye puentes con tus palabras y con tus pensamientos, y
te mantendrás en contacto con las personas de tu vida.*

RECETA 241

EL ÁRBOL DE LA VIDA

Yérguete alto y orgulloso
¡Recuerda tus raíces!
Conténtate con tu belleza natural
Bebe abundante agua
¡Disfruta de la vista!
ILLAN SHAMIR, *ADVICE FROM A TREE*[35]

SI NOS PASAMOS LA VIDA haciendo cosas y no nos detenemos nunca a buscar el conocimiento y la sabiduría, nuestro árbol de la vida carecerá de ramas y no tendrá demasiadas raíces. Sin ramas, ¿cómo te moverás y responderás ante los vientos de la vida? O, si acumulamos muchos conocimientos, pero no los ponemos en acción, seremos como un árbol con muchas ramas, pero sin raíces, y los vientos del destino nos derribarán.

Conviene que nuestro árbol de la vida tenga tanto sabiduría como acciones. Entonces, nuestras ramas se extenderán, y nuestras profundas raíces nos darán soporte y sustento. Seremos capaces de sobrevivir a las tempestades y a las sequías que la vida nos presente.

Soulución del día

¿Florece tu árbol de la vida, es firme? ¿O necesitas raíces y brotes de nuevas ramas?

---

35 «Consejo de un árbol». *(N. del T.)*

RECETA 242

EL PASTOR

Todos los niños son mis ovejas, sea cual sea el color de su lana.
KNUTE SHMEDLEY

A MÍ ME PUSIERON EL NOMBRE del padre de mi padre, que murió de tuberculosis cuando mi padre era niño. Bernard me pusieron. Nací en el Hospital Judío de Brooklyn, en Nueva York. Cuando mis parientes dieron la información para el certificado de nacimiento, dijeron, «Bernard, hijo de Simon». Esto último lo dijeron en hebreo, y el hombre que estaba rellenando el impreso se confundió, escribiendo en el certificado «Shepard» como segundo nombre.

Mis parientes se sorprendieron cuando vieron este nombre en el certificado, pero al final terminaría siendo apropiado. Creo que el trabajo que he hecho y aquello a lo que he dedicado mi vida demuestran que yo estaba destinado a ser pastor *(shepherd* en inglés), aunque aparezca como Shepard. No creo que las casualidades sean siempre casualidades. A veces, la sabiduría se manifiesta de modos inexplicables.

Llámalo como quieras: coincidencias, casualidades, sincronicidad… No siempre hay una razón obvia para que las cosas sucedan. No conocemos todas las respuestas, y probablemente nunca las conoceremos. Sin embargo, tenemos que prestar atención a los mensajes que nos llegan, si queremos seguir el sendero deseado.

Soulución del día

¿Acaso tu nombre revela de algún modo quién eres en realidad? ¿Por qué lo crees así?

SUEÑOS

Confía en los sueños, pues en ellos se oculta
la puerta de la eternidad.
KHALIL GIBRAN

TODO EL MUNDO DEBERÍA TENER UN SUEÑO. Los sueños son el lenguaje universal, y son la única manera en que el futuro puede expresarse y por el cual podemos llegar a conocerlo. No soñar supone la muerte. Cuando dejas de soñar y de ser consciente de tus sueños, cierras la puerta a la verdad y a tu vida potencial.

Deseo y sueño son conceptos distintos. Un deseo es un anhelo consciente que puede hacerse realidad o no; claro está, a menos que tengas a un genio trabajando para ti que te garantice los tres deseos. Un sueño es una visión de lo que puede ser. Si te centras en la visión, haces cambios conscientes e inconscientes en tu vida que convierten el sueño en realidad.

El día en que dejas de soñar tu vida pierde sentido. El soñador vive una vida sin edad, siempre creciendo y cambiando para crear los sueños que ha tenido. Aunque tu sueño nunca se llegue a cumplir, no lamentarás haberlo tenido. Como decía don Quijote, «Soñar el sueño imposible» es lo mejor que uno puede hacer.

Soulución del día

Sueña tus sueños posibles e imposibles, y lánzate a cabalgar
hacia el sol poniente con Sancho Panza a tu lado.

ANDROGINIA

Es fatal ser puramente un hombre o una mujer: hay que ser una mujer varonil o un hombre femenino.
VIRGINIA WOOLF

ANIMA Y ANIMUS, femenino y masculino… ¿por qué? ¿Por qué no un solo sexo con capacidad para dividirse como medio de reproducción? ¡Bueno, no sería tan divertido, y los humoristas se quedarían sin material para sus chistes! Aparte de eso, yo creo que existen otras razones. Necesitamos del equilibrio para estar completos, para comprendernos a nosotros mismos y para poder disponer de un potencial mucho mayor.

Creo que las personas que se limitan sólo al papel «masculino» o «femenino» se pierden mucho en su vida. No estoy hablando de tu aspecto como hombre o como mujer, sino de tu desarrollo como persona y de tu apertura a un amplio rango de emociones y capacidades.

Si abarcamos tanto lo masculino como lo femenino, nos sentimos libres para sentir, ver y hacer cosas que jamás habríamos intentado sentir, ver y hacer de otro modo. Observa el mundo y toma nota del coraje de las mujeres que no se ponen límites y que están dispuestas a competir con los hombres. Fíjate en los hombres que no tienen miedo de hacer las cosas que normalmente se les ha atribuido a las mujeres. Son personas que están dispuestas a ser íntegras en su esencia y a vivir una vida más plena. Cuando nos limitamos unos a otros en los negocios, en el voto, en la familia y en los papeles de género, limitamos nuestro pleno potencial.

Soulución del día

Libérate y conviértete en una persona íntegra, con una personalidad andrógina completa.

VIEJAS HERIDAS

Hay que despojarse de la vieja piel para que
pueda aparecer la nueva.
JOSEPH CAMPBELL

TODOS TENEMOS VIEJAS HERIDAS en nuestro interior; para algunos son físicas, en tanto que para otros son emocionales. Existen muchas razones que explican por qué no se curan estas heridas y por qué nos aferramos a ellas. Para algunos, esas viejas heridas son una forma de vida que les protege de ser íntegros y de tener que vivir una vida de responsabilidades. Para otros, la corrosión constante que las viejas heridas generan en su cuerpo y en su alma les impide sanar.

La otra noche soñé que cosía viejas heridas en muchas personas. Como cirujano, el sueño me pareció muy interesante. Sé que guarda relación con lo que está ocurriendo en mi vida y con mi determinación a la hora de cambiar mi manera de hacer las cosas y de ayudar a sanar las relaciones con algunos miembros de mi familia.

Pero también tomé conciencia de que nunca es demasiado tarde para cerrar viejas heridas y comenzar de nuevo como un ser humano total, íntegro, libre de las heridas del pasado. La posibilidad de sanar siempre está ahí. Siempre disponemos de la libertad de optar por la sanación. No tenemos por qué vivir con cicatrices, lesiones y heridas del pasado.

Soulución del día

Esfuérzate por sanar tus viejas heridas, y no tengas miedo de
pedir ayuda a los demás.

RECETA 246

IMAGINA

El coraje de imaginar lo inimaginable es
nuestro mayor recurso.
DANIEL J. BOORSTIN

SE NOS DICE QUE SOÑEMOS el sueño imposible; pero, ¿quién sabe lo que es imposible? ¿Acaso tiene sentido observar una enorme aeronave y pensar que eso puede volar, y mucho menos a la luna? ¿Cuáles son tus imaginaciones y tus sueños no confesados? Plásmalos por escrito y, cuando dispongas de tiempo, exphóralos y desarróllalos. Si nunca imagináramos lo que puede llegar a existir, jamás llegaría a existir.

Cuando tú imaginas lo que podría llegar a ser tu vida, comienzas a preparar a tu inconsciente para el cambio, y las cosas comienzan a suceder. Cuando un inventor imagina o tiene una idea, el mundo cambia. En la actualidad, utilizamos muchas cosas que damos por sentadas y que, sin embargo, muchos seres humanos jamás habrían imaginado. Imagina que un hombre de las cavernas regresara a la existencia y le hablaran las cisternas de los inodoros y de hornos microondas.

No desbarates la imaginación de tus hijos, no les desanimes y les digas que pongan los pies en el suelo. La realidad es lo que imaginamos que ha de ser. Tu vida y tus logros no serán otra cosa que lo que tú imagines que está esperándote mientras creas tu vida.

Soulución del día

Haz como decía John Lennon e «Imagina».

LA NUEVA ERA

*¿Qué prefieres tener? ¿Una Nueva Era...
o Ninguna Era?*
MICK WINTER

¿QUÉ SIGNIFICA PARA MÍ LA NUEVA ERA? Para mí, representa una actitud de «Vamos a abrir los ojos». Hubo un tiempo en que la Nueva Era sostenía que el mundo era redondo, y nadie se mostraba receptivo a aquella idea. Pero, no mucho tiempo después, se convertiría en una idea aceptada por todos. Siempre hay una Nueva Era que representa lo que está aún por descubrir.

Si la gente puede creer en una nueva realidad y mantenerse abierta a ella, el mundo cambiará poco a poco. Y yo creo que es eso de lo que va la Nueva Era, porque lo que es realidad hoy puede cambiar mañana.

Por ejemplo, hace veinte años me tenían a mí por loco por hablar con una persona anestesiada. En la actualidad, en la literatura médica, existen multitud de estudios que demuestran que, si hablas con un paciente anestesiado, el paciente experimenta menos dolor y se va a casa antes. Así que, de repente, mis enseñanzas empiezan a parecer trasnochadas. Es maravilloso estar un poco loco y mantenerte abierto a la siguiente Nueva Era.

Soulución del día

Estate dispuesto siempre a avanzar hacia la Nueva Era.

LA PEOR NOTA

Deja que tu corazón te guíe. El corazón
susurra, de modo que escucha con atención.
DE LA PELÍCULA *THE LAND BEFORE TIME*[36]

EN EL COLEGIO UNIVERSITARIO, MI PEOR NOTA fue un simple «Aprobado alto» en Escritura Creativa. Yo era un alumno de preparatorio de medicina que intentaba ampliar mi experiencia. Pero, dado que yo vivía principalmente en mi cabeza, era tan intelectual que me resultaba difícil ser creativo con la escritura. Y podría haber dejado que aquella supuesta derrota me impidiera hacer un nuevo intento con la escritura.

Años más tarde, una paciente mía, que tenía un don psíquico, me dijo que escribiría un libro. Yo le conté lo de mi nota en Escritura Creativa y me lo tomé a risa. Y claro está que al final resultó tener razón. Desde entonces, la mujer me ha dicho cuántos libros más iba a escribir, incluido éste. He tenido varios de mis libros en la lista de los superventas, y mis palabras se han difundido por todo el mundo a través de ellos.

Con los años, he aprendido a pasar desde la cabeza hasta el corazón. Ahora escribo desde el corazón, desde mi experiencia y desde mi propia vida. Recuerdo haber leído una novela de William Saroyan en la que un escritor, tras leer una carta que su ayudante le había escrito a su padre, le alababa su buena escritura. El ayudante desestimaba el halago y decía, «Sólo es una carta a mi padre»; y el escritor respondía, «Entonces, escríbele una carta a todo el mundo». Y eso es lo que yo he aprendido a hacer.

Soulución del día

¿En qué campo podría despertar tu vena creativa, si te fueras
de la cabeza al corazón?

---

36 Esta película se proyectó en España con el título de *En busca del valle encantado,* y en Hispanoamérica con el de *La tierra antes del tiempo. (N. del T.)*

LOS CORDONES UMBILICALES DE DIOS

Estas piedras se levantan para señalar los
restos de un amigo.
Nunca tuve otro, y aquí yace.
LORD BYRON

LA CITA DE ARRIBA está inscrita en un monumento que lord Byron le erigió a su perro, *Boatswain.* En el epitafio se describe a aquél cuyos restos yacen debajo. De él dice que poseía «Belleza sin vanidad, fuerza sin insolencia, coraje sin ferocidad, y todas las virtudes del hombre, pero sin sus vicios».

Yo soy un amante de los animales y de los niños, y mi casa siempre estuvo llena de ambos. Con los adultos… algunas veces tengo problemas. Intento recordar que ellos también fueron niños alguna vez. En un libro de poesía que estoy leyendo ahora se dice básicamente lo mismo. En un poema sobre un gato, el último verso dice, «Pues el nombre del gatito era amor». Me gustaría que los seres humanos mostráramos un amor incondicional así entre nosotros, al igual que hacemos con nuestras mascotas.

La Biblia nos insta a aprender de los animales; pero, ¿cuándo llegará el día en que aprendamos de verdad?

Soulución del día

Perro es Dios escrito del revés, y cordón umbilical lleva en su
interior felino. ¿Captas el mensaje?[37]

---

37 Nuevos juegos de palabras en inglés del autor, con las palabras *Dog,* «perro», y *God,* «Dios»; y con las palabras *lifeline,* «cordón umbilical» y *feline,* «felino». *(N. del T.)*

RECETA 250

EL CANTO DE LA VIDA

*No consigues armonías si todo el mundo
canta la misma nota.*
DOUG FLOYD

El mundo no comenzó con una gran explosión,
sino con un silencio que fue reemplazado por la sinfonía de la vida.
A cada uno se nos dio a elegir un instrumento
con el cual crear nuestra música
y con el que servir para mantener la armonía.
Puede que todos toquemos instrumentos distintos
y que hagamos sonidos diferentes,
algunos de los cuales hieren nuestros oídos;
pero, cuando todos tocamos en el mismo tono,
a pesar de nuestras diferencias,
estamos en armonía.
Y ese tono es el canto de los cantos
que llamamos Vida.

Soulución del día

*Únete a la orquesta universal: haz sonar tu trompeta, que
cante tu corazón, haz que suene tu tambor y crea armonías.*

MAREAS

No luches contra la corriente, pues el
río va donde quiere.
ANÓNIMO

PODEMOS LUCHAR CONTRA LA MAREA y no ir a ninguna parte. Intentar ir contra la marea o nadar contracorriente no es eficaz. Estás luchando contra las energías de la naturaleza, y enfrentarse a las fuerzas de la creación jamás podrá funcionar.

Cuando luchas contra las fuerzas de la naturaleza lo haces bien por ignorancia o bien porque tienes algún deseo al que no estás dispuesto a renunciar. Así, luchas contra las fuerzas de la vida y no vas a ninguna parte. Y te sumes en la amargura y el resentimiento por el hecho de que la vida no fluye hacia donde tú quieres que fluya.

¿Por qué no cambiar la dirección del timón de tus deseos? ¿Por qué no ir con la marea y llevar el viento a la espalda? Puede que no sea la manera más directa de ir adonde tú quieres ir, pero discurrirás con el flujo de la vida y te convertirás en parte del proceso de creación, en lugar de una fuerza que se resiste a la naturaleza.

Soulución del día

Hacer uso de las fuerzas de la naturaleza te proporcionará
energía y te permitirá ahorrarla.

RECETA 252

ES AMARGO Y NO ME GUSTA

*El sufrimiento no es una asignatura optativa;
es una asignatura obligatoria en la
Universidad de la Vida.*
STEVEN J. LAWSON

CUANDO NUESTRA VIDA ES estable y pacífica, no buscamos un sentido, ni serenidad, ni respuestas. Aceptamos nuestra buena fortuna y no nos cuestionamos nuestras creencias. Pero cuando la vida nos bendice con aflicciones, enfermedades, muerte y pérdidas, comenzamos la búsqueda.

En mis talleres, suelo preguntar a los participantes si alguno desearía verse libre de todo dolor, emocional y físico. Si la respuesta es sí, les doy mi número de teléfono por si deciden cancelar su deseo. ¿Por qué irían a hacer eso? Porque el dolor es el regalo no deseado que nos define y nos protege. Perderías partes de tu cuerpo, e incluso la vida, si estuvieras anestesiado ante toda experiencia. Y, sin embargo, nuestra sociedad fomenta la anestesia y el adormecimiento en muchos aspectos.

La píldora amarga de la pena y del dolor es lo que pone en marcha la búsqueda del camino de la serenidad. Saborea la amargura de la vida y siente sus molestias. Acepta y aprende de tu dolor, y te aportará un sentido y sabiduría.

Soulución del día

*La Divinidad no nos impone nuestras aflicciones. Más bien,
las aflicciones nos llevan hasta la Divinidad con más
frecuencia de lo que lo hacen las alegrías. No te resistas a las
píldoras amargas de la vida, pues no dudes que te llevarán
hacia una mayor conciencia.*

RECETA 253

POR QUÉ MOTIVO

En todas las cosas hay ocasiones y causas del
porqué y el para qué.
WILLIAM SHAKESPEARE, *ENRIQUE V*

SIEMPRE HAY UN MOTIVO, y con frecuencia es difícil de aceptar cuando te hallas en medio de un momento difícil. Aunque el motivo pueda no ser evidente, siempre está ahí. A veces, descubrimos el motivo de algo con el trascurso del tiempo, de mucho tiempo; y otras veces puede que ni siquiera lleguemos a conocer los motivos, y tengamos que confiar en que aquello formaba parte de los planes divinos.

En nuestros momentos de oscuridad, a veces nos preguntamos si de verdad existe un poder superior, o bien nos cuestionamos la sabiduría de Dios. Otras veces, estamos tan ligados a las percepciones que de la situación tiene nuestro propio ego que los verdaderos motivos nos eluden. Y, si nos empeñamos en encontrar un motivo, quizás terminemos sintiéndonos desdichados e impotentes. Sólo cuando estamos dispuestos a confiar y a mirar más allá de nosotros mismos es cuando puede ponerse en marcha el verdadero aprendizaje y la verdadera sanación.

Soulución del día

Los motivos no siempre son evidentes, de modo que no te
obceques en descubrirlos.

RECETA 254

DIABLILLO

*Si Dios está en la puerta principal de la casa,
el demonio está en la puerta trasera.*
C. G. JUNG

EN CASA TENEMOS MUCHOS GATOS, todos ellos con nombres simbólicos. Uno de ellos, cuando era un cachorro, cometía todo tipo de diabluras, y yo quería llamarle *Demonio.* Pero a mi mujer no le gustaba ese nombre. Entonces, un día, la oí decirle al gato, «Ven aquí, diablillo». Y ése terminó siendo su nombre. Y, claro está, después de aquello terminó convirtiéndose en un ángel.

Al siguiente gato que adoptamos le puse *Gabriel,* por el ángel. Por supuesto, no es terriblemente angélico en sus demandas, pero yo quería equilibrar al demonio con el ángel, reconociendo así su presencia en nuestras vidas.

En nuestro interior y en la misma sociedad viven el embaucador, el bufón de corte y el diablillo. Si reconocemos su presencia en nosotros y en nuestra vida, conservaremos el control de nuestro comportamiento. Pero, si los negamos, perderemos el control y buscaremos excusas para nuestro comportamiento, y nos meterán en muchos líos. Cuando aceptas literalmente la posibilidad de que tú también podrías convertirte en un criminal es cuando menos probabilidades hay de que termines convirtiéndote en eso.

Soulución del día

*¡Acepta al «diablillo» que hay en ti, para que tu sombra
no te cause ningún problema!*

RECETA 255

DECLARAR Y DEDICARSE

¡Haz el amor, no la guerra!
ESLOGAN ANTIBELICISTA

CON FRECUENCIA, oímos hablar a nuestros líderes políticos acerca de declarar la guerra contra otros pueblos y naciones. Se dedican con ahínco al proceso del conflicto, la guerra, el ajuste de cuentas y el castigo a los demás de formas destructivas. Al parecer, no están demasiado en contacto con la gente que sufre debido a esas declaraciones y dedicaciones.

¿Qué ocurriría si nuestros líderes declararan el amor y se dedicaran, no a cambiar y a castigar a los demás, sino a cuidar de ellos y amarlos? Quizás leas estas líneas y asientas con la cabeza; pero, ¿qué tal si estas preguntas te las formularan a ti mismo? ¿Le has declarado la guerra a algún amigo o familiar, y te has dedicado a cambiar sus malos hábitos mediante las críticas y el conflicto? Pues bien, si quieres la paz interior y la felicidad en tu vida y en el mundo, declara el amor y dedícate al bienestar de los demás, en vez de intentar cambiarlos.

Soulución del día

¿Qué vas a declarar, el amor o la guerra?

RECETA 256

EL CHÓFER

Ser un buen chófer supone mucho más que el
mero hecho de saber conducir.
ADELE RUTH

CUANDO ALGUIEN A QUIEN QUIERES se halla inmerso en un grave dilema, sea físico o psicológico, tú puedes ser su chófer. Con este tema nos reímos bastante en las reuniones de terapia, porque los maridos que vienen a ellas suelen presentarse como el chófer de su esposa. No parecen estar dispuestos a compartir la experiencia emocional, sino que vienen a modo de auxiliares mecánicos de sus esposas.

Un marido que yo conozco, Mike Tucchio, está compartiendo con su mujer este viaje, y utilizó la idea del chófer como metáfora en un hermoso poema:

Pero yo estoy lejos de la realidad de mi esposa.

El cáncer está en su cuerpo, no en el mío.

Como el cristal que separa al conductor de la limusina del pasajero, los dos ocupantes viajan juntos, pero yo no soy más que el chófer.

Este hombre comprende que está ahí para ayudar, pero que es como un buen chófer, que sigue las indicaciones que le llegan del asiento de detrás. Adónde vayan no depende de él. Él tiene que dejar que su pasajero decida la ruta y el destino. Él y su esposa, Barbara, forman un equipo muy especial, y saben adónde van.

Soulución del día

La próxima vez que te encuentres en la posición de chófer, no olvides escuchar al pasajero del asiento de atrás.

CALIENTE O FRÍO

He descubierto que nada es imposible cuando seguimos nuestra guía interior, incluso cuando la indicación pueda parecer amenazadora, por ir en contra de la lógica habitual.
GERALD JAMPOLSKY

CUANDO LOS NIÑOS JUEGAN a buscar un objeto o un tesoro escondido, se dejan guiar por las palabras *caliente* y *frío*. Cuando uno de ellos se acerca al objeto escondido, los otros dicen «Caliente, caliente»; y, si están ya muy cerca, le dicen «¡Que te quemas!». Y al revés si se alejan del objeto; entonces le dicen «Frío, frío».

A muchos les gustaría que la vida nos guiara diciendo «caliente» o «frío» mientras intentamos encontrar nuestro camino a través de los obstáculos que la vida nos presenta. Pero yo creo que la vida nos da este tipo de guía, aunque con mucha frecuencia nos negamos a escuchar sus consejos.

Tú sabes cuándo algo caldea tu corazón y te dice que vayas en una dirección en concreto. Sí, puedes pasarte de la raya con la pasión y «quemarte», pero ésa es la señal de que debes dar un paso atrás para no caer en el fuego. Cuando sientes una respuesta fría por parte de otra persona, es la señal de que no debes seguir en esa dirección. Y, si te empeñas en seguir por ahí, vivirás y sufrirás las consecuencias de la exposición al frío y a la congelación.

Soulución del día

Presta atención a las señales de «caliente» y «frío», y utiliza tu temperatura para orientarte en la vida.

RECETA 258

LAS METEDURAS DE PATA

Todo el mundo derrama la leche alguna vez.
EMILY POST (CITANDO A UN NIÑO DE SEIS AÑOS)

APROVÉCHATE DE LAS METEDURAS DE PATA para animar tu vida. Cuando metas la pata al presentar a alguien, o cuando alguien meta la pata al presentarte a ti, échate a reír. «Esta noche nuestro invitado para la charla es el doctor Bernie Siegel. El resto del programa será de divertido entretenimiento». Esta metedura de pata me encantó, y me resultó fácil aprovecharme de ella para conectar con el público a partir de ahí.

Emily Post[38] comentó en cierta ocasión que, una vez, en una cena muy formal, mientras hablaba con una persona gesticulando con las manos, le dio un golpe a la bandeja con la que estaba sirviendo el camarero, arrojando todo su contenido sobre el blanco mantel. Y el anfitrión de la cena se puso en pie y, anunciando a todos los invitados lo que había ocurrido, pidió que le dieran un aplauso a Emily. Con aquello, la velada se hizo más divertida.

Cuando metas la pata, como ocurriría si te presentas a una cita o a una fiesta en el día equivocado, échate a reír. Si culpas a otra persona por tu metedura de pata, quizás esa persona se sienta agraviada; sin embargo, si te echas a reír, todo el mundo saldrá beneficiado. Lo que más recuerdo del día de mi boda son las divertidas meteduras de pata que hubo, y no todo lo serio que discurrió tal como se esperaba.

Soulución del día

Disfruta de las meteduras de pata que todos hacemos y que nos permiten seguir siendo humanos.

---

38 Escritora norteamericana sobre las normas de etiqueta y protocolo. *(N. del T.)*

TRABAJO DURO

*El trabajo duro nunca ha matado a nadie; pero,
¿para qué arriesgarse a esa posibilidad?*
EDGAR BERGEN

EL TRABAJO DURO ES ESE TRABAJO que uno no quiere hacer. No tiene nada que ver con el esfuerzo físico que tengas que hacer, sino con el coste emocional del esfuerzo. Cuando desearías estar en algún otro lugar haciendo cualquier otra cosa es porque estás haciendo un trabajo duro. La forma más fácil de saber cuándo un trabajo es demasiado duro consiste en ser consciente de en qué medida te agota y cuán lentamente pasa el tiempo para ti. Y si sigues haciendo un trabajo duro día tras día, tu cuerpo terminará dándote un día o más libres, desmoronándose y haciéndote imposible seguir trabajando.

Pero ser duro en el trabajo, esforzarse en él, no es lo mismo. Cuando te absorbes en tu trabajo quizás te estés esforzando mucho, pero el efecto sobre tu cuerpo será diferente. Quizás te canses, pero no te agotará.

Y cuando nos esforzamos en un trabajo creativo, el tiempo vuela, y el cuerpo no siente la fatiga hasta que el trabajo está terminado.

Soulución del día

*Tú dispones del poder de elegir entre distintas opciones,
aunque pueda parecer que no existe opción alguna. Si estás
haciendo demasiado trabajo duro, detente, tómate un respiro,
busca ayuda, di no.*

RECETA **260**

IR A LA LUNA

*Los hombres se han convertido en las
herramientas de sus herramientas.*
HENRY DAVID THOREAU

PIENSA EN LA CANTIDAD DE DINERO que se ha gastado yendo a la Luna y al espacio exterior. Se trata de una interesante aventura, y parte de la tecnología implicada en esos proyectos estoy seguro de que ha permitido mejorar muchas cosas en la tierra. Pero, ¿qué habría pasado si hubiéramos empleado todo ese dinero para entrar en el cuerpo humano, no para ir al espacio exterior, sino al espacio interior?

Piensa en los beneficios que habría supuesto para la humanidad en el tratamiento genético de las enfermedades, en vez del enfoque habitual de la medicina de búsqueda y destrucción, con todos sus efectos secundarios. Piensa en los cambios que se podrían hacer en los distintos tratamientos de defectos congénitos, o haciendo crecer nuevos órganos para trasplante o eliminar enfermedades. La salamandra es lo suficientemente lista como para hacer crecer una nueva pata, ¿por qué nosotros no?

Todos nos desarrollamos a partir una única célula, que es lo suficientemente inteligente como para hacer todo lo necesario para crear un ser humano. ¿Por qué no invertir tiempo y dinero en aprender a comunicarnos con nuestras células y recuperar esa sabiduría? Entonces, quizás podríamos reparar lo que hubiera que reparar ante una dolencia o un accidente. Ir a la Luna nunca nos proporcionará los beneficios que nos aportaría sumergirnos en el cuerpo humano.

Soulución del día

*Antes de ir a la Luna, convendría que nos
conociéramos a fondo.*

LOS ANGÉLICOS DAS

*Los ángeles pueden volar porque se toman
a sí mismos a la ligera.*
G. K. CHESTERTON

YO HE ESTADO A PUNTO de morir por accidente en un par de ocasiones. Una vez fue cuando tenía cuatro años, cuando a punto estuve de morir asfixiado con los fragmentos de un juguete que me había metido en la boca; y la otra vez fue a causa de una caída desde una escalera de mano. En ambos casos tuve la sensación de que alguien o algo había intervenido para salvarme.

Una noche, durante una conferencia, comenté que yo debía de tener un ángel de la guarda. Tras la conferencia, un hombre vino y me dijo:

—Usted tiene un ángel, y yo sé su nombre.

—¿Sí? ¿Cuál? –pregunté intrigado.

—¿Qué dijo usted cuando se rompió la escalera?

—¡Oh, mierda! –respondí.

Y el hombre dijo:

—Ése es el nombre de su ángel.

Me eché a reír con aquella explicación; pero, desde entonces, me tiene intrigado. El otro día estaba perdido en el tráfico de Boston y no podía encontrar la entrada de la avenida. Estaba muy frustrado, y dije, «¡Oh, mierda!»; y, cuando giré la esquina, encontré la entrada que estaba buscando, bajo el edificio del hospital, sin ninguna señal que me lo indicara. Me eché a reír yo solo, pero desde entonces me sorprende enormemente con cuánta frecuencia se resuelve la situación en la que me encuentro cuando exclamo, «¡Oh, mierda!». También me he dado cuenta de que otras personas han comenzado a tener la misma experiencia cuando siguen mi ejemplo.

De modo que he llegado a la conclusión de que existe una familia de ángeles cuyo apellido es Da; y uno de sus nombres debe de ser Ohmier.

Soulución del día

¡Prueba a llamar a la angélica familia «Da» la próxima vez que necesites ayuda!

RECETA 262

RECUERDOS

La memoria es el armario de la imaginación, el tesoro de la razón, el registro de la conciencia y el salón de plenos del pensamiento.
SAN BASILIO

TODOS HEMOS TENIDO LA EXPERIENCIA DE OLVIDARNOS del nombre de alguien para, al cabo de cinco minutos, acordarnos de repente. ¿Cómo lo recordamos? ¿Qué pasa en el cerebro? Yo podría hacer la misma pregunta cuando el receptor de un órgano trasplantado comienza a recibir recuerdos de su nuevo órgano. ¿Qué ocurre para que puedan recibir esa información? Quizás no tiene nada que ver con el sistema nervioso, sino con otras formas de comunicación energética.

Los recuerdos se almacenan en todo nuestro cuerpo. Cada vez nos llegan más historias de receptores de trasplantes que reciben información de la vida de sus donantes. Y puede que la memoria no se limite a nuestro cuerpo. Ciertos tipos de sanadores clarividentes parecen ser capaces de captar nuestros recuerdos a través de los estados energéticos de distintas partes de nuestro cuerpo.

Sabemos que tenemos acceso a la memoria, pero ahora tenemos que descubrir cuál es el sistema mediante el cual se recupera y se trasmite la información. ¿Cómo se presentan los recuerdos en nuestra mente consciente, aunque no hayamos pedido esa información? Ésta es una pregunta interesante que, probablemente, ni tú ni yo llegaremos a responder.

Soulución del día

Conviene que nos mantengamos abiertos a los modos en que recuperamos la información de nuestra mente y nuestro cuerpo.

RECETA 263

LLANTO O VINO[39]

Somos libres hasta el punto en que elegimos,
pero luego la elección controla al que eligió.
MARY CROWLEY

ACABO DE ENVIARLE UN CORREO ELECTRÓNICO A UNA AMIGA en el que le digo que se pasa la vida quejándose, sea por la lluvia o por el dinero, y le he puesto «llora, llora, llora». Luego, mi personalidad múltiple se ha entrometido y me ha sugerido que escribiera «vino, vino, vino». Mi amiga se ha echado a reír cuando ha leído el correo, pero hay mucha sabiduría en este mensaje.

¿Te pasas la vida lamentándote por lo que ha ocurrido, lo que está ocurriendo o lo que te pueda suceder? ¿O bien haces un alto y, como dijo mi hijo al escuchar mi juego de palabras, «Te tomas un tiempo para cenar y beber una copa de vino»? No te estoy sugiriendo que entierres tus problemas mediante el consumo de alcohol. Estoy intentando que te des cuenta de que llorar y cenar no resuelve nada; pero sí puede resolverlo hacer un alto para cenar con una copa de vino.

Cuando nos tomamos un poco de tiempo para cuidar de nosotros mismos, y para servirnos a nosotros mismos y a los demás, la vida cambia. Tomarse un respiro es la clave. Siéntate tranquilo y, como dice la canción, «Da un sobro a una copa de vino y mira en tus ojos divinos». Esto es lo que intento decir y lo que hace que la vida tenga sentido. Tómate tiempo para sentarte y contemplar la belleza de la vida, y no la ahogues con el llanto.

Soulución del día

La marca del llanto o del vino, la variedad, el sabor y el año
que elijas dependen de ti.

---

39   El autor juega con las palabras inglesas *whine*, «gemir, lamentarse» y *wine*, «vino». *(N. del T.)*

NUEVOS AMIGOS

Y ahí estáis sentados, uno al lado del otro
durante dos horas, y ninguno de los dos le
habla al que está sentado a su lado.
HARRY LAUDER

ESTOY CANSADO DE VIAJAR, pero no de la gente a la que conozco cuando viajo. Cuando me siento en las salas de los aeropuertos o en el avión, me encanta ser un poco diferente, iniciar conversaciones y entablar nuevas amistades. Mi amigo Patch Adams dice que él, de vez en cuando, lleva consigo una caca de perro falsa en sus viajes. Una vez el avión ha despegado, Patch la arroja en el pasillo, cerca de su asiento. ¡De este modo hace nuevas e interesantes amistades!

Patch y yo hicimos muchos amigos una vez, recorriendo simplemente un aeropuerto. Él debe medir en torno a metro noventa, y llevaba puesto su extravagante traje de payaso. Yo no llego al metro ochenta de altura, y voy con la cabeza afeitada. Hace años, cuando a ninguno de los dos nos conocían demasiado, fuimos al aeropuerto después de asistir a una reunión. Mi mujer se quedó atrás, para que no la vieran con aquellos dos fugados de una institución mental. En realidad, mi mujer disfrutó muchísimo, viendo la reacción de la gente en el aeropuerto cuando se cruzaban con nosotros. Los dos hicimos muchos amigos con aquellas personas que tuvieron el coraje de acercársenos.

Yo siempre me acerco a esos chicos que van con el cabello de color púrpura, tatuados y vestidos de forma extravagante, y les pregunto, «¿Por qué estás intentando no llamar la atención?». Siempre se echan a reír y, en cuanto se dan cuenta de que no nos diferenciamos en gran cosa, hacemos buenas migas y nos hacemos amigos.

Soulución del día

¿Qué cosas creativas podrías poner en práctica para hacer
nuevos e interesantes amigos?

ENTENDIMIENTO PROFUNDO

La sabiduría, si no se filtra a través de la experiencia personal, no se convierte en parte del tejido moral.
EDITH WHARTON

LO QUE HABITUALMENTE LLAMAMOS «sabiduría» se trasmite en las familias de generación en generación debido al efecto beneficioso que ha tenido a lo largo de los años. Sin embargo, lo que muchos de nosotros llamamos sabiduría es en realidad entendimiento profundo. El entendimiento profundo es una fuente de sabiduría que no procede del miedo.

Aprende a no tener miedo de la vida y a no prestar atención a las ideas negativas, que proceden del miedo a la vida y no del hecho de vivirla. Me encanta lo que decía Mark Twain acerca de la experiencia: «Debemos estar muy atentos para extraer de una experiencia sólo la sabiduría que hay en ella… y detenernos ahí; a menos que seamos como la gata que se sienta sobre la tapa caliente de la estufa. La gata nunca más se volverá a sentar sobre una estufa encendida; y eso está bien; pero tampoco se volverá a sentar sobre una estufa apagada».

Así pues, aprende de las apreciaciones que obtengas y de los sabios que te precedieron, para que no seas como la gata de la que hablaba Twain. Si te educó una madre gata que no te enseñó estas cosas, sal y descubre la verdad por ti mismo.

Soulución del día

Las personas que se centren en lo que es bueno, positivo, cierto y sólido obtendrán la sabiduría.

SIMPATÍA[40]

No hay nada más dulce que sentir
la simpatía de alguien.
GEORGE SANTAYANA

LA SIMPATÍA, LA COMPASIÓN, NO ES sentir lástima por una persona que ha sufrido una pérdida o un problema importante. Ser «simpático» es ser grato, encantador y agradable. Sentir simpatía es conectar con la otra persona de tal modo que ésta no se sienta sola ante su problema. Si te da miedo experimentar el dolor de otra persona, entonces no serás capaz de sentir simpatía.

Del mismo modo que la simpatía no tiene nada que ver con sentir lástima, tampoco tiene que ver con la negación. Más bien, se trata de aceptar y de relacionarse con la persona, con lo que tu vida se hace más plena y te sientes más cerca de la otra persona. Sintiendo simpatía aprendemos en cierto modo a convertirnos en seres humanos.

El hecho de que sientas simpatía hará que otras personas se sientan atraídas por ti. No vendrán a contarte sus penas y a quejarse; vendrán para comprender. Cuando nos sentimos solos y nos estamos cuestionando la vida misma, una palabra o un contacto de comprensión simpática pueden trasformar nuestra experiencia y ayudarnos a sobrevivir. Adormecerse entre los brazos de la simpatía es un regalo que da lugar a la verdadera curación.

Soulución del día

Muestra tu simpatía con tus palabras y tus actos, pues nunca
sabes cuándo vas a necesitar tú esa misma simpatía.

---

40 *Sympathy* en el original inglés, «compasión», «solidaridad», con la connotación de compadecer (padecer con). La palabra castellana *simpatía* tiene el mismo significado etimológico, procedente del griego, y significa «sufrir juntos», si bien este uso se ha perdido en castellano. Podríamos haberla traducido por *empatía*, pero hemos tenido que dejarla así debido a lo que posteriormente dice el autor. *(N. del T.)*

INSTANTES DE PERSONA MAYOR

Ser un joven de setenta años es a veces más
alentador y prometedor que ser una persona de
cuarenta años.
OLIVER WENDELL HOLMES

ENVEJECER TIENE SUS VENTAJAS, como los descuentos que les hacen a las personas mayores y otros privilegios. Pero, para mí, lo mejor de envejecer es que vives el instante. Cuando vives el instante dejas de tener edad, y te permites vivir la vida de un modo diferente, una diferencia que todos deberíamos apreciar antes de hacernos mayores.

Cuando te haces mayor ya no tienes que explicar todo lo que haces que pueda resultarle absurdo a tu familia. Después de todo, eres mayor, y estás teniendo momentos de persona mayor.

Cuando vives el instante dejas de preocuparte y de darle vueltas a las cosas, y comienzas a contemplar el mundo que te rodea. Y es entonces cuando empiezas a ver un mundo mucho más interesante y hermoso. Te conviertes en un maestro y en un anciano sabio para los jóvenes, algo que sus padres no pueden ser.

Soulución del día

Cuando vives el instante, hasta tus «momentos de persona
mayor» dejan de importar.

INMORTALIDAD

Nada desaparece sin dejar rastro.
WERNHER VON BRAUN

ESTOY CONVENCIDO de que existen dos cosas que son inmortales: el amor y la consciencia. Mi amor sigue vivo en todas las personas a las que he amado y que me han amado. Piensa durante unos instantes en los momentos de tu vida en los que has sido amado o has amado, y sentirás un cambio perceptible en tu organismo. El amor sigue aún contigo desde aquella experiencia originaria.

Y también tengo la certeza de que la consciencia sigue existiendo sin el cuerpo; la consciencia simplemente es. Me resulta tan difícil de explicar el porqué de esta certeza mía como me resulta difícil explicar mi certeza de Dios. Hay muchas cosas inexplicables, como el hecho de que los ciegos vean cuando abandonan su cuerpo. Yo acepto ese hecho también, y no me complico con eso.

Sé que mi consciencia persistirá y que volverá a entrar en otro cuerpo en el momento del nacimiento. ¿Acaso puedo demostrarlo? Eso dependerá de si tienes una mentalidad abierta y de si estás dispuesto a aceptar las evidencias. Tanto si crees en ello como si no, disfruta de tu inmortalidad.

Soulución del día

*Vive eternamente a través de tu amor, y ten la certeza de que
tu consciencia perdurará eternamente.*

CUÁL CAMINO

La vida es así. Si no puedes llegar a tu destino
por un camino, inténtalo por otro.
ELSA SCHIAPARELLI

¿CÓMO SABER EL CAMINO A TOMAR? Tomar el camino más fácil no siempre es la elección adecuada. La clave estriba en mantener una mentalidad abierta y en no juzgar como bueno o malo el sendero en el que terminas, sino en esperar a ver adónde te lleva. Por otra parte, nunca aceptes la derrota; más bien, busca otros caminos que te lleven al punto donde esperabas llegar. Si mantienes una mentalidad abierta, ocurrirán cosas que no tenías planeadas, pero que terminarán siendo beneficiosas para ti. Quizás descubras que lo que tú pensabas que era un camino equivocado te lleva a situaciones y a personas que lo convierten en un buen camino.

No temas desviarte del camino normal, ni temas abrirte a senderos inusuales. Si optas por determinado camino por el hecho de que otras personas te lo recomienden, quizás te descubras de pronto en un rumbo equivocado. No dejes que los demás te digan adónde ir y cómo llegar allí. Sigue tu propio sendero.

Soulución del día

No importa el camino por el que decidas ir. En última
instancia, siempre será el camino correcto.

FELICIDAD NACIONAL BRUTA

*No conozco nada más alentador que la
incuestionable capacidad del hombre para
elevar su vida mediante un esfuerzo
consciente.*

HENRY DAVID THOREAU

HE ESCRITO ACERCA del significado de la palabra *bruto* y del producto nacional bruto de nuestro país, pero nunca había escrito de la felicidad nacional bruta.

Entonces vi el programa *60 Minutos*. En él se discutía sobre la política del Gobierno de Bután, que pretende implementar una política de felicidad nacional bruta. Quieren dotar a sus ciudadanos con todo aquello que necesitan para ser felices, como agua limpia, una alimentación adecuada y educación. Están controlando el turismo y están intentando ofrecer programas de televisión que les den a sus hijos algo más de lo que ofrecen nuestras emisiones vía satélite.

Si tendrán o no éxito en su empeño es algo que está por ver, pero me llena de gozo el mero hecho de enterarme del interés de ese Gobierno en la felicidad de sus ciudadanos, y no en ser más grandes, mejores o más ricos que los demás.

Soulución del día

*¿Qué se precisa para la felicidad? Quizás convendría que
volviéramos a meditar a fondo la respuesta.*

ESCUCHA LOS SONIDOS

*La sordera es, con diferencia, más oscura
que la ceguera.*
HELEN KELLER

NOS PASAMOS LA VIDA OYENDO COSAS; pero, en realidad, ¿escuchamos lo que oímos? Para mí, oír no tiene que ver con las sensaciones que me llegan al nervio acústico a través de las ondas sonoras de mi entorno. Esté donde esté, yo oigo cosas, pero no siempre proceden de los sonidos que hay a mi alrededor.

El otro día me senté en una sala del aeropuerto y me puse a escuchar de verdad. Me quedé sorprendido con la diferencia. Se parecía más a una meditación, porque oí la vida yendo y viniendo a mi alrededor, y no sólo el ruido. Se convirtió en parte de mí y de mi vida, y no en una intrusión.

Creo que ahora sí comprendo los sonidos del silencio. No tiene que ver con estar sordo a los sonidos de la vida, ni con la ausencia de sonidos, sino con la capacidad para oír y escuchar la vida que nos rodea y que anida en nuestro interior.

Soulución del día

*Tómate algún tiempo hoy para escuchar los sonidos
del silencio.*

QUIÉN ES SALVAJE

*En la naturaleza salvaje se halla la
preservación del mundo.*
HENRY DAVID THOREAU

CUANDO ME DOY UN PASEO POR LA NATURALEZA me doy cuenta de lo hermosa que es y lo bien ordenada que está. Aunque pueda parecer algo sencillo, sé lo compleja que en realidad es, y sé que se requieren innumerables relaciones, incluida la muerte de algunos seres, para su supervivencia. Y creo que es inapropiado dar el nombre de «naturaleza salvaje» a algo tan hermoso y tan inteligente. Me parece que los salvajes somos nosotros, perdidos en la espesura de nuestras tentativas en la creación.

Nuestras vidas y nuestras ciudades parecen bastante más salvajes y desordenadas en su naturaleza y en su proceder que la intacta naturaleza salvaje. Aunque la verdad es que no está intacta, pues la tocó la mano de Dios; pero nosotros no conseguimos ver la belleza y el orden que hay en ella, y seguimos haciéndola pedazos reemplazándola por nuestra supuesta civilización.

La naturaleza salvaje no es salvaje, y la civilización no es civilizada. Tenemos que volver a la totalidad de la naturaleza e ir de nuevo de la mano con ella. Ahí es donde reside la verdadera paz y el verdadero orden que tenemos que recuperar en nuestra vida, si de verdad queremos ser civilizados.

Soulución del día

*Pasa algún tiempo en la naturaleza…
sintonizando con tu verdadera naturaleza.*

SANADOR HERIDO

*Tu dolor es la rotura del caparazón que
encierra tu entendimiento. Es la poción
amarga mediante la cual el médico que hay
dentro de ti cura a tu yo enfermo.*
KAHLIL GIBRAN

YO TENGO MIS PROPIAS HERIDAS, pero también he aprendido mucho de otras personas que están heridas; ellas son mis maestras, pues han estado en aquellos lugares adonde otros temen ir.

Algunos médicos han sido muy críticos conmigo y con mi trabajo, hasta que ellos o sus seres queridos enfermaron gravemente. Entonces, yo me convertí en un valioso activo en su deseo de sanar. Nuestras heridas nos abren a la experiencia de la enfermedad y del dolor. Dejamos de ser turistas en una tierra extraña y nos convertimos en nativos de ella. Entonces es cuando somos capaces de unirnos a los afligidos en su viaje. Yo no tengo miedo de entrar en sus oscuras habitaciones y vidas, o en los oscuros rincones de sus mentes para ayudarlos a encontrar la luz. Yo también he estado en la oscuridad, y he aprendido a encontrar la luz.

Todos estamos heridos; pero nuestro poder se deriva de nuestras heridas. Estar quebrado en la rueda de la vida es encontrar el secreto de la verdadera curación. Vivir con miedo es negarte a ti mismo la capacidad de sanar y de convertirte en sanador.

Soulución del día

*No temas a la enfermedad física. A veces,
es la mayor de las maestras.*

SERENIDAD

*Encontré la serenidad cuando dejé
de juzgar a los demás.*
EMILY Y CLARENCE W. HALL

ES BASTANTE MÁS FÁCIL ser crítico con tu familia o con tus vecinos que ser crítico contigo mismo. Cuando nos pasamos la vida juzgando a los demás nos evitamos ver nuestras propias debilidades, y tenemos una explicación para todo lo que nos parece mal. Uno de mis hijos, Jonathan, tenía un amigo invisible cuando era niño, un amigo que se llamaba Michael. Cada vez que Jon hacía alguna travesura, decía «Lo hizo Michael». En la actualidad es abogado. Deberíamos haberlo supuesto.

A lo mejor miras por la ventana y ves que la ropa recién tendida de los vecinos está sucia, hasta que te das cuenta de que son los cristales de tu ventana los que están sucios; y cuando limpias tus ventanas te encuentras con que la ropa de tus vecinos está muy limpia. Si miras por la ventana de la inculpación jamás encontrarás la paz.

Antes de enjuiciar nada, entérate con detalle de los hechos y de las circunstancias. Lo que descubras de este modo puede que te haga cambiar de opinión. Fíjate en las cosas buenas de la gente, y no en sus defectos, y deja que sea Dios quien juzgue. Inténtalo, y encontrarás la serenidad.

Soulución del día

*Despréndete de las censuras y verás hasta qué punto
serenas tu vida.*

RECETA 275

¿PUEDES ESCUCHAR?

Ése es el motivo por el cual, en la preparación de nuestros dependientes, les insistimos en esto: «Escucha antes de actuar».
JOHN MCGRATH

TENGO UNA CITA DE FUENTE ANÓNIMA que dice, «La comunicación comienza cuando yo comprendo lo que tú piensas que has dicho». Escuchar es una habilidad que poca gente desarrolla. Nos aburrimos, dejamos vagar nuestra mente, pensamos en lo que vamos a responder, dejamos de responder por el teléfono para responder la llamada de la otra línea… No estamos escuchando.

Estamos en nuestras cosas y en nuestro mundo. Hasta que no pierdes la capacidad auditiva no te das cuenta de que no estás escuchando. Prueba a conectar tus oídos durante un día, y te convertirás en un escuchador mejor. No te estoy diciendo que escuches cosas sin sentido; te estoy pidiendo que escuches y no juzgues, pues así escucharás de verdad. Para escuchar bien no es necesario estar de acuerdo con lo que te dicen.

Un buen escuchador participa y se concentra en lo que se dice. No formula una respuesta y deja de escuchar mientras la otra persona aún está hablando. Cuando escuchas de forma inteligente, la gente te dice más. Todos somos cuentacuentos, y tenemos que escuchar los cuentos de los demás.

Soulución del día

Esfuérzate por mejorar tus habilidades de escucha para que puedas convertirte en un «inspirado escuchador».

DEMASIADO PESADO

Respira profundamente, cuenta hasta diez y
enfréntate a cada tarea pasito a pasito.
LINDA SHALAWAY

¿QUÉ HACES cuando alguien te pide que trasportes una piedra que pesa tanto que ni siquiera puedes levantarla? ¿Qué haces cuando los problemas a los que te enfrentas te parecen insuperables? Pues bien, puedes trasportar la piedra rompiéndola en pedazos primero, y lo mismo puedes hacer con tus problemas. No te abrumes; comienza trabajando con un trozo pequeño, y encontrarás la solución.

Descompón esos trabajos o problemas que te parecen insuperables, que te parecen demasiado pesados. Toma los pedazos de uno en uno, día tras día, hasta que lo que un día te pareció insuperable se haga manejable y lo termines. Entonces te embargará una agradable sensación de logro, y te darás cuenta de lo mucho que eres capaz de hacer.

Soulución del día

Cuando algo te parezca pesado, pártelo en pedazos, hasta que
uno de esos trozos te parezca lo suficientemente ligero como
para trasportarlo. Comienza por ahí.

SIMPLEMENTE SER

No hay caminos hacia la paz;
la paz es el camino.
A. J. MUSTE

¿CUÁNTAS VECES te has desesperado al ver que no llegaba el taxi que tenía que llevarte al aeropuerto o a cualquier otro lugar al que veías que llegabas tarde? Uno se siente embargado por la inquietud, la frustración y la impotencia; y, sin embargo, ¿qué se consigue con eso?

Un budista se alojaba en un apartamento con unos amigos. Cuando llegó el momento de partir, bajó a la calle para esperar el taxi que le tenía que llevar al aeropuerto. Un rato más tarde, cuando sus amigos miraron por la ventana, el hombre estaba aún allí. Obviamente, el taxi llegaba tarde; pero lo que más impactó a sus amigos, que le miraban desde arriba, fue que «no estaba esperando, no iba de aquí para allá, impaciente; estaba en paz; sumido simplemente en ser».

Me llevó un tiempo cultivar ese estado de ser. Pero meses después, cuando me llevaban por entre las montañas de Colorado hasta el aeropuerto de Denver y se nos pinchó una rueda, estaba finalmente preparado. Cuando la mujer que me llevaba no encontró el gato y me dijo que lo tenía su marido en el otro automóvil, yo seguía estando preparado. Cuando un camionero se detuvo y se ofreció a ayudarnos, y cambió la rueda con más rapidez de lo que lo hubiera hecho yo con las herramientas adecuadas, yo estaba preparado.

Soulución del día

Aprende a aceptar los pinchazos de ruedas espirituales en la vida, que te ponen en sintonía con el horario del Creador.

MUERE RIENDO

El humor es una afirmación de la dignidad del hombre, una declaración de la superioridad del hombre ante todo cuanto le acontece.
ROMAIN CARY

¿CÓMO PUEDE UNO MORIRSE RIENDO? Cuando estés preparado para partir y tu familia esté sentada alrededor de tu lecho de muerte, ¿de qué hablarán para elevarte la moral? ¿Dispondrán de historias divertidas que contar sobre tu vida?

Ahora bien, si no recuerdan ninguna, estás en un aprieto. Mi padre se murió riendo con las historias que mi madre le contaba de cuando eran jóvenes; como, por ejemplo, que tuvo que invitarla a salir por haber perdido al echar una moneda al aire.

Si crees que tu familia no tiene suficiente material, ponte manos a la obra y recopila un catálogo de tonterías que ellos puedan ayudarte a recordar. Yo tengo una gran lista de cosas divertidas, como una vez en que la policía me detuvo porque sospecharon de mí al verme correr con dos grandes bolsas en las manos. Yo tan sólo iba recogiendo desperdicios reciclables mientras hacía *jogging,* y una mujer pensó que yo era un ladrón que huía de su casa. Aquello hizo que los policías se partieran de risa, después de haberme rodeado en la calle y haberme dado un susto de muerte. Pero tengo también un repertorio de payasadas y locuras mías de las veces en que salimos a cenar fuera o nos vamos de compras. Cuando yo me muera, mi familia recordará todas estas cosas y se reirán también.

Soulución del día

Empieza a crear y recopilar historias y recuerdos suficientemente divertidos como para que tu familia te los cuente en tu lecho de muerte.

CONSIÉNTETE UN CAPRICHO

Si los adultos fueran un poco más como los niños y se permitieran jugar y consentirse un capricho con más frecuencia, el mundo estaría dirigido por personas más felices.
ANDY MARIKA

¿CON CUÁNTA FRECUENCIA te dejas llevar por el impulso de hacer algo creativo, algo de lo que disfrutes? ¿Tuviste alguna vez una idea creativa para tu casa o para el trabajo y no te atreviste a hacerla por miedo a las críticas? Si es así, ya va siendo hora de decir, «¿A quién le importa lo que piensen?». Si sientes el impulso de hacer algo, hazlo.

¿Por qué limitarte a ideas y actividades serias? Deja que el niño o la niña que hay en ti se consienta un capricho o un antojo. Haz cosas que, desde tu punto de vista, mejoren el mundo, o que simplemente te den unos momentos de alegría. Lo que a los demás les puede parecer trabajo puede ser un tiempo agradable y bien empleado para ti.

Si uno de tus hijos se queda absorto haciendo algo divertido que tú crees que no tiene nada de educativo o que no tiene sentido, siempre y cuando no sea dañino, no lo importunes. O, mejor aún, únete a él y descubre lo que se siente cuando uno se implica en sus emociones y sus deseos. Nunca digas que una actividad que te hace sentir bien no tiene sentido. Tiene muchísimo sentido hacer cosas que nos hacen sentir bien.

Soulución del día

Consiéntete un capricho todas las semanas. Eso mejorará tu vida. Aprenderás a hacerte pequeño, no mayor.

¿PRISIÓN O PATIO DE RECREO?

*No existe ni una pizca de evidencia a favor de
la idea de que la vida es seria.*
BRENDAN GILL

LA CANCIÓN DICE que la vida no es más que un cuenco de cerezas. Todos estamos cumpliendo una condena, la condena de vivir; y así, como dice la canción, si la vida es un cuenco de cerezas, ¿por qué no disfrutar de sus frutos en lugar de amargarnos la existencia? ¿Por qué no buscas la manera de que tu tiempo se convierta en un regalo para ti mismo y para la humanidad?

Uno puede jugar mientras está en prisión; no hay normas que digan que no se puede pasar un buen rato estando confinado. El humor infantil y el hecho de vivir el instante le llevan a uno a una vida más alegre. E igual de importante es el modo en que decidas ver tus circunstancias.

Una mujer ciega y nonagenaria entró en una residencia de ancianos cuando murió su marido. Mientras la sentaban en una silla de ruedas, exclamó:

—¡Qué sitio más bonito!

—¡Pero, si acaba de llegar! –dijo la auxiliar–. ¡No puede saberlo! ¿Cómo puede decir eso?

—Soy yo quien elige lo que veo –respondió la mujer–, y he decidido ver belleza.

Todos podemos ver nuestra vida así también.

El otro ingrediente que vas a necesitar es fe. La fe te proporciona algo firme a lo cual sujetarte. Con la fe puedes enfrentarte a cualquier cosa. La fe, el humor y una visión positiva te ayudarán a sobrevivir en el confinamiento de la vida y a cumplir íntegramente con tu sentencia de vida.

Soulución del día

Quizás no pudieras controlar tu nacimiento, pero sí que tienes la opción de determinar cómo vas a pasar tu vida. Tú eres la única persona que puede cumplir tu sentencia y determinar si pasarás la vida en una prisión o en un patio de recreo.

CANTIDAD Y CALIDAD

Es la elección, y no la casualidad,
lo que determina tu destino.
JEAN NIDETCH

LA FÍSICA CUÁNTICA me ha hecho ver la naturaleza de la vida y las verdaderas relaciones entre cantidad y calidad. Normalmente, cuando se piensa en un producto de calidad, como un buen automóvil, se piensa que es algo que muchos desean y que, por tanto, se debe de producir en cantidad. El número de unidades vendidas, en este caso, depende de su calidad.

Muchas personas se pasan la vida acumulando dinero y objetos con el fin de impresionar a los demás con todo lo que poseen. Pero, ¿de qué nos sirve esto como seres humanos? El 95 por 100 de las personas que han ganado un premio gordo en la lotería te dirán que, al cabo de cinco años, habían arruinado su vida. La cantidad no es la solución a los problemas de la vida.

Ahora, entremos en el mundo de la física cuántica y veamos lo que ocurre cuando le añadimos un electrón a un átomo ya existente: que, cambiando la cantidad del átomo, cambiamos también su calidad.

Y lo mismo ocurre con los seres humanos. Cuando incrementamos o alteramos la cantidad de información, creencias y actividades significativas en nuestra vida, en lugar de la cantidad de objetos, mejoramos la calidad de nuestra vida.

Soulución del día

A diferencia del átomo que el científico altera, nosotros
podemos elegir qué queremos añadir a nuestro universo
personal. Elige sabiamente.

RECETA 282

RELACIÓNATE

La persona que opte por vivir sola no florecerá como ser humano. Su corazón se marchitará, si no responde a otro corazón. Su mente retrocederá, si sólo escucha los ecos de sus propios pensamientos y no encuentra otra inspiración.

PEARL S. BUCK

LA VIDA TRATA DE RELACIONES. Si la vida en soledad no fuera aburrida, no estaríamos aquí. Piensa en ello: imagina que eres el Creador, y estás ahí sentado, solo, en un día maravilloso, y otro día, y otro día, y así hasta el infinito. Un día te levantas y piensas, «Esto es aburrido, día tras día»; de modo que creas a otros seres vivos con los cuales relacionarte y de los cuales diferenciarte. Ahora ya sabes quién eres.

El modo en que te relacionas con los demás determina en gran medida la calidad de tu vida. Las investigaciones demuestran que las personas con fuertes conexiones espirituales y relaciones con otros seres vivos, desde las plantas hasta las personas, viven más y tienen una vida más saludable. En un reciente estudio con ancianos se demostró que aquellos ancianos o ancianas que se dedicaban a cuidar de otros en sus últimos años vivían más tiempo.

Así pues, date la posibilidad de vivir una vida larga y saludable dedicándote a los demás y cultivando relaciones curativas. Claro está que perderás familiares y amigos a lo largo del camino, pero las pérdidas se verán superadas por las ganancias. Encontrarás apoyo en las relaciones que te queden y llevarás contigo el recuerdo de los demás para siempre, igual que hace el Creador, que ya no tiene tiempo para aburrirse ni estar solo.

Soulución del día

Relaciónate con tu vida. Relaciónate con otras personas. Relaciónate con todos los seres vivos.

RECETA 283

EL ELEFANTE

*Tres ciegos tocaron a un elefante. El primero lo
agarró por una pata y dijo, «Creo que un
elefante es como el tronco de un árbol». El
segundo lo agarró por la trompa y dijo, «Un
elefante es como una serpiente grande».
El tercer ciego dijo, «Un elefante es como una
muralla», mientras tocaba
el costado del animal.*
PARÁBOLA DE LA INDIA

TODOS CONOCÉIS LA HISTORIA del elefante que entró en una región donde
vivían multitud de ciegos. Todos querían saber qué aspecto tenía un elefante, de modo que, cuando lo capturaron, permitieron que todo el
mundo lo tocara. Evidentemente, las descripciones que hicieron de él
fueron muy diferentes, dependiendo de la parte del animal que habían
tocado.

Esta historia nos enseña que, en tanto no tengamos la imagen completa de algo, no sabremos lo que está pasando, y que será mejor no reaccionar si nos basamos en un conocimiento limitado. Si todos los ciegos
hubieran compartido sus percepciones podrían haber dado con la verdad, en lugar de quedarse con sus impresiones individuales.

Si, debido a las circunstancias, no dispones de todos los hechos y no
puedes ver el cuadro en su conjunto, tómate más tiempo. Así, podrás
acumular el conocimiento que necesitas para que tu reacción ante las
circunstancias que realmente se dan sea la adecuada.

Soulución del día

*No tengas prisa ni pienses que has visto todo el cuadro hasta
que estés seguro de haber tocado al elefante entero.*

RECETA 284

TIEMPO

La vida es preciosa, y el tiempo es un elemento clave. Hagamos que cada instante cuente.
HARMON KILLEBREW

EL TIEMPO ES LO ÚNICO QUE TENEMOS, y lo es todo; de modo que, ¿para qué desperdiciarlo? Vivir en un cuerpo significa que vivimos en el tiempo. Y, si queremos conseguir algo con estos cuerpos que se nos han dado, tendremos que hacer un uso sabio del tiempo.

Un amigo mío, el fallecido escritor y antropólogo Ashley Montagu, me dijo algo que no olvidaré jamás. Me dijo, «Si tienes que morirte, hazlo en un claustro de profesores. Nadie se dará cuenta del fallecimiento». Si una buena parte de tu vida se dilapida en ese estado de animación suspendida, mejor será que salgas y que hagas algo. No es divertido vivir entre muertos vivientes.

Soulución del día

Combina tu buen sentido con tus pasiones. Y recuerda que el tiempo es una preciosa mercancía.

RECETA 285

SILENCIO

*Toda esta cháchara, confusión, ruido,
movimiento y deseo se hallan fuera del velo;
tras el velo hay silencio,
calma y descanso.*
BAYAZID AL-RISTAMI

*Fax, teléfono, correo, vida,
¿de quién es esta casa?
¿Qué es lo que quieren?
¿Dónde está el silencio?
Me acuerdo de no oír nada,
rodeado de dunas de arena y naturaleza.
¡Dios, qué hermoso y ensordecedor es el silencio!
El silencio ahoga al fax, a los teléfonos y al correo.
¡El silencio es tan sonoro!
Necesito estar en silencio dentro,
hasta que pueda retornar al silencio de fuera.*

Soulución del día

*Cuando el ruido de tu vida se haga ensordecedor, escucha el
silencio interior. Pero, cómo no, si puedes hacer una escapada
hasta la orilla del mar, eso también te será de gran ayuda.*

RECETA 286

EL MAGO DE OZ

Estamos de maravilla cuando al médico que reside dentro de cada paciente se le da la oportunidad de trabajar.
ALBERT SCHWEITZER

TODOS TENEMOS UN MAGO DE OZ en nuestro interior. A veces pienso que es un Mago de Odd;[41] pero, sea como sea, este mago puede hacer cosas sorprendentes. Por ejemplo, imagina que formas parte de una investigación para un nuevo tratamiento contra el cáncer, y que te hacen tomar laetril. Tu tumor desaparece y te sientes estupendamente, hasta que el informe del estudio dice que el laetril no funciona. Entonces, tu tumor regresa. Tu médico dice que tiene un laetril nuevo y refinado, y te explica que en la investigación fracasó porque no se había refinado adecuadamente. Te trata con laetril y el tumor desaparece de nuevo. Más tarde, aparece un informe final del estudio donde dice que el laetril no funciona, y tú te mueres al cabo de pocos días.

Los placebos pueden detener la caída del cabello casi tan bien como los fármacos que hay actualmente en el mercado. Los placebos pueden detener una hemorragia, el dolor, las náuseas y los vómitos, y otras muchas cosas. Una de mis pacientes tenía náuseas y le pidió a su hija que le trajera el Compazine de su mesilla de noche. La hija le dio una píldora, la mujer se la tomó y se sintió bien al cabo de pocos minutos. Y aquella misma noche, ella y su hija se dieron cuenta de que, en lugar de Compazine, la hija le había dado Coumadin, un anticoagulante, porque la hija había visto la letra *C* en la píldora y había supuesto que era Compazine.

Los médicos les frotan la piel a los niños con alcohol antes de ponerles una inyección. Cuando hago esto, yo siempre les digo a los niños que les voy a adormecer la piel. Un tercio de ellos dicen que no sienten dolor, otro tercio dice que funcionó a medias, y el otro tercio restante dice, ay, eso no ha funcionado en absoluto. El tratamiento que cura quizás no sea

---

41 *Odd* significa «raro, extraño». *(N. del T.)*

lo que realmente te cure; puede deberse más al hecho de que tú crees en
él, y al Mago de Oz que vive dentro de cada uno de nosotros.

Soulución del día

Llama al Mago siempre que necesites curarte.

¿SEXO DÉBIL?

La mayor parte de los hombres se conducen de forma ruda y brusca externamente porque internamente estamos asustados, somos débiles y frágiles. Los hombres, y no las mujeres, somos el sexo débil.

JERRY RUBIN

DE LAS MUJERES SE SUELE DECIR que son el sexo débil, pero lo que está fuera de toda duda es que las cualidades femeninas son cualidades de supervivencia. Y este hecho se sustancia en las estadísticas.

Innumerables estudios han venido a demostrar las diferencias existentes entre las cualidades de los hombres y de las mujeres. Las mujeres se sienten cómodas conversando y explorando sentimientos. Los hombres siempre intentan arreglar las cosas, y se frustran cuando un problema no se puede resolver a un nivel mental o físico. A veces, cuando no quieren abordar un problema directamente, se retiran o desaparecen.

Conozco a un hombre que nunca se ofreció a echar una mano en las tareas domésticas. Iba a trabajar todos los días a la oficina y, luego, volvía a casa y se negaba a hacer nada por ayudar a su mujer. Incluso cuando ella se lo pedía, él siempre encontraba excusas. Pasaron los años, y llegó un momento en que la mujer dejó de pedirle nada.

Cuando el hombre murió fue cuando, por fin, fue de ayuda en casa. Tras la incineración, la mujer puso sus cenizas en un temporizador de cocina, y ahora la ayuda cuando está haciéndose la cena o cuando tiene invitados a cenar.

Soulución del día

Siempre existen opciones cuando se tiene una mentalidad abierta.

RECETA **288**

ESTACIONES

La primavera pasa, y uno recuerda su propia
inocencia.
El verano paso, y uno recuerda su propia
exuberancia.
El otoño pasa, y uno recuerda su propia
reverencia.
El invierno pasa y uno recuerda su propia
perseverancia.
YOKO ONO

CADA ESTACIÓN tiene sus propios dones y efectos en las personas. Durante el invierno, la gente hiberna, y la mayoría no sueña, aunque duerma. Tras las vacaciones invernales, las páginas de necrológicas se llenan. Y te habrás dado cuenta de que, cuando llega la primavera, estas páginas no están tan ocupadas con caras y nombres. Pero durante la estación fría, la gente se sienta en la oscuridad y pierde la voluntad de vivir, en vez de utilizar el tiempo para meditar, soñar, escuchar, leer, aprender o crear. No hacen como las semillas, que se preparan para la primavera, cuando todo brota con nueva vida y energía bajo el calor del sol.

La luz de la primavera nos despierta y nos llama para que salgamos de la oscuridad y la depresión. Nos pide que salgamos, y nuestro espíritu se reanima. La primavera despierta al superviviente que hay dentro de cada uno de nosotros. Salimos a la luz y sentimos el calor del sol en nuestra piel, estimulándonos para participar activamente en la vida de nuevo, para florecer e ir en pos de lo que nos sustenta. Allá donde miramos nos encontramos con nueva vida y nuevos colores, y no podemos resistir la llamada a la vida que nos hace la naturaleza.

El sol estival saca de nosotros ese carácter juguetón y alegre. Es el momento de las vacaciones y del descanso. El otoño nos recuerda con sus brillantes colores que disfrutemos de la luz mientras aún la tengamos, que nos expongamos ante nuestro singular color y naturaleza, y que nos preparemos para los oscuros tiempos que se aproximan. Cada estación ofrece sus propias lecciones y bendiciones.

Soulución del día

Utiliza las estaciones para aquello para lo que fueron creadas.
Estate preparado para brotar y florecer.

RECETA 289

AMÉRICA

Los hombres se convierten en lo que son,
hijos de Dios, convirtiéndose en lo que son,
hermanos de sus hermanos.
MARTIN BUBER

EL PREÁMBULO de la Declaración de Independencia de Estados Unidos dice, «Nosotros sustentamos estas verdades como evidentes; que todos los hombres son creados iguales; que están dotados por su creador de ciertos derechos inalienables; que entre estos derechos están la vida, la libertad y la búsqueda de la felicidad».

Pero, ¿somos todos iguales? Mis antepasados vinieron a este país para escapar de las persecuciones y salvar la vida. Hay norteamericanos cuyos antepasados fueron traídos por la fuerza como esclavos. No hay una única experiencia americana, aunque nuestra declaración y nuestras leyes hablen de igualdad de trato. En tanto las personas no se vean a sí mismas y a los demás como miembros de una misma familia, no habrá igualdad.

Cuando piensas en los muchos países que hay en el mundo, y que cada uno de ellos tiene un montón de grupos minoritarios, te das cuenta de los problemas que tenemos y vamos a tener. En tanto no nos convirtamos en un único planeta bajo Dios, o no bajo Dios, bajo cualquier cosa que haga a todo el mundo feliz, con libertad y justicia para todos, no seremos nada.

Yo doy charlas por todo Estados Unidos, y también fuera del país, y veo las diferencias entre las personas. Pero siempre puedo encontrar temas comunes de los que charlar, porque todos sufrimos la misma aflicción: la vida. Cuando la vida se convierta en un problema de familia, me sentiré orgulloso de decir que soy americano y ciudadano del mundo.

Soulución del día

Sé amante y miembro de la familia humana, y deja tu
nacionalidad para el final.

AYÚDAME A VIVIR

No me lo puedo llevar a usted a mi casa,
de modo que tengo que aprender a vivir entre
visita y visita a su consulta.
UNA PACIENTE

PROVOCA TRISTEZA VER lo mal preparados que estamos para la vida. Hace unos ochocientos años, el filósofo y médico judío Maimónides escribió un libro titulado *Guía de perplejos.* Las cosas no han cambiado mucho; seguimos necesitando un libro titulado *Guía del viajero para la vida.*

Con el fin de orientar a mis pacientes en los momentos difíciles, puse en marcha unos grupos de apoyo para ayudarles a vivir entre visita y visita a la consulta. Ayudarles a vivir significa hacer que se den cuenta de que tienen permiso para vivir su vida, para moverse, para cambiar de empleo, vivir en la costa o en las montañas, ponerse sus viejos pantalones tejanos y hacer simplemente lo que sienten que es correcto. Y lo que descubrí fue, cómo no, lo que todo el mundo sabe pero no se les enseña a los médicos: que si ayudas a la gente a vivir de verdad, eso será bueno para su salud, y que muchos de ellos no se mueren cuando «se suponía» que tenían que morirse.

No necesitamos ayuda para vivir en un sentido físico. Nuestro cuerpo sabe muy bien cómo se hace eso. No necesita instrucciones; necesita los mensajes correctos. Necesitamos ayuda para aprender a vivir conscientes de nuestros sentimientos. No hay motivo para sentirse perplejos. Si puedes sentir, puedes sanar tu vida, y quizás cures tu cuerpo como efecto secundario.

Soulución del día

Estate siempre abierto a la ayuda, tanto a la hora
de darla como de recibirla.

CEREMONIA DE ENTREGA DE PREMIOS

La gloria sigue a la virtud como si fuera su sombra.
CICERÓN

HAY MUCHAS CEREMONIAS en las cuales se rinden honores a algunas personas por cosas que yo cuestiono. Muchos de los premios no parecen tener sentido, o bien son muy superficiales. Lo que necesitamos es un premio para reconocer a seres humanos destacados.

Mi amigo Ashley Montagu estaba ciertamente de acuerdo. Decía, «En las graduaciones, se dan muchos doctorados *honoris causa* a los culos de caballo»,[42] y esperaba que algún día «le den un doctorado a un caballo entero».

¿Por qué admiramos lo superficial y lo relacionado con las cosas materiales? Deberíamos respetar y honrar a las personas por cosas tales como la sabiduría, la compasión, la caridad, el amor y la fe. Y también lo hacemos. También concedemos premios por nobles acciones; pero con más frecuencia, y casi siempre en horas de máxima audiencia en televisión, vemos la concesión de premios absurdos que se olvidan al cabo de dos semanas.

Esperemos que algún día haya un premio de «caballo entero». Sería como los Oscar, pero con bastante más sentido.

Soulución del día

Vive cada día como para que te concedan el premio del «caballo entero».

---

42 *Horse's asses,* en el original inglés, persona estúpida o incompetente. *(N. del T.)*

EL DESFILE DE LA VIDA

Olvida los errores del pasado. Olvida los fracasos. Olvídalo todo, salvo lo que vas a hacer ahora, y hazlo.
WILLIAM DURANT

LA VIDA ES UN DESFILE. A veces hacemos la marcha y nos damos cuenta de que nos hemos pasado de largo aquello que estábamos buscando. ¿Qué hacemos? ¿Pararnos y salirnos del desfile? ¿Seguir en la marcha con nuestros lamentos? ¿Sentirnos fatal por lo mal que lo hicimos o porque todo lo que queríamos estaba en el otro lado de la calle? ¡Aquello ha pasado! ¡Olvídalo y sigue el desfile!

A veces, nuestro desfile no es tan bonito, y el público no se muestra demasiado interesado en nosotros. Si llevamos a rastras todo aquello que nos ha ocurrido, destruiremos el presente. Si vivimos en el pasado, no tendremos futuro.

A veces hablamos, incluso, de vidas pasadas. Tanto si crees en eso como si no, se aplican los mismos principios. Si te sumerges en una vida pasada, te estás perdiendo la vida presente. Durante la terapia, la gente consigue comprender por qué se comportan como se comportan y de qué modo les afecta el pasado. Aprenden a soltarse, a seguir adelante, y a no sentarse en el mismo pupitre de la misma aula año tras año. Se gradúan e inician una nueva vida.

Soulución del día

El pasado ya pasó, a menos que tú lo hagas renacer cada día.

RECETA 293

DOSIS DIARIA

Nos hemos olvidado del antiquísimo hecho de que Dios habla principalmente mediante sueños y visiones.
C. G. JUNG

LO QUE NECESITAMOS A MODO DE DOSIS DIARIA para estar bien es una historia cada día y un sueño cada noche. Cuando estamos dispuestos a ver de lo que trata nuestro relato educativo del día, y recordamos nuestro sueño nocturno, aprendemos y nos desarrollamos a partir de nuestro mejor maestro, el Yo Interior.

Nuestro Yo Interior nos habla a través de los sueños y de los relatos diarios. Cuando prestamos atención a estas historias y sueños, nuestra mente se ve más capaz de procesar nuestros propios humos del tubo de escape. Los humos se hacen tóxicos en nuestro interior, hasta que dejamos que entren en nuestra consciencia consciente a fin de reciclarlos y desprendernos de ellos. Las historias y los sueños protegen a nuestro verdadero yo; y, si se toman como dosis diaria, nos curan.

Soulución del día

Reflexionar a diario sobre tus historias y tus sueños te permitirá mantener al médico a distancia.

PRÁCTICAS DE TIRO

Tienes que ser cauteloso si no sabes adónde vas,
porque quizás no llegues allí nunca.
YOGI BERRA

TU OBJETIVO EN LA VIDA es lo que te permite seguir tu rumbo. Así pues, antes de apuntar, asegúrate de haber elegido la diana correcta.

¿Adónde estás apuntando? ¿Cuál es tu objetivo? ¿Qué metas estás intentando alcanzar? ¿A qué estás intentando darle? Ésas son las preguntas que tienes que formularte, porque son las que te dirán cuál es tu dirección y dónde terminarás.

Cuantas más prácticas de tiro hagas más probable será que des en el centro de la diana.

Soulución del día

Tómate tiempo para reenfocarte en tu objetivo. Formúlate las preguntas con frecuencia, para asegurarte de que atinas en el centro.

RECETA 295

¿OMNIPOTENTE O IMPOTENTE?

*La creencia en un Dios no omnipotente es
menos deprimente que la creencia de que los
destinos del universo se hallan a merced de un
ser que, con los recursos de la omnipotencia a
su disposición, optó por no hacer
un universo mejor que éste.*

JOHN M. E. M'TAGGART

NO CREO que los aspectos caóticos de la existencia demuestren o dejen de demostrar nada acerca de Dios. Para sobrevivir, los seres vivos tienen que estar preparados para el cambio. Si tu corazón no pudiera cambiar su ritmo cardíaco, podrías morir en situaciones de estrés. Y lo mismo ocurre con el clima; si nunca lloviera y siempre estuviera soleado, ¿cómo sobreviviríamos? Quizás nos preguntemos, «¿Qué necesidad hay de tornados y de terremotos?». Pero, quizás gracias a ellos, podamos sobrevivir también a otros sucesos.

No creo que nadie haya resuelto todo esto, pero sí creo que existe una inteligencia, una energía y una consciencia detrás de todo; o, de lo contrario, no estaríamos aquí. Si les preguntas a los astrónomos acerca de la posibilidad de que todo esto ocurriera accidentalmente, al igual que nuestra supervivencia, te dirán que en modo alguno es accidental.

Así pues, puede que nuestro Dios no sea omnipotente, ni tampoco impotente, sino tan sólo un buen contratista que ha incorporado en la construcción la capacidad para sobrevivir a acontecimientos caóticos. Si sólo estuviéramos preparados para un mismo entorno día tras día, cualquier cambio nos destruiría.

Soulución del día

*Creas en lo que creas, tienes que aceptar el cambio
como parte del plan divino.*

RECETA 296

PERFECCIÓN

El punto de partida es que (a) las personas no son perfectas, pero el amor puede serlo, (b) que ésta es la única manera en la que el mediocre y el miserable pueden trasformarse, y (c) que haciendo eso se consigue lo otro. Perdemos el tiempo si buscamos al amante perfecto, en lugar de crear el amor perfecto.

TOM ROBBINS

ME PASÉ LA VIDA buscando a la mujer perfecta y, cuando la encontré, le pedí que se casara conmigo. Ella me miró y me dijo, «Gracias por el cumplido, pero no puedo aceptar tu proposición porque estoy buscando al hombre perfecto».

En realidad, lo que toda mujer quiere no es el hombre perfecto, aunque sí alguien que sea razonable. Lo que de verdad quieren las mujeres es tener una vida propia y que esa vida se respete. El hombre que esté dispuesto a darle eso a una mujer será en esencia el hombre perfecto, aun con todas sus imperfecciones.

La mayoría de la gente renuncia a su vida para complacer a padres, profesores, cónyuges, familia, jefes, etc. Pero yo digo, «Deja de perder tu vida y encuéntrala donde tú sabes que está: en aquello que desea tu corazón». Jamás podrás ser el hombre perfecto ni la mujer perfecta si no te conviertes en ti mismo o en ti misma. La perfección es identidad propia, y no la ausencia de defectos.

Soulución del día

Conviértete en tu yo perfecto, con problemas y todo.

AGUANTA

Deja que un Ángel te aguante de la mano.
TERYL SEAMAN

ESTABA TENIENDO UN MAL DÍA como cirujano, con muchas emergencias y pacientes difíciles. No había tenido tiempo para comer, tenía hambre y estaba exhausto. Finalmente, me encontré con unos instantes de tranquilidad a última hora de la tarde, y abrí mi fiambrera. Es un recipiente de color rojo, con la palabra *amor* escrita en letras blancas. Bobbie me prepara el almuerzo y lo mete ahí cada mañana.

Llevando esa fiambrera conmigo sé que en algún momento podré comer, ocurra lo que ocurra durante la jornada.

Aquel día la abrí y me encontré con una nota: «Aguanta. Te queremos». Me sentí muy afortunado por tener una esposa tan intuitiva, que sabía que iba a tener un mal día y me había puesto aquella nota. Aguanté y, cuando volví a casa, le di las gracias por aquella terapéutica nota.

—¿Qué terapéutica nota? –preguntó.

—La nota en la que pusiste «Aguanta», en la fiambrera... Aguanté y pude terminar la jornada.

Ella sonrió y dijo:

—Cariño, era un sándwich grande, con un montón de verdura dentro. ¡Sólo quería que lo sujetaras bien![43]

Desde entonces, mi mujer me envía su amor con el almuerzo y una nota que dice, «Es un sándwich para dos manos». ¡Aun así es muy terapéutico!

---

43 En la nota ponía *Hold on,* que en inglés se puede interpretar por «Ánimo, resiste, aguanta», pero que también se puede interpretar por «sujetar, agarrar bien». *(N. del T.)*

Soulución del día

A veces, algo aparece justo en el momento en que más falta
nos hace aguantar.

RECETA **298**

EL PATITO FEO

Nacer en un nido de pato, en una granja, no tiene mayores consecuencias para un ave, a menos que se salga de un huevo de cisne.
HANS CHRISTIAN ANDERSEN

POR MOTIVOS DE SALUD, se suponía que mi madre no debía correr el riesgo de quedarse embarazada. Sin embargo, se quedó embarazada; y, cuando comenzaron los dolores del parto, éstos se prolongaron durante varios días. Los médicos consideraban que, en su caso, realizarle una cesárea sería muy peligroso, de manera que el médico recurrió al fórceps y me sacó fuera. Mi madre comentó, «No me han puesto en los brazos un bebé. Me han puesto un melón morado».

Luego, mi madre dijo que se llevaría el melón a casa, donde mi padre me envolvió la cabeza con un gran pañuelo, para que nadie pudiera verme. Más tarde, me pusieron en un cochecito cubierto en la parte trasera de la casa, para que no molestara a los vecinos. Yo era un patito feo; pero, aun con todo, se me quería y se me aceptaba en el nido.

También tuve lo que un patito feo no había tenido: una abuela. Mi abuela me tomaba de la cuna y, según mi madre, me derramaba aceite sobre la cabeza y sobre la cara cada pocas horas, apretando por aquí y por allá hasta ponerlo todo en su sitio. Aquellas amorosas manos me trasformaron. De patito feo pasé a ser un cisne.

Más de cincuenta años después, una terapeuta corporal masajeó mi afeitada cabeza con aceite por vez primera desde mi infancia… y sus manos me devolvieron a la infancia. Entré en trance, y todo el mundo se asustó. «Te has ido. No sabíamos qué te ocurría». Sí, me había ido. Había vuelto a ser un pequeño cisne.

Soulución del día

Un corazón y unas manos amorosos pueden convertir un patito feo en un cisne.

SIGNIFICADO

Tenemos que elegir con cuidado las palabras que pronunciamos, pues los demás las escuchan y se ven influenciados por ellas, para bien o para mal.

BUDA

EL ANTROPÓLOGO ASHLEY MONTAGU decía bien: «El significado de una palabra es la acción que produce». El significado de tu vida guarda relación con lo que haces y con lo que dices. Si lo que dices no lleva a una acción que sea consecuente con lo que haces, el mensaje de tu vida no será honesto. Cuando dices algo en lo que no crees, estás siendo deshonesto contigo mismo y con los demás.

Se nos conoce principalmente por lo que hacemos. Sin embargo, nuestras palabras pueden ser igualmente poderosas, por el efecto que tienen sobre los demás y por lo que pueden llevarles a hacer.

Lo que decimos no deja de ser importante. Puede llevar en sí un gran significado, particularmente si nos hallamos en una posición de poder o influencia. Siendo conscientes de esto, tenemos que utilizar nuestra posición para orientar a los demás a través de nuestras acciones y de las acciones que nuestras palabras generan.

Soulución del día

Haz que tu vida sea consecuente en palabras y actos.

MUJER

Adán le dijo a Dios: «¿Cuánto me va a costar la mujer? ¿Un brazo y una pierna? ¿Y qué me puedes dar a cambio de una costilla?».
El resto es historia.
UNA OCURRENCIA DE BOBBIE SIEGEL

CUANDO ME PONGO A ESCRIBIR me doy cuenta de que sólo puedo hablar desde mi limitada perspectiva como miembro varón de la especie. Las mujeres han sido mis maestras, y tengo la sensación de que me encuentro más cómodo con ellas que con los hombres. Quizás sea por haber pasado tantos años con mujeres en las sesiones de terapia de grupo que dirijo, donde ellas han sido siempre una mayoría.

Creo que nuestro planeta sería un lugar más sano si dejáramos que las mujeres tuvieran más que decir en cuanto al modo de llevar las cosas. Entienden más que los hombres de la vida y de la supervivencia, y no obstante nuestra sociedad las ha convertido en ciudadanas de segunda clase, juzgándolas con más dureza, no dejándolas votar, pagándoles menos e incluso haciéndoles pagar por las píldoras anticonceptivas, en tanto que la terapia farmacológica para los problemas eréctiles de los varones viene cubierta por la seguridad social.

Ya es hora de enderezar este entuerto y de que todos tomemos conciencia del valor de la mujer.

Soulución del día

No escribo esto porque me sienta culpable de nada, sino por respeto. Hombres, apoyad a las mujeres y ayudadlas a tener también una vida plena.

RECETA 301

OTOÑO

El invierno es un aguafuerte, la primavera una acuarela, el verano un cuadro al óleo y el otoño un mosaico de todos ellos.
STANLEY HOROWITZ

El viento sopla y las hojas se apresuran.
El sol brilla y el arco iris de la naturaleza resplandece.
Me sobrecojo ante esta creación.
Intento aferrarme a este instante.
Me doy cuenta del forcejeo.
Quizás la solución sea dejarlo ir
y, simplemente, conservar el ahora.

Soulución del día

Maravíllate ante la belleza del «ahora», y elimina el hoy y el mañana.

RECETA 302

LAS GALLETAS DE LA SUERTE

Lo que encontré fueron «coincidencias»,
conectadas de un modo tan significativo que
sus «posibilidades» de concurrencia
hubieran sido increíbles.
C. G. JUNG

LA OTRA NOCHE estaba necesitando un mensaje que me ayudara a orientar mi vida y tomé una galleta de la suerte en busca de consejo.[44] Pues bien, me resultó muy útil. Me llevó a preguntarme quién había enviado aquella galleta en aquel momento para que yo la leyera. ¿Acaso es todo una coincidencia, o es que hay alguna inteligencia operando de algún modo detrás? Me puse a reflexionar sobre estos hechos y sobre cómo terminan afectando nuestra vida.

A veces, lo que puede parecer un suceso sin importancia o incluso decepcionante puede terminar salvándote la vida. Yo solía denominar a estos sucesos «pinchazos espirituales». Aun cuando puedan suponer un contratiempo cuando ocurren, como el pinchazo de una rueda que te hace perder un avión que terminará estrellándose, se trata de sucesos que, en última instancia, están ahí para ayudarte. Yo siempre digo que el universo tiene sus propios planes, unos planes a los que tenemos que acomodarnos y con los que tenemos que estar en armonía.

Soulución del día

Busca las galletas de la suerte y los aparentes rodeos, que se te envían para mantenerte en el rumbo de tu verdadero destino.

---

44   Las galletas de la suerte son una costumbre de origen chino, en la cual se introducen mensajes dentro pasteles o galletas que deben elegirse al azar.

RECETA **303**

SUICIDIO

Las pistolas no son legales; los nudos corredizos ceden; el gas huele fatal; también podrías seguir viviendo.
DOROTHY PARKER

HACE MUCHOS AÑOS, un amigo muy querido me dijo que estaba muy deprimido y que tenía graves problemas. Un día, cuando su mujer salió de casa para hacer unas compras, mi amigo decidió acabar con su vida. Se fue al garaje para poner el auto en marcha, con la intención de sentarse allí e inhalar los gases del tubo de escape, pero no pudo arrancar el automóvil. De modo que llamó a la Asociación Americana del Automóvil. Cuando llegó el mecánico y le preguntó cuál era el problema, ¿qué podía decir, «Estoy intentando suicidarme y el maldito auto no arranca»?

Otro amigo, que padecía sida, decidió suicidarse también para no tener que afrontar su enfermedad. Se fue al garaje y puso en marcha el automóvil sin ningún problema. Pero, al cabo de una o dos horas, se dio cuenta de que uno no se muere con un motor diésel; que, simplemente, termina apestando.

Estos dos hombres continuaron viviendo una vida plena. La compasión del mecánico de la AAA cambió la vida de mi amigo. El hombre percibió que mi amigo tenía un problema y se quedó con él hasta que volvió su esposa. Mi amigo con sida volvió a entrar en la casa, se metió en la ducha y se aseó, y decidió comprarse un armario nuevo y redecorar la casa. Descubrió una nueva vida, y le va bien.

Soulución del día

Dale a tu vida una descarga, arranca y pon el pie en el acelerador.

RECETA 304

¿QUIÉNES SON LOS EXTRAÑOS?

El miedo hace extrañas a las personas
que podrían ser amigas.
SHIRLEY MACLAINE

HACE MUCHOS AÑOS, llegué a la Gran Estación Central de Nueva York de regreso a casa desde la universidad. A todos los estudiantes de primer curso en la Universidad Colgate se les obligaba a saludar a todo el mundo en el campus, y aquel hábito había quedado tan arraigado en mí que me puse a saludar a toda la gente con la que me cruzaba en la estación. No tardé en dejar de hacerlo porque, cuanto más saludaba a la gente, más personas se apartaban de mí.

El otro día, en el aeropuerto, me acerqué a un niño que se estaba comiendo una enorme galleta salada y, bromeando, le pedí que me dejara darle un bocado. La mayoría de los niños se apartan y no se muestran dispuestos a compartir sus placeres con un extraño; pero aquel niño me ofreció un bocado. Su generosidad y su amor me conmovieron. Le dije, «No. Está bien. Termínatela». Y el niño se fue hacia su padre, que estaba mirando los horarios de salida de aviones, y le dio un tirón en la pernera del pantalón. Cuando el padre le miró, el niño dijo, «¿Tienes dinero para otra galleta salada?». Le conté al padre lo que había ocurrido y le dije que su hijo era un regalo del cielo.

En otra ocasión en que Bobbie y yo salimos a dar una vuelta con las bicicletas, vimos al perro de la vecina atado a un árbol a algo más de un kilómetro de distancia de su casa. Pensé que quizás lo habría atado allí alguien que lo habría visto deambular con la correa rota. Cuando me acerqué a él, dio un salto y se puso a lamerme la cara. Lo desaté y me encaminé hacia su casa. Justo en aquel momento, su dueña salió de la consulta de un dentista que había enfrente y me explicó que lo había atado allí para que no se acercara al perro del dentista. La mujer se sorprendió por el hecho de que el perro me hubiera aceptado y estuviera yéndose conmigo. A mí no me sorprendió nada.

Soulución del día

Tanto los niños como los animales suelen abrirse a aquellas personas que les tratan con cariño. Los adultos son el problema. Tenemos que ser como los niños y los animales, y aceptar los saludos de aquellas personas que nos los ofrecen. De otro modo, ¿cómo llegaremos a ser algún día una familia?

INVIERNO

*No puedes estrecharle la mano
a un puño cerrado.*
INDIRA GANDHI

El invierno está aquí,
los árboles se acurrucan de frío.
Sus brazos se entrelazan,
se tocan entre sí
y se hacen una familia,
viviendo su verdadera naturaleza.
El invierno está aquí,
los hogares de las personas están a oscuras.
Aisladas, solas.
No salen afuera.
Y, con las persianas bajadas,
no iluminan, ni ven ni tocan.
Es frío y antinatural.

Soulución del día

Abraza a la gente; no les des la fría espalda a las
personas de tu vida.
Sé una luminaria para aquéllos con los que te
encuentres en el camino de la vida.

LOS CUATRO ELEMENTOS

*Aquel que conoce las dulzuras y las virtudes
que hay en la tierra, las aguas, las plantas, los
cielos, y cómo llegar a estos hechizos, es el
hombre rico y regio.*
RALPH WALDO EMERSON

AIRE, TIERRA, FUEGO Y AGUA son los cuatro elementos que todos necesitamos en nuestra vida. Como médico, mi punto de vista sobre los elementos era bastante escéptico. Me parecía todo demasiado simple, considerando los avances tecnológicos que hemos hecho en el último siglo. Pero ahora veo los elementos como una parte crucial de la vida.

El aire es el aliento de vida. En muchos idiomas, la palabra con la que se designa el *aliento* y el *espíritu* es la misma. Es lo que Dios sopló en las narices de Adán. El viento a tu espalda o bajo tus alas te proporciona la energía para avanzar y para crear vida.

La tierra representa nuestro alimento y el verdadero sustento. Tenemos que alimentarnos, al igual que hacen las raíces que alimentan a todo lo que crece. La tierra nos da fuerza y estabilidad, un fundamento sobre el cual mantenerse en pie durante los momentos difíciles o tormentosos. La tierra es nuestra Madre.

El fuego ilumina la oscuridad. Todos tenemos que esforzarnos por ser luminarias y por iluminar el camino de los demás. El fuego proporciona también calor y confort, pero necesita del aire para arder. Proporciona el calor de la pasión y nos presiona para que cambiemos cuando las cosas se ponen demasiado calientes. Sin sentimientos ni emociones, la vida carecería de sentido, y nunca nos esforzaríamos por regular la temperatura de la vida.

El agua apaga nuestra sed en los momentos de sequedad. Puede sofocar las llamas del incendio, ablandar la tierra y nutrir a los seres vivos. Y, aún más importante, puede difundir la vida hasta cada rincón de la creación y en todo el que beba de ella.

Soulución del día

Cada uno de los cuatro elementos puede destruirnos o sustentarnos. Nuestro reto estriba en equilibrarlos y mantenerlos.

UN GIRO EQUIVOCADO

Desiste y encomiéndate a Dios.
ESLOGAN DE LOS DOCE PASOS

UN DÍA ME EQUIVOQUÉ AL GIRAR en una avenida. No encontré ninguna señal que me indicara y me ayudara, y yo era demasiado orgulloso como para pedir indicaciones. Al final, tuve que dar la vuelta, de modo que respiré profundamente y deje que Dios tomara el timón.

Y funcionó bien, porque Dios tiene el carnet de conducir desde mucho antes que lo tengo yo. Quién sabe lo que el buen Señor me evitó con aquel rodeo… ¡quizás algo con lo que hubiera hecho bien en no toparme de frente! Cuando creo que me he equivocado de camino en la vida, tengo que dejar que sea Dios quien conduzca. Quizás tengamos que dar la vuelta para tomar la dirección correcta; pero podemos aprender de nuestros rodeos si estamos dispuestos a ello.

Supongo que, después de todo, no me equivoqué con aquel giro. Fíjate en lo que aprendí cuando desistí y dejé que Dios se sentara al volante.

Soulución del día

¿Quién lleva el timón en tu vida? ¿Vas en la dirección correcta?
¿Qué has aprendido de los rodeos y desvíos de la vida?

SÉ CONSECUENTE
CON LO QUE DICES

No tiene ningún sentido caminar a parte
alguna para predicar, a menos que nuestro
caminar sea nuestro predicar.
SAN FRANCISCO DE ASÍS

TODOS HEMOS OÍDO ESO de recorrer el camino y no sólo hablar por hablar. Sin embargo, ¿cuántos vivimos el mensaje que predicamos? ¿Cuántos estamos dispuestos a vivir aquello sobre lo que sermoneamos? Es mucho más fácil soltar el sermón que vivir el mensaje.

Durante los largos años que llevo hablando en público, mi esposa y los miembros de mi familia han estado casi siempre entre el público, y cuando no han estado físicamente lo han estado en espíritu. Y he visto el efecto que tiene en la gente el hecho de que mi esposa y mis hijos vengan a escucharme. La gente sabe que estoy siendo honesto en lo que digo y hago, porque mis testigos están allí mismo. A la gente le encanta cuando mi mujer me interrumpe para hacer una corrección, igual que lo haría si estuviéramos en el comedor de nuestra casa.

No acepto las palabras de aquellos que se ponen por encima de mí mientras se conducen de un modo que deja en evidencia sus palabras. Si no tratan bien a los demás o se maltratan a sí mismos, quizás sea cierto lo que digan, pero yo prefiero escuchar eso de alguien que manifieste la verdad en su propia vida.

Soulución del día

Que tus actos y tus palabras sean consecuentes. Vive lo que
predicas y sé un modelo para los demás.

RECETA **309**

EL SEGUNDO ALIENTO

Sólo las personas ciertamente excepcionales
van más allá de sus límites.
WILLIAM JAMES

HE CORRIDO EN VARIAS MARATONES, y sé que en un momento determinado ocurre algo en mi cuerpo y tengo la sensación de que acabo de comenzar la carrera. Todos disponemos de este recurso en nuestro interior, pero la mayoría de la gente no se pone a prueba por miedo a fracasar. Como cirujano, cuando opero a alguien, dispongo de la energía necesaria para pasarme horas y horas sin comer, sin beber y sin sentirme cansado.

También he podido observar a mi hija mientras atiende a uno de sus hijos, que tiene muchos problemas médicos. Es asombroso cómo mantiene la fortaleza y la capacidad para ser una madre cariñosa a pesar de tantas crisis.

Nuestro cuerpo es capaz de responder a nuestras necesidades y deseos. Fuimos creados para sobrevivir. Cuando la voluntad de vivir, de terminar una carrera o un proyecto, o de cuidar de alguien, está por encima de todo en nuestros deseos y en nuestra mente, el mensaje recorre el cuerpo y alcanzamos el segundo aliento. Es como si los deseos y necesidades que merecen la pena invocaran a un almacén de energía que tenemos en nuestro interior.

Soulución del día

Cuando te veas llevado hasta el extremo y pienses que ya no te quedan más reservas, ten la certeza de que tu segundo aliento está en camino.

RECETA 310

DUELO

La ausencia y la muerte son lo mismo... sólo
que en la muerte no hay sufrimiento.
WILLIAM LANDOR

CUANDO ALGUIEN A QUIEN AMAS MUERE, su entierro puede ser muy doloroso. Lo que amas se ha ido, y estás enterrando a tu ser amado, para no verle ni tocarle nunca más.

En el pasado, yo me sumía en la oscuridad cuando perdía a un ser amado. Me vestía de luto y mi mente se oscurecía, pensando en lo que había perdido y en lo vacía que se me antojaba la vida. Pero el tiempo y la experiencia han sido de gran ayuda. He aprendido a manejar la pérdida mejor de lo que lo hacía en el pasado. Me he dado cuenta de que ese ser querido no me pedía que yo alargara mi duelo para demostrarle mi amor.

Tras la muerte de mi padre, mi dolor se convirtió en alegría gracias a una sencilla historia, una historia que yo sabía que le habría gustado a mi padre. Era el relato de un hombre que había perdido a su hija. El hombre se había sumido en la depresión y le costaba seguir adelante en la vida, hasta que tuvo un sueño en el cual se vio en el cielo, contemplando a todos los niños muertos que pasaban ante él portando velas encendidas. Uno de los niños llevaba una vela apagada; y, cuando el hombre se acercó para encendérsela, se dio cuenta de que se trataba de su hija.

—Déjame que te encienda la vela –le dijo.

—Padre, son tus lágrimas las que la apagan –respondió la niña.

Esta historia me ayudó a volver a la vida.

Tras la muerte de uno de nuestros perros, yo iba todos los días hasta su tumba para depositar en ella una piedra. Todos los días buscaba una piedra, porque mi corazón se sentía así. Entonces, una mañana, me desperté con la sensación de que el perro me había enviado un mensaje, en el que me decía que contemplara la belleza del día, y no sólo buscara piedras. Desde aquella mañana, le llevo todos los días una flor. El regalo que me hizo aquel perro fue el de recordarme que debía ver la belleza que existe a mi alrededor, para que buscara la flor más hermosa y se la llevara a su espíritu.

Soulución del día

Hay tiempo para todo; hay tiempo para el duelo y hay tiempo para sanar; y hay tiempo también para volverse hacia la luz y contemplar la belleza.

RECETA 311

MAESTROS

Cuando el discípulo está preparado,
aparece el maestro.
DICHO TAOÍSTA

EL POETA SUFÍ RUMI DECÍA, «Tus críticas abrillantan mi espejo». Rumi me enseñó que todo el mundo es mi maestro. Si estás intentando ser un ser humano mejor, busca maestros. Quizás sean tus compañeros de trabajo, tu familia, o cualquiera de tus mascotas. Mi familia, las enfermeras y mis pacientes han sido siempre mis maestros. Ellos me han dicho de qué modo podría convertirme en mejor médico, padre, marido, etc.

Las personas que de verdad me preocupan son aquellas que se pasan la vida culpando a los demás, que nunca cumplen con sus responsabilidades y que no aceptan el hecho de que todavía tienen algo que aprender, o incluso de que pueden estar haciendo algo mal.

Una vez que un maestro te ha hecho comprender el modo de mejorar en aquello que estás haciendo y en ser lo que tú eres, haz tu trabajo y pídele que siga evaluándote en tus progresos. La vida es una escuela, y los maestros están por todas partes, siempre y cuando estés dispuesto a asistir al curso de Vida 101.[45]

Soulución del día

Contempla tu jornada como un aula y sé consciente de las
diferentes asignaturas y maestros que tienes a tu disposición en
tu educación.
La vida es una gran maestra.

---

45 *Life 101* es el título de un pequeño libro de Peter McWilliams, donde el autor, explica el nombre dado al libro de este modo: «Llamo a este libro *Vida 101* porque contiene todas las cosas que me hubiera gustado que me enseñaran acerca de la vida en la escuela pero que, en su mayor parte, no me enseñaron». *(N. del T.)*

RECETA 312

FÍJATE EN EL DÍA DE HOY

Nuestro principal cometido no consiste en fijarse en lo que se atisba vagamente en la distancia, sino en ver lo que tenemos más a mano.

THOMAS CARLYLE

SI NOS PASAMOS LA VIDA mirando lo que tenemos por delante se hace difícil vivir el instante. Sí, puedes hacer planes para el mañana, pero no comiences a vivirlo hasta que sea *hoy*. Pasamos por la vida del mismo modo que pasa la arena por la angostura de un reloj de arena, grano a grano. Y lo mismo ocurre con el día de hoy y con tus problemas. Si te ocupas de lo que tienes que hacer de grano en grano, tu reloj de arena de los problemas se vaciará con el tiempo.

¿Cómo rellenarías el espacio en blanco de la frase «Cuando consiga _____, me sentiré bien»? No es en el «cuando consiga» donde debes poner tu vida, sino en el *ahora*. El escritor hindú Kalidasa decía; «El hoy bien vivido hace del ayer un sueño de felicidad, y del mañana una visión de esperanza».

Soulución del día

Cierra las puertas del pasado y del futuro.
Vive el día de hoy y míralo bien.

RECETA 313

PAISAJES DE CAMA

Todo el mundo necesita belleza además de pan, lugares donde jugar y donde rezar, donde la naturaleza le sane y le anime, y le dé fuerza al cuerpo y al alma por igual.

JOHN MUIR

UN AMIGO MÍO, Yosaif August, ha diseñado algo que denomina «paisaje de cama». Se trata de una hermosa escena al aire libre que puedes colgar en tu habitación del hospital. ¿Para qué querría uno hacer algo así? Las investigaciones han demostrado que las personas que pueden ver la naturaleza desde su habitación hospitalaria, o que tienen escenas al aire libre en lugar de cuadros abstractos en su habitación, se curan con mayor rapidez y padecen menos dolor.

Los colores de la naturaleza no son accidentales, ni tampoco las formas que adopta. Esta noche, mientras escribo esto, hay luna llena. ¿Qué pasaría si la luna fuera una cosa gris y dentada? No sería demasiado atractiva de mirar, ¿no? Por suerte, es un círculo de luz blanca, siendo el círculo un mandala, un símbolo de totalidad, que nos afecta de maneras de las que no siempre somos conscientes.

En la primavera, en el verano y en el otoño, los colores vivos de la naturaleza nos aportan alegría y nos estimulan. En invierno, con la oscuridad y los distintos tonos de grises, mucha gente enferma y muere. ¿Acaso es una coincidencia que los breves, oscuros y fríos días del invierno afecten a nuestro deseo de sobrevivir, en tanto que la primavera trae la vida a todos los seres vivos?

Soulución del día

Pon algo de color e imágenes de naturaleza en tu paisaje vital, para sanar tu cuerpo y tu alma.

CORAJE

Que el que se ponga la armadura no se alabe
como el que se la quita.
I Reyes 20, 11

CUANDO LEO LA PALABRA *coraje,* lo primero que me viene a la cabeza es un grupo de guerreros dispuestos para la batalla, sabiendo que arriesgan sus vidas para proteger a los demás. Pero, después, mi cabeza vuelve a mi vida cotidiana, y el coraje asume la forma del mero hecho de levantarse de la cama y de enfrentarse al nuevo día. La vida es la batalla que todos tenemos que afrontar. Hay personas que llevan mayores cargas que otras, pero eso tiene que ver con la fortaleza interior de las personas, y no con sus problemas.

Nunca me he encontrado con nadie que quisiera cambiar sus aflicciones por las de otra persona, aunque piensen que aquello por lo que están pasando es peor que lo de cualquier otro. De modo que nuestra única alternativa consiste en hacer acopio de coraje para enfrentarse al nuevo día y vivirlo. Muchos eligen la muerte como vía de escape. Se esfuerzan por matar su cuerpo lo más rápido posible. Pero yo opto por la vida, aun con su dolor, sus lágrimas y sus pérdidas, y deseo tener la oportunidad de experimentarlo todo.

Yo tengo el coraje suficiente como para sobrevivir a mis seres queridos y para llevarlos en brazos si hace falta. Yo abro mis brazos como un compañero amado, como un camarada del combate de la vida, como aquel que tiene el coraje de quitarse la armadura, de ofrecer calor y consuelo, compasión y sanación. Todos tenemos que estar dispuestos a quitarnos la armadura, para poder estar totalmente presentes para los demás.

Soulución del día

Si te despertaste hoy preparado para la batalla de tu
existencia, date una medalla de honor.

SENTIDO DEL HUMOR

El sentido del humor es la principal defensa
contra los problemas menores.
MIGNON MCLAUGHLIN

CREO QUE LOS CIMIENTOS DE LA PROPIA VIDA deben hallarse en el amor, pero, cuando la tierra tiembla, algo debe mantener unidos los cimientos a la construcción. El único cemento que conozco que es lo suficientemente fuerte como para hacer eso es un sano sentido del humor; porque, cuando reímos, las heridas se cierran.

Creo que un buen sentido del humor es sumamente beneficioso en todas nuestras relaciones. Mi esposa y yo hemos aprendido a reírnos uno del otro. Cuando reímos, dejamos de sentir nuestras contusiones y heridas, y seguimos adelante en la vida.

Me acuerdo de dos veces en que mi mujer me derramó sendas bebidas calientes en el regazo. En ambas ocasiones, yo llevaba puesto el cinturón de seguridad y no pude escapar. Una de las veces, mi mujer me derramó encima un café caliente mientras conducía, bien entrada la noche, consiguiendo con ello despertarme mucho más de lo que hubiera podido conseguir ese mismo café ingerido. De modo que le agradecí que me despertara. La otra ocasión fue en un avión. Después de derramarme la bebida caliente en el regazo, me dijo que había utilizado un té de hierbas porque sabía que la cafeína no me sentaba bien. Sí, nos reímos, el dolor pasó, y el amor se mantuvo firme. La quiero cuando se ríe y cuando me hace reír.

El hecho de tener la casa llena de mascotas también mantiene vivo nuestro sentido del humor. Los animales parecen saber lo que es importante y cómo hacernos reír ante la vida disfrutando de las cosas simples y dejándonos compartir las risas con ellos.

Soulución del día

No minusvalores el poder de un sano sentido del humor.

RECETA 316

VISUALIZACIÓN CREATIVA

Cada instante de tu vida es infinitamente creativo, y el universo es infinitamente generoso. Simplemente, plantea una petición suficientemente clara, y todo lo que tu corazón desee de verdad vendrá hasta ti.

SHAKTI GAWAIN

¿CON CUÁNTA FRECUENCIA NOS IMAGINAMOS UNA BUENA VIDA? ¿Con cuánta frecuencia nos imaginamos problemas futuros y todas esas cosas que tememos nos ocurran? Aquello que visualizamos tiene más probabilidades de que ocurra, de manera que conviene que seamos muy conscientes de las imágenes en las cuales nos enfocamos.

Nuestro cuerpo no sabe diferenciar entre lo que visualizamos y lo que estamos haciendo realmente. Los mensajes que recibe se basan en los cambios internos por los que pasa el organismo debido a nuestras visiones y nuestras acciones. Si seguimos visualizando lo que no queremos, nos quedaremos con esas imágenes. El día en que cambiemos la imagen que tenemos de nosotros mismos y de nuestro mundo, veremos un nuevo reflejo en el exterior.

Dedica algo de tiempo a visualizar aquello que realmente quieres que ocurra. Haz una pausa cada ciertas horas para visualizar un futuro positivo. Los genes responden a nuestro comportamiento, a nuestras actividades e imágenes, de tal modo que tu cuerpo actúa en consecuencia.

La imaginación creativa, la hipnosis e incluso soñar pueden dirigirte. Como se dice en la Biblia, Dios habla a través de sueños y visiones. De modo que mantente en contacto con el lenguaje de la creación y visualiza tu máximo bien.

Soulución del día

Crea la imagen que deseas para ti misma y para tu vida. Y, luego, contémplala, créetela y vívela.

RECETA 317

ASISTENTES DE ENFERMOS

Todo lo que no sea un compromiso consciente con lo importante es un compromiso inconsciente con lo no importante.
STEPHEN COVEY

LOS ASISTENTES DE ENFERMOS FORMAN PARTE DE UN EQUIPO, pero el capitán del equipo también necesita de atenciones y cuidados. Si la metáfora del equipo no te sirve, piensa en ti mismo como parte de una orquesta. Cada persona interpreta su parte, cosa necesaria para obtener el resultado final adecuado. El director juega también un importante papel.

Mi madre tiene noventa y cuatro años en estos momentos. Yo cambiaría algunas cosas si fuera el responsable del cómo y dónde vive, pero ése es mi problema. Cuando yo pienso en lo que necesita y lo que quiere, me convierto en su asistente; cuando no, me convierto en su cuidador. El cuidador es el que asume el cargo, y no sólo hace las actividades, sino que también las dirige, y eso no es correcto. Los asistentes no deben imponer sus necesidades a la persona a la que prestan atenciones.

Si tienes problemas como asistente, no olvides que tú también tienes necesidades. De modo que aprende a decir que no a lo que no puedes o no quieres hacer, y haz lo que puedas. Los voluntarios tienen una vida más larga y saludable, pero es decisión suya el dar atenciones. Tenemos que recordar que hasta los asistentes necesitan a alguien que los asista y los cuide a veces. Cuando necesites un descanso, tómatelo.

Soulución del día

Ofrece tus atenciones libremente, por amor, y se te recompensará. Simplemente, inclúyete a ti mismo en la lista de receptores de las atenciones.

RECETA 318

MADRE NATURALEZA

Lo que nos preocupa no es cómo dar culto en las catacumbas, sino cómo dar culto en los rascacielos.

ABRAHAM JOSHUA HESCHEL

HOY ESTOY PREOCUPADO con la palabra *rascacielos*. Acabo de regresar de un paseo por el bosque con mi pequeño perro *Furphy*. Hoy he podido sentir la santidad de la Madre Naturaleza de un modo que me ha conmovido. Con todos esos árboles a mi alrededor, me he sentido como si estuviera en un santuario, mucho más cerca de mi Creador de lo que podría haberme sentido en un edificio, sea una capilla, una iglesia, una mezquita o una sinagoga. Estos edificios se construyen para hacer rituales en su interior, para impresionar a la gente y para rascar el cielo con el fin de captar la atención.

Los árboles crecen hasta una altura suficiente como para tocar el cielo, pero poseen una mansedumbre inherente que los edificios jamás podrán poseer. Los árboles se doblan y se balancean, y no rasgan las vestiduras de la Madre Naturaleza, ni desgarran su integridad ni su santidad. Sobreviven a los terremotos y a los tornados porque están enraizados en la naturaleza, mientras que los edificios que rascan el cielo es más probable que se resquebrajen y caigan, y haya que reconstruirlos.

Soulución del día

Cuando respetemos la naturaleza y dejemos de rascar el cielo, regresaremos a nuestra verdadera naturaleza: la Madre Naturaleza.

RECETA 319

REUNIONES

Has de esperar que la gente sea mejor de lo que es, pues eso les ayuda a ser mejores. Pero no te sientas defraudado cuando no lo sean, pues eso les ayudará a seguir intentándolo.

MERRY BROWNE

CON FRECUENCIA SE NOS PIDE que participemos en algún tipo de reunión. Desde las fiestas de vacaciones y las que hacemos con los compañeros del trabajo hasta las reuniones familiares; reuniones que pueden resultarnos un tanto difíciles. Las expectativas que tengamos antes de ir a la reunión colorearán nuestra experiencia cuando estemos allí.

Cuando esperas ser querido, te comportas de un modo diferente. Piensa en cómo te sentirías ante la expectativa de ir a una reunión familiar en la que todo el mundo te va a tratar bien y te va a mostrar su cariño. Y ahora piensa en cómo te sentirías ante la expectativa de ir a una reunión en la que todo el mundo se va a mostrar crítico contigo y con tu comportamiento. Siente la diferencia en tu cuerpo y en tu actitud.

Ve con la expectativa de ser querido, y serás querido. Gracias al amor de mis padres, de mi esposa y de mi familia, yo siempre anticipo que la gente me va a mostrar su cariño. Más de una vez me he echado a reír cuando he sido invitado a una reunión en la que esperaba ser querido y, en cambio, me han criticado. Y cuando los que me critican me preguntan por qué me río, les digo que el problema es que me siento amado y que esperaba que ellos me quisieran también. Después de eso, la reunión siempre va a mejor.

Soulución del día

Espera siempre lo mejor, y observa lo que ocurre.

TIEMPO PARA TODO

Sal del círculo del tiempo y entra
en el círculo del amor.
RUMI

¿EXISTE EL TIEMPO? ¿Es real? ¿Tiene un árbol conciencia del tiempo? ¿La tiene el océano? ¿Quién creó el tiempo? ¿Quién dijo, «Llegas tarde»? ¿Por qué es la una en punto? En la Divinidad, existe tiempo para todo; siempre es el momento correcto. Nunca llegas tarde… siempre llegas puntual. ¿Acaso a la luz o a la energía les preocupa el tiempo? Todo en el universo está sujeto al cambio, y todo va según el horario previsto; eso dice, al menos, una pegatina que llevo en mi auto. El amor es así; el tiempo está perdido en el amor. El amor es un estado de trance que sana todas las heridas. El amor es energía, y de ahí que sepa que no existen limitaciones temporales ni físicas.

Soulución del día

Pierde el sentido del tiempo mostrándole tu amor a alguien.

RECETA 321

SOCORRISTAS

*Nuestro poder científico ha sobrepasado a
nuestro poder espiritual. Tenemos misiles
dirigidos y hombres extraviados.*
MARTIN LUTHER KING JR.

NO PARECE ACERTADO que haya personas en la playa observándonos entrar en el agua mientras que no hay nadie que nos guíe cuando nos zambullimos en la vida. Todos necesitamos socorristas. Necesitamos a alguien que pueda dirigirnos con seguridad hasta desarrollar nuestra capacidad para mantenernos a flote en el mar de la vida, especialmente cuando padres, profesores y religiones no nos están dando la ayuda que necesitamos.

Nuestros hijos corren un serio peligro de ahogarse. Es increíble que los titulares de los periódicos estén llenos de niños que matan a sus profesores o a sus padres. Tenemos que hacer saber a los niños que estamos aquí para ser sus socorristas y sus guías en la vida. Tenemos que estar ahí cuando se tiren de cabeza o se debatan en aguas profundas, para sacarlos. Y tenemos que hacerles quedarse en la orilla cuando el mar de la vida está agitado. No podemos quedarnos sentados y ver cómo se hunden.

Soulución del día

*Por favor, adhiérete a esta causa. Hagamos turnos para que
nuestros hijos puedan llegar sanos y salvos a tierra firme,
donde puedan vivir libres de las amenazas de los mares
tempestuosos. Hemos de estar ahí para que, cuando se desate
la tempestad, ellos sepan adónde volverse en busca
de un socorrista.*

RECETA 322

AUTODESCUBRIMIENTO

¿Quién diablos soy yo? ¡Ah! ¡Eso sí que es un misterio!
LEWIS CARROLL

DESCUBRIR QUIÉNES SOMOS constituye una importante empresa. Demasiado a menudo destruimos lo que somos con el fin de crear lo que otros quieren que seamos.

Yo utilizo mucho los dibujos para ayudar a la gente a descubrir quiénes son. Puede ser un sencillo dibujo de ti mismo, o un dibujo en el que aparezcas tú en distintas profesiones o empresas educativas. El lenguaje simbólico del inconsciente dice la verdad. Hay una profunda sabiduría que procede, tengo que decirlo, de quién sabe dónde. Es la sabiduría instintiva, intuitiva, que con frecuencia enterramos o bloqueamos para que no llegue a nuestra consciencia.

La vida está hecha para el autodescubrimiento y no para la autodestrucción. La alegría se halla en ponernos a prueba, en experimentarnos, en percibirnos, sentirnos y encontrarnos a nosotros mismos.

Soulución del día

No destruyas a la persona que hay en tu interior y que necesitas encontrar, reconocer y llegar a ser.

BAILAR Y CANTAR

La verdadera salud es flujo de energía vital.
La restricción del flujo de energía
lleva a la enfermedad.
MEDICINA CHINA

LA VIDA PROSPERA CON EL RITMO. El tictac de un reloj, el latido de tu corazón y la cadencia de tu paso, todos tienen un ritmo inherente. La música, la danza y el canto nos afectan a todos. Cuando nos movemos y cantamos a un ritmo, estimulamos nuestra mente y nuestro cuerpo.

Los niños no tienen ningún problema en moverse y bailar, sin preocuparse por lo bien o mal que lo hagan. Pero, a medida que crecemos, comenzamos a refrenarnos en los bailes y a no cantar nuestra canción. Esto se debe al sentimiento de que no lo hacemos suficientemente bien o con gracia, o a que pensamos que no vamos vestidos para la ocasión o a cualquier otra cosa que nos preocupe. Siempre estamos preocupados por lo que los demás puedan ver o escuchar, y luego decir de nosotros.

Si dejas de bailar la vida pierdes el contacto con su ritmo, y tu cuerpo pierde su vitalidad. De modo que canta tu canción, aunque sólo sea en la ducha. Baila tu danza, aunque sólo sea en el salón de tu casa, y encuentra el ritmo en tu vida.

Soulución del día

Recurre a la música y saca a bailar y a cantar a tu corazón.
No te evalúes. Participa de la danza de la vida.

RECETA 324

CRÍTICAS

No es la crítica lo que cuenta, ni quien señala
con el dedo cómo tropieza el fuerte, o dónde
podría haber hecho mejores obras quien las
hace. El mérito pertenece al hombre que
realmente está en la arena.

THEODORE ROOSEVELT

NORMAN VINCENT PEALE vivió hasta los noventa y tantos años. Un día, alguien comentó que había sobrevivido a aquellos que le criticaban, y otro respondió, «No, los superó en amor».[46] Los críticos se sienten incómodos con el amor. Es difícil ser crítico con alguien a quien amas, porque el amor es ciego ante las faltas.

Imagina que tuvieras que ser crítico toda tu vida. Hay personas que eligen esto como ocupación; otras lo hacen por diversión. ¿Cómo puedes disfrutar de lo que criticas? La respuesta es «no puedes».

No estoy hablando de educar a otra persona; estoy hablando de decirle lo que hay de malo en ella. Es algo que destruye las relaciones, que destruye familias. Eres una carga cuando eres crítico, aun cuando estés intentando salvar la vida de alguien. Las críticas no cambian a las personas.

Soulución del día

Ama a tus críticos, y ama a aquéllos a los que criticas,
y disfrutarás más de la vida.

---

46 Para comprender bien la respuesta, hay que tener en cuenta el juego de palabras que se da en ella, con las palabras *outlived,* «sobrevivió», y la palabra, no existente en inglés, *outloved,* que podría traducirse como «superó en amor». *(N. del T.)*

MUERTE Y RENACIMIENTO

Si no se comprende el mito o la religión, si no se comprende la relación entre destrucción y creación, muerte y renacimiento, la persona sufre los misterios de la vida exclusivamente como un caos sin sentido.
MARION WOODMAN

LA MUERTE ES UN COMIENZO. La muerte alimenta la vida. Si no hubiera ciclos en la naturaleza, la vida llegaría a su fin. La muerte de la vida con el otoño proporciona el sustento para el nacimiento de la vida a la que despertamos cada primavera.

La muerte de lo que nos está matando puede traernos la vida, sea física o emocional. Yo no recomiendo matar, ni a personas ni a otros seres vivos, pero hay cosas en tu vida, como normas, regulaciones o expectativas inadecuadas, por citar unas pocas, que tienen que morir para darte la vida. Los deseos y las exigencias asfixiantes de los demás pueden matarte espiritualmente.

Y, si mueres espiritualmente, querrás morir también físicamente. Por desgracia, tu cuerpo intentará cumplir tu deseo. Debes aceptar tu origen divino y seguir adelante para renacer, y deja que muera el yo falso.

Soulución del día

Renacer puede ser muy terapéutico.

LA BELLA Y LA BESTIA

Amad toda la creación de Dios,
cada granito de arena.
PADRE ZOSIMA, *EN LOS HERMANOS KARAMAZOV*

TODOS SABEMOS QUE LA BELLEZA se halla en el ojo del observador. Estamos tan atrapados con nuestro aspecto físico que, con frecuencia, no vemos la belleza que hay ante nosotros. Los perros y los gatos no se miran demasiado al espejo, ni temen mostrarse ante nadie si han perdido alguna parte de su cuerpo o tienen sobrepeso. Se aceptan tal cual. Pero nosotros, los humanos, no solemos ver a la bella, sino a la bestia que hay en el espejo.

Si te ves como una bestia, no saldrás del sendero de la autodestrucción. El día en que puedas mirarte en el espejo y veas belleza será el día en que empezarás a quererte. Y del mismo modo que el amor por ti mismo te hace hermoso, también tu amor a otras personas las convencerá de su belleza.

La belleza no es algo que tenga que ver con la perfección. No es algo que tenga que ver con rasgos físicos. Sí, pueden hacerte atractivo, pero la verdadera belleza no tiene que ver con la apariencia. Tiene que ver con tu espíritu y con tu alma. Cuando reflejes la esencia de éstos, estarás radiante, y la gente quedará deslumbrada con tu verdadera belleza.

Soulución del día

Ajusta tu mirada para ver más allá del espejo
e introducirte en la verdad.

CADENA DE MANDO

Debemos vivir juntos como hermanos, o
perecer juntos como necios.
MARTIN LUTHER KING JR.

LA FRASE «debemos vivir juntos» se refiere, para mí, a todos los seres, vivos y no vivos. Estamos todos vinculados en una cadena, aunque en realidad no hay nadie al mando, a menos que sea el Uno. Todos dependemos de los demás en cuanto a calor, luz, alimento, refugio, combustible, energía y en cuanto a nuestra supervivencia. Todo depende de todo lo demás, e incluso la cosa más pequeña, si desaparece, afectará a toda la cadena.

Hoy en día hay especies que se extinguen y especies que sobreviven, pero hay un eslabón de seguridad incorporado en la cadena. Nos da cierto margen para equivocarnos y, aún así, mantener el equilibrio. Es como un sistema de alarma en tu casa. Si prestas atención a la alarma, puede salvarte la vida.

Esperemos prestar atención cada vez que un eslabón de la cadena sea eliminado. Si la cadena se hace muy pequeña, estrangulará a todos los seres vivos; y si la cadena de la vida se rompe, habremos perdido la conexión con nuestro sostén. Comenzar de nuevo y reconstruir la cadena es imposible. Para eso hacen falta unos cuantos millones de años. ¿De verdad queremos que eso suceda? Y nuestros hijos, ¿dispondrán de tiempo?

Soulución del día

Mantén la integridad de todos los eslabones de la cadena de la
vida, y recuerda lo que John Sebastian dice en su canción
Link in a Chain («Eslabón en una cadena»): «Y vamos a
mantener la cadena unida hasta el fin de los tiempos».

IMPLÍCATE

La tumba es un lugar privado y adecuado,
pero nadie, que yo sepa, te abraza allí.
ANDREW MARVELL

QUIZÁS HAGAS ALGUNA DONACIÓN para apoyar una noble causa; pero, aparte de eso, ¿te implicas también en la causa? ¿Temes que, si te involucras, termines teniendo más problemas por las exigencias que pueda suponer para ti? Si ves a alguien que le hace daño a otra persona o la incomoda, ¿vacilas y temes implicarte?

Reflexiona sobre lo que C. S. Lewis decía acerca de no dar tu corazón a nadie, ni siquiera a un animal, «así, no te lo romperán; será inquebrantable, impenetrable e irredimible». Ése es el motivo por el cual tenemos que implicarnos en los desastres, sea la tragedia de las Torres Gemelas o sea en una guerra. En una situación así, donamos dinero y sangre, y mostramos nuestra compasión.

Sí, puedes salir perjudicado por tu implicación. Pero, como escribió Tennyson, «Es mejor haber amado y perdido que nunca haber amado». Si nunca amas, nunca vivirás. De modo que implícate y dale sentido a tu vida. Tendrás una vida más larga y saludable; pero que no sea éste el único motivo para hacerlo.

Soulución del día

Implícate. No conviene que pierdas la oportunidad de
realizar una buena acción o de compartir tu amor con
cualquier otro ser vivo.

VE A LO TUYO

Hagas lo que hagas, vas a necesitar coraje. Sea cual sea el rumbo que decidas tomar, siempre habrá alguien que te dirá que estás equivocado. Siempre aparecerán dificultades que te tentarán para que creas que los que te critican tienen razón. Trazarse un curso de acción y seguirlo hasta el final requiere del mismo coraje que el que un soldado necesita.
RALPH WALDO EMERSON

UNO DE MIS HIJOS ME DIJO HACE POCO que se sentía orgulloso de mí por haber tenido el coraje de pronunciarme respecto a mis creencias como médico, cuando esas creencias no eran aceptadas por el cuerpo médico. Entonces me generaba cierto entusiasmo ser invitado a los más famosos programas de entrevistas, mientras la gente se metía conmigo y con mis locas ideas. Pero también me enfurecía y me cansaba tener que defender mis creencias de un modo científico.

Por aquel entonces, yo no era lo suficientemente inteligente como para contar historias y ser paciente. Sin embargo, le respondí a mi hijo que el motivo por el cual pude soportar tantas críticas fue porque, cada día, cuando volvía a casa, me encontraba con una familia que me quería. Mis padres, mi esposa y mis hijos me aceptaban, no importa lo que dijera o hiciera. Me daban la fortaleza necesaria para seguir siendo yo mismo, para respetarme a mí mismo y para mantener mi sentido del humor y mi autoestima frente a las adversidades.

No tuve que renunciar a mi vida para complacer a los demás y ganarme su aceptación. Pude seguir siendo quien era porque había otras personas que me amaban y creían en mí, y que me dieron la fuerza y el coraje para creer en mí mismo. Ser diferente no era un problema cuando podría volver a una casa en la que me daban amor.

Soulución del día

Ten coraje y búscate a personas que te apoyen cuando tengas que decir en voz alta lo que piensas. Y estate dispuesto a estar tú también a su lado.

EXTRAÑA MARIPOSA

*Sé agradecido con cualquiera que venga,
porque cada uno ha sido enviado como
guardián del Más Allá.*

RUMI

UNA NOCHE ESTABA EN UNA REUNIÓN de Amigos Compasivos, una agrupación de padres que han perdido a algún hijo. Uno de los padres se me acercó y comenzó a hablarme de su hijo fallecido, que adoraba las mariposas.

El verano posterior a la muerte de su hijo, cuando el hombre estaba paseando por los bosques cercanos a su casa, en Connecticut, se le apareció una enorme y hermosa mariposa, que comenzó a seguirle allá donde fuera. Aquello le generó un maravilloso sentimiento, y sintió que era su hijo, que había vuelto para ayudarle a superar su pena.

Cuando el hombre volvió a casa, se puso a buscar entre los libros de su hijo la mariposa que había visto. Y, para su asombro, descubrió que la mariposa que le había acompañado en el bosque y tanto le había animado sólo existe en Sudamérica.

Nunca sabemos cuándo o dónde puede aparecer un reconfortante mensajero, ni tampoco qué forma adoptará.

Soulución del día

*Cuando estés caminando en medio de un bosque de pena,
estate atento a los mensajeros.*

PÉRDIDA DE TIEMPO

La vida es lo que te sucede mientras tú estás
ocupado con otros planes.
JOHN LENNON

Tú HACES ALGO y no funciona. Vas a alguna parte y, cuando llegas, te llevas una decepción. Te quedas atrapado en un atasco de tráfico. ¡Qué pérdida de tiempo! Pero, ¿de verdad es una pérdida de tiempo?

Cuando te pasas la vida irritado por lo que te sucede o amargado por un fracaso es cuando de verdad estás perdiendo el tiempo. Si estás dispuesto a preguntarte qué puedes aprender de la experiencia, ya no habrás perdido el tiempo. Los problemas y los fracasos se convierten en maestros que pueden recompensarte algún día, quizás incluso más que los éxitos.

Ni siquiera es una pérdida de tiempo llegar a tocar fondo. El fracaso duele, cómo no. Pero la mejor manera de preparar el terreno para la siembra de una nueva cosecha es tocando fondo y montando un numerito. Deja que tu miedo te mantenga en marcha. Toda experiencia vale la pena, si aprendemos algo de ella.

Soulución del día

Sólo perdemos el tiempo cuando consentimos que así sea. Es tu
vida. Haz uso de ella.

SIMPLICIDAD

La belleza, cuando no se adorna,
es la que más adorna.
ATENEO

KISS, O *«KEEP IT SIMPLE, STUPID»,* «Hazlo sencillo, estúpido», es un sabio eslogan. La simplicidad hace que las cosas sean visibles para todo el mundo y, por tanto, saca de la oscuridad a todo el que se expone a lo que se presenta. Una buena maestra no es la que hace las cosas más complicadas, sino la que simplifica lo que les presenta a sus alumnos. Cuando los chicos comprenden bien, ella pasa entonces a cosas más complejas, que ahora les parecerán simples a sus alumnos gracias a lo que les ha enseñado previamente.

La vida es sencilla cuando comprendes su naturaleza. El hecho de que no podamos comprender todo lo que nos ha precedido no lo hace complicado. Si quieres que la gente te conozca, no te ocultes bajo disfraces ni encubras tu verdadera esencia.

Tómate tiempo para conocerte y para conocer tu simple esencia, y luego exhíbela. Cuando la gente conozca la sencilla verdad que hay en ti, tu vida se hará mucho menos complicada. Podrás dedicar tu energía a lo que crees, y no a la forja de una imagen engañosa de ti.

Soulución del día

Haz sencilla la trama de tu vida.

RECETA 333

REGALOS

Un libro no es un regalo hasta que se lee.
ANÓNIMO

CUANDO ALGUIEN DE TU FAMILIA tiene un problema, sea físico o emocional, y tú conoces el modo de salir del bache, ¿qué haces? Si no te pide consejo y tú insistes de todos modos en decirle lo que debería de hacer, te conviertes en una carga para él, y es muy probable que se sienta juzgado y controlado. Y así se prepara la situación para el fracaso. Él no querrá aceptar tu consejo como un regalo, y preferirá no verte.

Si le llevas un libro o le llevas algún otro tipo de información, y le dices que para ti fue una gran ayuda, eso sí será un verdadero regalo. Con tu gesto estás diciéndole que te preocupas por él. Le has proporcionado el recurso, y ahora depende de él utilizarlo o no. Sin embargo, si nunca llegara a abrir el libro ni a hacer una llamada, también tendrás que aceptarlo.

El regalo es que a ti te importa él. Todo el mundo necesita saber que es importante para alguien. Si recurres demasiado a la disciplina, destruyes tu regalo. Él debe tener el deseo y la intención de utilizar esa información, de leer el libro, de cambiar su estilo de vida o cualquier otra cosa que necesite. Si te conviertes en un maestro, un padre o un cónyuge criticón, estarás destruyendo el regalo que has ofrecido.

Soulución del día

Da tu amor y tu compasión en la forma de un regalo, pero recuerda esta frase del credo de Al-Anon, «Sólo por hoy, me contendré y no intentaré cambiar para mejor a nadie, salvo a mí mismo».

RETRATOS

*Parece que hayamos perdido el contacto con las
funciones más antiguas y profundas del arte,
que siempre guardaron relación con el
fortalecimiento personal y colectivo, con el
crecimiento personal, la comunión con este
mundo y la búsqueda de lo que se encuentra
más allá y por encima de este mundo.*
PETER LONDON

YO PINTO RETRATOS, y eso me permite perder el sentido del tiempo y sanar. También me enseña a ver lo que tengo delante de mí, de modo que, además de pintor, me he convertido en un aceptable observador.

Cuando el miembro elegido de la familia o de nuestras mascotas se cansa de posar, me pongo delante un espejo y me retrato a mí mismo. Una vez me salió un hombre oculto, con el gorro, la mascarilla y la bata tapándome por completo, como si estuviera en la sala de operaciones. En aquel entonces, yo no era consciente de lo que estaba haciendo conmigo el hecho de ir todo cubierto. No podía contemplar la verdad de mí mismo porque era demasiado dolorosa. Pero el retrato me ayudó a estar ahí a diario, hasta que vi la verdad.

No puedo pintar a una persona o a un animal de un modo diferente a como se me antoja a mí natural. Lo que comenzó siendo un cuadro formal de mi esposa con un traje largo de noche terminó siendo un cuadro de ella de pie junto a su bicicleta.

Soulución del día

Obsérvate como si estuvieras pintando un retrato de tu vida.

TEN FE

Sabed que lo que es impenetrable para nosotros realmente existe, que se manifiesta en la más elevada sabiduría y en la más radiante belleza.

ALBERT EINSTEIN

HACE UNOS AÑOS hice un viaje en barco como parte de un tour que nos llevó a algunos de los lugares más inhóspitos de Alaska. En una de las excursiones que hacíamos cada día, cuando íbamos a ver un glaciar, una tormenta de nieve repentina limitó en gran medida mi visibilidad. Quedé separado del guía y del grupo, y cuando cesó la borrasca no había nadie a la vista, nadie respondía a mis llamadas.

Solo, en una fría y yerma ladera, comencé a temer por mi vida. Pero luego me acordé de lo que le digo a todo el mundo en mis talleres: «Cuando no sepas qué hacer, reza». Oré a Dios para que me salvara, pero no ocurrió nada.

Con el crepúsculo, comencé a perder la esperanza, hasta que vi a alguien que se aproximaba. Hice señas con las manos para llamar su atención. Era un esquimal que regresaba de una cacería de focas. Me hizo sitio en su trineo y me llevó de vuelta a la civilización y con mi grupo. Creí que Dios me había abandonado, hasta que me di cuenta de que me había enviado al esquimal.

Soulución del día

Nunca sabes cómo responderá Dios a tus oraciones. Ten fe: la respuesta puede llegar incluso en la forma de un esquimal.

RECETA 336

MÍDEME

Nadie ha medido nunca, ni siquiera los poetas,
cuánto puede albergar el corazón.
ZELDA FITZGERALD

¿CÓMO TOMAMOS LA MEDIDA de una persona y cómo sabemos lo grande que es en realidad? ¿Se mide desde la punta de los dedos de los pies hasta el extremo superior de la cabeza? ¿O habrá que medir la cintura, o el tamaño de la cabeza? Creo que ninguna de estas sencillas calibraciones nos puede dar la verdadera medida de la persona en cuestión.

Yo digo, medidme por el tamaño de mi corazón. Toma tu cinta métrica y dale la vuelta a mi corazón, e incluye ahí todas las cosas que lo conmueven, y sabrás lo grande o lo pequeño que soy.

Los actos que llevas a cabo y que surgen de tu corazón tienen un efecto mucho más grande que los que proceden exclusivamente de la mente o del cuerpo. Abre tu corazón y deja que te guíe en tus actos.

Uno puede hacerse famoso por sus logros físicos, pero sólo los logros del corazón satisfacen de verdad. Cuando un corazón alcanza a otro, ambos corazones laten al unísono y sin miedo alguno al rechazo. Un corazón lleno de amor es eterno, y no lo podemos medir.

Soulución del día

Da sin medida desde tu corazón.

ANIMALES

Los animales son dignos de confianza, muchos
están llenos de amor, son auténticos en sus
afectos, predecibles en sus acciones, agradecidos
y leales; unos patrones que las personas
difícilmente podemos alcanzar.
ALFRED A. MONTAPERT

AHÍ AFUERA HACE MUCHO FRÍO HOY. El suelo está cubierto de nieve y, sin embargo, hermosos pájaros picotean aquí y allí en mi comedero de pájaros. No se quejan por el frío ni se lamentan por el viento gélido. Simplemente vuelan de aquí para allá en su gloria, comiéndose los granos que les he dejado afuera. Las personas deberíamos conducirnos más como los animales, aceptar lo que hay y encontrar la gloria y la belleza en eso.

Recibo muchos correos electrónicos de personas que comienzan hablando de lo mal que está el tiempo y de lo mucho que tienen que cambiar sus hábitos cotidianos debido al mal tiempo. Y yo digo, que Dios bendiga al tiempo y a los animales. Claro está que a veces hacen trastadas en casa, pero se supone que no están hechos para estar dentro de una casa. Son animales, de modo que los perdono.

Los animales aceptan lo que hay y le sacan el máximo partido.

Soulución del día

¡Compórtate como un animal!

RECETA 338

DA LO QUE TÚ QUIERAS

Tú das, pero poco, cuando das parte de tus posesiones. Es cuando das de ti mismo cuando realmente das.

KHALIL GIBRAN

CUANDO DIGO QUE des lo que tú quieras no estoy hablando sólo de dar lo que te sobra o de dar lo que ya no quieres. Te estoy hablando de dar lo que tú mismo deseas. Si no quieres nada, entonces no des nada. Si quieres amor, da amor.

Lo que das libremente terminará por volver a ti. Cuando me comporto de un modo cariñoso con alguien a quien conozco, esa persona me devuelve el amor más pronto o más tarde. Cuando das aquello que tú quieres, sin tener en cuenta la cantidad ni si te lo devolverán, te estás dando como un regalo, y eso traerá como consecuencia el regalo de los demás. ¿Cómo te sientes tú con las personas que te aman, que te hacen regalos, que te dan cosas materiales sin demanda alguna ni apego? No te cargan con culpabilidad alguna, ni te proponen un plan de reembolso, y así reciben el regalo de tu agradecimiento a cambio.

Soulución del día

Da lo que deseas recibir.

CUERNOS Y AUREOLAS

Es naturaleza humana pensar sabiamente
y actuar de forma absurda.
ANATOLE FRANCE

YO INTENTO PONER EN PRÁCTICA LO QUE PREDICO; pero, siendo como soy un ser humano, de vez en cuando tengo lapsus. Puede resultar útil que proporciones a tu familia frases clave para que te las recuerden cuando te conduzcas de un modo demasiado humano y no hagas lo que predicas.

Conozco una familia que está pasando por una situación de gran estrés debido al cáncer de la madre. Un día, la hija, de nueve años, comentó, «Creo que necesito unos tapones para los oídos». Y, cuando los padres le preguntaron por qué decía eso, la niña les dijo que era porque ellos hablaban demasiado alto. Ahora, el comentario de la niña se ha convertido en un recordatorio que calma y serena el hogar.

En nuestra casa, cuando pierdo los papeles, mi esposa no se toma la molestia de razonar conmigo. Nada de disculpas, de explicaciones ni de discusiones; sólo esto: «Con tanto ruido estás molestando a los niños». Los niños son los cuatro gatos y el perro que viven con nosotros. Y yo me echo a reír, y seguimos adelante con nuestra vida. Cuando nuestros cinco hijos, los de verdad, vivían en casa, lo que decía mi mujer era, «Papi, ahora no estás en la sala de operaciones».

Un amigo me dijo en cierta ocasión, «Tienes una aureola de santo, pero se sostiene ahí gracias a los cuernos». ¡Me encantó ese comentario! Es la naturaleza humana, pura y simple, el ángel y el demonio que llevamos dentro. Como dijo Jung, «Si Dios está en la puerta delantera, el demonio está en la de detrás».

Soulución del día

Ofrécele a tu familia una frase clave que puedan repetirte…
para que te acuerdes de ponerte la aureola.

CONDOLENCIAS

*Y que, mientras sigamos vivos, la recordemos
con profundo afecto.*
OLIVER WENDELL HOLMES

TODO EL MUNDO PIERDE A ALGUIEN, pero hay muchas personas que no buscan ayuda para resolver los sentimientos que conlleva esa pérdida y que se almacenan en su interior. Enterrar la pena y no manifestarla puede llegar a ser autodestructivo. En nuestra sociedad, enviamos terapeutas a las escuelas cuando un alumno muere de forma repentina y trágica, pero no enviamos terapeutas a ninguna casa ni al hospital cuando alguien fallece.

El hecho de revolcarnos en nuestra pena no nos va a sanar, aunque sí podría hacerlo el recuerdo de todo lo hermoso que hemos vivido con esa persona. Necesitamos compartir nuestros sentimientos, recordar al ser querido que hemos perdido y darnos cuenta del regalo que fue su vida para nosotros. Las lágrimas son algo normal y necesario para limpiar las heridas. El humor es adecuado y curativo, y conviene recordar con los seres queridos la alegría de las experiencias del pasado.

Yendo al funeral o a la casa de aquellos amigos que han perdido a un ser querido alivias su pena. Cada uno de nosotros nos podemos llevar un poco de ese dolor a casa, ayudando así a sanar a los que están de duelo. No podemos quitarles todo el dolor, pero podemos reducirlo con nuestra presencia. Recurriendo a lo que hemos aprendido con el dolor de nuestras propias pérdidas podemos aliviar el dolor de aquellos que están pasando por ese mal trance ahora.

Soulución del día

*Abrázate a tu pena y comparte tus condolencias;
con esto ayudarás a sanar a todo el mundo.
El amor es lo único que permanece.*

RECETA 341

LÁGRIMAS DE ALEGRÍA

*El más desaprovechado de los días es aquél
en el que uno no ha reído.*
SEBASTIAN-ROCH, NICOLAS DE CHAMFORT

¿QUÉ TIENE DE BUENO LA RISA? La risa cambia la química de nuestro cuerpo, hace que nos sintamos jóvenes de nuevo, y trasforma las relaciones. Es muy difícil estar en conflicto con alguien que te hace reír, pues pasa de ser un enemigo a ser un amigo, aunque sigas cuestionándote su sensatez y su comportamiento.

¿Por qué aparecen las lágrimas cuando la risa se hace incontrolable? Yo creo que, tanto si reímos como si lloramos, las lágrimas constituyen una liberación curativa, un sistema que nos permite desprendernos de nuestras preocupaciones. Cuanto más acumulamos en nuestro interior y menos reaccionamos, más daño le hacemos a nuestro cuerpo. Las lágrimas, sean del tipo que sean, limpian el alma.

Soulución del día

Derrama tus lágrimas de alegría y de pesar, y ayuda a sanar a tu cuerpo eliminando los venenos que acumula en su interior.

PAZ INTERIOR

Recuerda; no pierdas el tiempo comparando tu vida con la de aquellos que parecen más afortunados. Eres afortunado en función de cuánta paz tienes, no en función de los lujos y de las comodidades que tengas. Ejercita tu corazón para hacer las paces con lo que hay en cada momento.

Doc Childre

ESCRIBO ESTO cuando se aproximan las vacaciones y el Año Nuevo. Estoy recibiendo felicitaciones y tarjetas de muchas personas que me desean salud, prosperidad, felicidad y alegría. Pero nunca me he encontrado en esa lista de deseos la cosa que más deseo: paz interior.

Conozco gente que tiene la mayor parte de las cosas de esa lista y que, sin embargo, no es feliz. Ése es el motivo por el cual creo que lo más importante que se puede incluir en la lista es la paz interior; porque, sin ella, nada nos va a hacer felices.

Así pues, cuando envíes tus felicitaciones este año, acuérdate de incluir el deseo de paz interior. Ojalá que todos la recibamos en estas festividades.

Soulución del día

Envía el mensaje: ¡Paz Interior y Paz en la Tierra!

RECETA 343

PROGRESAR RETIRÁNDOSE

Durante siglos, los monasterios y los conventos han abierto sus puertas a aquellos hombres y mujeres que sentían la necesidad de retirarse del mundo y profundizar en su fe.

JOHN KORD LAGEMANN

HAY VECES EN QUE CONVIENE hacer un retiro con el fin de obtener atisbos más profundos sobre una situación y desarrollar posibles soluciones. El retiro no tiene por qué estar relacionado con tu propia religión; puede ser, simplemente, una forma de conseguir percepciones diferentes y más profundas sobre nuestro viaje por la vida. Un retiro no es una retirada frente al enemigo, sino un modo de enfrentarse a él y de cambiar lo que sentimos que amenaza nuestra alegría.

No necesitas ir demasiado lejos para hacer un retiro. Lo único que tienes que hacer es encontrar un lugar tranquilo en el que te sientas libre para cuestionarte cualquier cosa que necesites examinar en tu vida, sea tu espiritualidad, tu profesión, tus relaciones o cualquier otra cosa que sea importante para ti. Puede ser un lugar donde puedas darte un paseo, o trabajar a solas en un jardín, un lugar que te permita pensar, sentir y escuchar tu verdadera voz interior.

Dejando un lugar aparte en tu jardín o en tu casa, puedes hacerte un lugar de retiro al cual ir cuando necesites un poco de paz y de claridad. Cuanto más utilices tu retiro, mayor será su efecto en tu vida. El retiro te permite entrar en contacto con una mayor sabiduría, y reconectar con la paz interior.

Soulución del día

Hacer un retiro para fortalecerse supone un paso adelante y un acto de verdadero valor.

RECETA 344

CORRER

Te hablo a ti, tranquilízate. Has de saber que yo soy Dios.
EVANGELIO ESENIO DE LA PAZ

Corriendo hacia, corriendo desde,
corriendo hacia la lejanía, corriendo a casa,
corriendo hasta que me encuentre a mí mismo.
Mi corazón late con fuerza, respiro con dificultad.
Corriendo hasta que escuche la voz de Dios,
«Estás en casa, estás a salvo, eres divino».
La carrera ha terminado, mi corazón se calma,
respiro con facilidad.

Soulución del día

Recuerda; la próxima vez que estés corriendo, aminora la
marcha y escucha. Siempre estás en casa y a salvo,
en brazos de Dios.

AMANECER

Levanta los ánimos caídos, pues pronto
amanecerá el nuevo día.
NED NICOLS

SALE EL SOL, y el amanecer de un nuevo día nos ofrece otra ocasión para comenzar de nuevo. Sin embargo, con frecuencia, llevamos con nosotros al nuevo día los problemas del pasado. Nos gustaría seguir durmiendo, en vez de despertar.

Cuando me siento de este modo, me alejo de casa y me dejo envolver por la serena belleza de la naturaleza que me rodea. De pronto, descubro que la gratitud reemplaza las cargas de mi corazón. Me doy cuenta de lo que es realmente importante para mí. Son los pequeños actos de bondad los que me sostienen, y el amor de los que me quieren, no las preocupaciones, los miedos, las listas de quehaceres ni los horarios.

Todos necesitamos encontrar el modo de afrontar cada nuevo día con gratitud y con aprecio, dar las gracias por todo lo que llena nuestra vida y despertar llenos de alegría y de expectación al amanecer de un nuevo día.

Soulución del día

Mañana, cuando te levantes, busca la belleza del nuevo día y
deja atrás el pasado. Y da las gracias.

RECETA 346

DISCREPANCIAS

Aprendemos mucho de las cosas desagradables
que la gente nos dice, pues esas cosas nos hacen
pensar, en tanto que las cosas buenas sólo nos
hacen sentirnos satisfechos.
THEODOR LESCHETIZKY

SÓLO HAY TRES COSAS en la vida que puedes dar por sentadas: la muerte, los impuestos y las críticas. Normalmente, nos resulta difícil manejar las críticas. Pero sólo hay una manera de evitarlas; si no haces nada ni dices nada, nadie se meterá contigo.

Cuando tengas una opinión sincera de ti mismo y de tu valor como persona, serás capaz de manejar bien las críticas. Para sobrevivir a los desencuentros y a las personas desagradables, tendrás que cultivar una sana fuerza interior.

No existe nadie que le caiga bien a todo el mundo. Puedo garantizártelo, al igual que puede hacerlo cualquier figura pública. Muchos serán los que proyecten sus problemas sobre ti, sobre tus palabras o sobre tu trabajo. Pero sé consciente del carácter de quien te critica. No respondas, a menos que sepas exactamente lo que se ha dicho. Siempre es más fácil ser crítico que corregir.

Las discrepancias a las que siempre presto atención son las que proceden de aquellas personas que me quieren y se preocupan por mí. A veces, antes de defenderme, intento averiguar las razones que han motivado las críticas. El sentimiento que me provocan esas críticas puede cambiar muy bien cuando me familiarizo con las heridas y los problemas de la persona que me ha criticado. Esas personas son mis maestras. Aprendo de ellas y reflexiono sobre lo que me dicen.

Soulución del día

No te sientas mal cuando alguien te critique; ésa es una
de las certidumbres de la vida.

EL REY DE LA SELVA

*Todo hombre debe vivir con el hombre
que hace de sí mismo.*
CARMINE BIRSAMATTO

¿EN QUÉ PIENSAS cuando escuchas el término *rey de la selva?* Para mí implica una actitud de respeto. Muchos animales tienen que matar para sobrevivir, pero hay algunos que mantienen con todo un aura regia y que generan una sensación de poder que puede intimidar e, incluso, exigir respeto.

¿Podrías ser tú el rey de tu selva? ¿Cómo te ven los rebaños que comparten las llanuras en las que vives y trabajas? ¿Temen tu presencia, o te respetan por la protección que les das? ¿Saben que pueden contar contigo a la hora de darles sustento, si lo necesitan?

Ser el rey de la selva tiene su precio, porque el mero hecho de ser un líder genera mucho estrés. Quizás el secreto estribe en estar en contacto con el verdadero Rey y Señor, e imitarle. Si haces esto, el estrés se reducirá, porque sabrás para quién trabajas en realidad.

Soulución del día

¿Quién es el rey de tu selva?

EL MOMENTO OPORTUNO

Existe una marea en los asuntos de los hombres que, tomada en pleamar, conduce a la fortuna.
WILLIAM SHAKESPEARE, *JULIO CÉSAR*

HAY UN MOMENTO OPORTUNO para hablar y para actuar. Las mismas palabras, dichas en el momento equivocado, pueden terminar en desastre; en tanto que, dichas en el momento oportuno, pueden ser ciertamente esclarecedoras. Cuando nos enfadamos, tenemos que expresar ese enfado adecuadamente y en el momento oportuno. Si no, esas mismas palabras que podrían llevar a mejorar la situación pueden terminar empeorándola.

Así pues, sé consciente de cuál es el momento oportuno y de tu estado emocional antes de hablar. Por otra parte, mientras decides cuál es el momento oportuno, sé paciente y toma conciencia de las necesidades de los demás. A veces, lo que para ti es el momento oportuno puede no serlo para la persona con la que quieres comunicarte.

El control de los tiempos lo es todo. Si una persona no tiene hogar ni ropas con las cuales calentarse ante el invierno que se aproxima, no tendrá mucho sentido que des tus viejas ropas de invierno o tus alimentos al centro de acogida cuando llegue la primavera. De modo que piensa en lo que puedes hacer en el momento en que más efecto pueda tener. Tu sentido del tiempo y tu decisión de emprender la acción nos afectan a todos.

Soulución del día

Como dice la Biblia, «Para todo existe una estación, y un tiempo para cada propósito bajo el cielo».

RECETA 349

AMNESIA

*Los defectos son gruesos allá donde
el amor es delgado.*
PROVERBIO INGLÉS

COMO YA HE MENCIONADO ANTES, hace varios años tuve una grave caída cuando se rompió la escalera de mano de madera con la cual pretendía encaramarme al tejado, al posar mi pie sobre el último peldaño. Caí al suelo, golpeándome la cabeza en el duro camino de acceso a la casa. Cuando me desperté, me encontré con una atractiva mujer que me zarandeaba y me preguntaba, «¿Estás bien, cariño?». Le pregunté por qué no dejaba de decirme cariño, y ella contestó, «Porque soy tu esposa». El golpe en la cabeza me había provocado amnesia.

Aquel suceso mejoró espectacularmente mis relaciones con mi mujer y con mis hijos. No podía recordar nada que me hubiera molestado de ellos en el pasado, ni siquiera me acordaba del día anterior. Nos llevábamos de maravilla, hasta que comencé a recordar. Entonces, necesité asistencia psicológica.

La psicóloga dijo, «Te voy a ahorrar tiempo y dinero. En vez de venir a terapia durante meses, lee esto y haz lo que dice ahí». Y me pasó una hoja de papel, y yo la leí, y he estado intentando vivir de acuerdo con su sabiduría desde entonces. Lo que me pasó fue un fragmento de los Evangelios, Corintios 1, 13: «El amor es paciente, es servicial, no es envidioso, no es jactancioso, no se envanece. No es descortés, no atiende a su interés, no se irrita, no toma en cuenta el mal. No se alegra con la injusticia; se alegra con la verdad. Todo lo excusa, todo lo cree, todo lo espera, todo lo soporta».

El amor es ciego a las faltas, de modo que, en ese aspecto, es tan bueno como la amnesia. Pero tiene muchas más ventajas. El amor me ha ayudado en todos los aspectos de mi vida.

Soulución del día

Si no puedes alcanzar el amor, prueba con la amnesia hasta que seas capaz de amar.

RECETA 350

RETO

Aquello que somos, somos; y si alguna vez hemos de ser algo mejor, ahora es el momento de comenzar.

ALFRED, LORD TENNYSON

LA CLAVE ESTRIBA en no ver el cambio como una amenaza, sino como un reto, y en no vivir con miedo a esas otras personas o cosas que nos ponen a prueba. Vivir con miedo es dejar de vivir y no arriesgarse nunca. Reprograma tu cerebro y deja de decirle que hay que tener miedo en la vida. Hazle saber que la vida es un reto, y que tú estás preparado para dar un paso adelante y enfrentarte a él.

¿Estás dispuesto a asumir ese reto y a cambiar tu comportamiento y tu vida, o es más fácil para ti someterte que verte puesto a prueba? ¿Cuánto tiempo vas a aguantar sentado en tu butaca, sin responder, mientras alguien te hiere con sus punzadas? ¿Cuántos insultos estás dispuesto a soportar? ¿Hasta cuándo vas a permitir que sigan provocándote, antes de que te levantes y hagas algo al respecto? ¿Cuánto te va a costar ponerte a la altura de las circunstancias para provocar un cambio?

Así pues, responde a los retos que te plantea la vida. No puedes fracasar cuando representas a tu verdadero yo.

Soulución del día

¡Baila el chachachá del reto y el cambio![47]

---

47 El autor hace un juego de palabras con el chachachá y las palabras *challenge*, «reto, desafío» y *change*, «cambio». *(N. del T.)*

RECETA 351

MANTENERSE A FLOTE[48]

No te conformes con mantenerte a flote y con la
supervivencia del día a día; vive tu vida
con un propósito.

ANÓNIMO

EL ÚNICO MOTIVO que puedo ver para conformarse con mantenerse a flote es que te hayas caído de un bote y que alguien esté yendo a rescatarte. Y, aun entonces, tendría sentido nadar hacia el bote para que te rescaten antes. Mantenerse a flote es como sentarse y esperar sin sensación alguna de vitalidad ni meta alguna en mente.

Puede haber veces en que me dedique a esperar y me parezca bien, de momento, estar allí sentado y mantenerme a flote. Pero es más probable que haga algo y no me conforme con seguir sentado. Me gusta moverme, avanzar y hacer algo con sentido.

¿Tienes metas? ¿Sabes hacia dónde se encamina tu vida? ¿O simplemente te mantienes a flote hasta que la corriente te lleve a alguna parte? Si es así, convendrá que vayas a clases de natación y que te pongas en marcha. La vida no trata, simplemente, de mantener la cabeza fuera del agua. Sí, en un desastre eso puede ser lo que te mantenga con vida; pero, cuando todo vuelva a la normalidad, ponte en marcha. Me da igual el estilo de natación que utilices. Es tu vida, de modo que elige tú si utilizas el estilo libre, braza o espalda. Si quieres pasar desapercibido, respira profundamente y nada por debajo de la superficie. A nadie le importa el estilo que utilices, siempre y cuando llegues adonde quieres llegar, alcances la orilla y pongas los pies en tierra firme.

---

48 *Treading water.* Literalmente, «pisar agua». Se trata de una frase hecha inglesa que significa no hacer progresos, no ir a ninguna parte, quedarse en el mismo sitio. A la vista del texto posterior, hemos pensado que «Mantenerse a flote» podría ser la traducción más adecuada. *(N. del T.)*

Soulución del día

*No esperes. Ponte a nadar ya. Que tus brazos y piernas
te lleven hasta tus metas.*

RECETA 352

COMPAÑERISMO

Los copos de nieve son una de las cosas más frágiles de la naturaleza, pero mira lo que pueden hacer cuando se mantienen unidos.
VESTA M. KELLY

EL OTRO DÍA estuve escuchando una canción que hablaba del compañerismo. Uno de los versos hablaba de enseñarse mutuamente y de aprender uno del otro. Cuando dos personas consiguen esto se crea un vínculo de compañerismo, porque ambos se hacen uno. Cuando una persona asume permanentemente el papel de maestro y la otra el papel de alumno ignorante, no se desarrolla el compañerismo. Pero si ambas personas intercambian sus papeles terminan por unirse.

El Talmud dice que, cuando el amor es fuerte, un hombre y una mujer pueden hacer su lecho sobre el filo de una espada. Pero, cuando el amor se debilita, un lecho de sesenta codos no será suficientemente grande. Para que una pareja se mantenga unida en los momentos difíciles tienen que amarse y sintonizar entre sí.

En el amor verdadero formáis un equipo, una relación, una entidad, llamadlo como queráis. Cuando estáis juntos, no necesitáis de palabras que os expliquen el significado del compañerismo. Eso es algo que sentís, y vosotros sabéis lo doloroso que es estar separados.

Soulución del día

El compañerismo es el matrimonio de dos almas que no necesitan de un contrato.

RECETA 353

PRINCIPIOS

*Primero decide lo que quieres hacer, y luego
ten el coraje de ponerte en marcha hacia el
objetivo, por imposible que parezca.*
HENRY KAISER

TODOS VIVIMOS SEGÚN UNOS PRINCIPIOS. Hay personas que viven según principios destructivos, y hay personas que viven según principios productivos y exitosos. En medicina, nadie ha estudiado los principios del éxito. Si los pacientes se ponen bien cuando se supone que no debían de ponerse bien, denominamos a su recuperación «remisión espontánea». ¿Qué pasaría si consideráramos estos casos como casos de sanación autoinducida y les preguntáramos cómo hicieron eso?

También convendría que estudiáramos los principios según los cuales viven las personas de éxito, sea en la atención sanitaria, en el mundo de los negocios o, simplemente, en la vida diaria. Cada vez que leo algo sobre personas de éxito me suelo encontrar casi siempre con los mismos consejos: sé persistente, busca ayuda, define tu sueño y síguelo, asegúrate de que es positivo para ti y para los demás, y vive con la sensación de que tu tiempo es limitado.

Si sigues estos principios de supervivencia y de éxito, verás cómo tu vida se expande y crece. Pero quiero recalcar lo de ser persistente. Si crees en ti mismo, no aceptarás un no por respuesta. Volverás loca a la gente hasta que te ayude, aunque sólo sea para quitársete de encima. Y cuando vean las ventajas de lo que has logrado, se convertirán en tus partidarios.

Soulución del día

*Si quieres tomar la delantera, aprende los principios de
aquellos que han tomado la delantera.*

DONDE LOS VALIENTES
NO SE ATREVEN A IR

*Las personas que actúan a despecho de su
miedo son verdaderamente valientes.*
JAMES A. LAFOND-LEWIS

NO HAY NINGÚN LUGAR adonde los valientes no se atrevan a ir cuando la vida de alguien a quien aman está en peligro. ¿Acaso no rescatarías a un ser amado a despecho de los riesgos que ello suponga? No hay límites para lo que los verdaderamente valientes se atreven a hacer.

En cierta ocasión vi a una gata meterse en un verdadero infierno con el fin de sacar a sus gatitos. Salió chamuscada y con quemaduras, pero volvió a meterse en el fuego una y otra vez hasta que los sacó a todos. Luego, los estuvo lamiendo y consolando, ignorando sus propias heridas. E hizo aquello porque actuó por amor, y no sintió el dolor hasta que terminó con su acto de amor.

Lo mismo ocurre con los valientes. Los valientes asumen el desafío y trascienden lo físico, y actúan por amor o por una noble causa. El tiempo y el cuerpo no existen para los verdaderos valientes cuando se atreven a hacer lo que otros temen. Pero, para ir adonde los valientes no se atreven a ir, el verdadero amor tiene que ser el motivo de tus acciones.

Soulución del día

*El que ama se sobrepone a todo miedo, y todos somos valientes
cuando actuamos por amor.*

PEQUEÑOS PLACERES

La vida está compuesta de pequeños placeres.
La felicidad está compuesta de minúsculos éxitos.
Los grandes llegan muy de cuando en cuando.
Y, si tú no reúnes todos esos éxitos pequeñitos,
los grandes no significarán nada.
NORMAN LEAR

DESDE MI PUNTO DE VISTA, no hay placeres pequeños, del mismo modo que nada es pequeño cuando toca esforzarse. Ésa es mi vida. Todo se ciñe a esfuerzos grandes y grandes placeres. Yo no diferencio niveles de placer; simplemente, valoro el instante y atesoro el placer.

Actualmente, hemos comenzado a graduar el dolor en una escala de uno a diez como un indicativo en el tratamiento de los pacientes. Y esto porque los médicos y las enfermeras no pueden saber lo que tú sientes y, si tratan lo que ellos creen que tú estás experimentando, el tratamiento puede ser insuficiente o puede ser excesivo. Por eso te preguntan cuál es tu nivel de dolor, y luego actúan en función de ello.

Pero yo no puedo hacer eso con los placeres. No puedo decir, «Esto fue un diez» o «Eso fue un dos». Sí, me río más con unos chistes que con otros, pero me siento agradecido por cada sonrisa y cada carcajada, de modo que para mí son todo dieces. Cuando aprecies de verdad la vida, te encontrarás con muchos pequeños placeres. La naturaleza está hecha así.

Soulución del día

Mañana hazte creer que éste es tu primer día en la tierra, y disfruta de los placeres de los que nunca te percatas por ser un residente de larga estancia.

LA FORMA EN QUE DIOS MANTIENE EL ANONIMATO

Es la fe, la creencia en lo invisible, la que te hace sacar fuerzas de flaqueza.
JACQUELYN MITCHARD

MUCHAS VECES ME HE HECHO PREGUNTAS sobre esas supuestas coincidencias que nos ocurren en la vida. Hablamos de habérsenos llevado en determinada dirección, de haber encontrado nuestro sendero o del motivo de determinados acontecimientos en nuestra vida. En ocasiones, lo que parece ser un «golpe de mala suerte» o una decepción termina siendo beneficioso, y nos lleva en una nueva dirección que resulta ser mejor que la anterior.

Cuando estaba en Pittsburgh, durante mi formación en cirugía pediátrica, desarrollé un fuerte dolor con hinchazón en las articulaciones de los dedos. Me diagnosticaron una artritis. Era muy difícil de operar, y yo temía que toda mi formación como cirujano terminara siendo inútil.

Por otra parte, aquello supuso que me rechazaran para el servicio militar activo. El ejército no quería un cirujano incapacitado. Y dado que aquel camino quedó bloqueado para mí, regresé a Connecticut. Poco después desapareció el dolor y la hinchazón, y me di cuenta de que aquella enfermedad había sido un regalo, al poder evitar el servicio militar activo. Proseguí con mi formación y con la profesión que había elegido, lo cual me llevó a convertirme en lo que soy actualmente.

Soulución del día

Recuerda: a veces, lo que parece ser algo negativo puede ser muy bien la intervención anónima de un Poder Superior.

DIVINIDAD

Somos lo suficientemente divinos como para pedir, y somos lo suficientemente importantes como para recibir.
WAYNE DYER

CREO QUE TODOS TENEMOS un mismo origen; y, si todos tenemos un origen divino, entonces tendremos que llegar a la conclusión de que todo es divino. También tenemos a nuestra disposición la guía divina. Pero la mayoría de las personas termina por dejar de escuchar esa guía, o bloquea la recepción de esa información, tan pronto como se hace lo suficientemente mayor como para decidirlo todo por sí misma. Tomamos desvíos y damos rodeos, y nos alejamos del sendero que pretendíamos seguir. Pero, con el tiempo, todos terminamos volviendo a lo divino, fuera cual fuera el rumbo que tomáramos, pues lo divino es el alfa y omega de todo. Lo ideal sería que viéramos y viviéramos todo nuestro viaje como una experiencia divina.

Cuando moras en lo divino, te sientes tranquilo y no tienes miedo. Eres como ese niño pequeño que tiene fe en sus padres y que sabe que será respetado y querido. Vivir en lo divino es estar sostenido por la mano de Dios. Cuando le pido a la gente que haga un dibujo de cómo ve su tratamiento médico, muchos de ellos se dibujan sentados en la mano de Dios. Y es más probable que estas personas sobrevivan, a diferencia de aquellas otras personas que se dibujan yendo al infierno.

Yo me veo a mí mismo como divino, pero acepto el hecho de que no soy Dios. Y, sin embargo, sé que estoy conectado con Dios y estoy compuesto de la misma materia que él. Soy como el cable conectado con una batería, y la corriente que circula a través de mí es de origen divino.

Soulución del día

Acepta tu divinidad y abrázate a ella, y déjate elevar y guiar por su energía.

PEDIR UN DESEO A UNA ESTRELLA FUGAZ

*Jamás se te concede un deseo sin concedérsete
al mismo tiempo el poder para hacerlo
realidad. Sin embargo, tendrás que esforzarte
para conseguirlo.*
RICHARD BACH

UNA DE MIS CANCIONES FAVORITAS habla de pedirle un deseo a una estrella fugaz. Nos dice que, seas quien seas, podrás lograr aun con todo el deseo de tu corazón. Sé que, cuando nuestro corazón es uno con nuestro sueño, nada es imposible. Como dice la canción, «Todo lo que tu corazón desee vendrá hasta ti».

¿Qué propósito tendría soñar, si los sueños nunca se hicieran realidad? Los sueños no son fantasía; son las metas que necesitamos alcanzar. Estoy hablando de los sueños del corazón, que es de lo que habla la canción. Si tu corazón está en tus sueños, no puedes tener sueños erróneos, y dispondrás del poder para hacerlos realidad.

Soulución del día

Nunca dejes de soñar aquello que tu corazón desea.

ALEGRÍA

El mayor regalo que te puedes hacer es el de la alegría, no sólo por el sentimiento que trae consigo en ese instante, sino por las magníficas experiencias que atraerá hacia ti. Eso dará lugar a maravillas en tu vida.

JACK BOLAND

¿CUÁNTO TIEMPO dedicas al día a visualizar la alegría? Todo lo que haces afecta a tu bienestar, de modo que, ¿por qué no optas por estar alegre? Solemos dedicar más tiempo a visualizar y a revivir cosas desagradables del pasado y a anticipar las cosas desagradables del futuro.

Sin duda, disfruto de la gente y disfruto como un niño cuando estoy con la gente. Pero yo diría que me río y me regocijo más con nuestras mascotas, que se muestran tal como son de verdad y que expresan sus necesidades y deseos. Yo, al igual que nuestras mascotas, opto por la alegría, y esto porque me niego a perder el tiempo con sentimientos desagradables.

No es que intente ignorar las cosas desagradables, pero no pongo mi vida en ello. Trato con lo desagradable, respondo a ello, y luego intento buscar algo de alegría. No es un error estar alegre en medio de los problemas de la vida. Para sobrevivir en esta vida, busca aquello que te aporte alegría.

Soulución del día

Busca la alegría. Sácala a relucir en tu vida y en la vida de las personas que te rodean.

MENSAJES

Del escuchar procede la sabiduría.
PROVERBIO ITALIANO

YO SUELO RECIBIR MENSAJES cuando salgo a hacer ejercicio. Cuando estoy haciendo un ejercicio repetitivo, como correr o ir en bicicleta, me pongo a pensar y entro en una especie de estado de trance, y estoy más receptivo. Los mensajes no proceden de ninguna persona, sino de la gente que he conocido y ha fallecido, y del gran campo de sabiduría consciente que existe y al que todos podemos acceder, del que todos podemos aprender.

He escuchado el adiós de personas que conozco cuando han muerto, y he podido confirmar el mensaje cuando he vuelto a casa y alguien de su familia me ha llamado para anunciarme la noticia. Muchas veces me dicen qué decir en mis conferencias, y a veces incluso durante una crisis familiar, y me he quedado muy sorprendido por el modo en que esas palabras que me dicen o las preguntas que me indican que formule han resuelto situaciones y nos han sanado a todos.

Quizás te resulte más cómodo rechazar la idea de los mensajes, pero yo te aconsejaría que te detengas y que te tomes tiempo para escuchar cuando te están trasmitiendo un mensaje.

Soulución del día

*No tengas miedo de escuchar, en todos los niveles
y de cualquier procedencia.*

MIRA BIEN

La pena mira hacia atrás, la preocupación
mira alrededor, la fe mira hacia arriba.
ANÓNIMO

ANTE UNA SITUACIÓN QUE PUEDE entrañar riesgos, todo el mundo dice, «Mira bien. Cuidado». ¿Por qué? Eso no te lo dicen. Lo que suele ocurrir en estos casos es que terminas metiéndote en más problemas, porque te tensas y no sabes de qué protegerte. La mayor parte de las veces, aquello por lo cual te advertían que miraras bien no llega a suceder, y no es más que el producto de los miedos y las preocupaciones de los demás.

Puedes mirar atrás y sentirte apenado por lo que sucedió, por lo que hiciste, etc. Pero, ¿para qué sirve mirar hacia atrás? Si me dices que puedes aprender algo del pasado, yo te diré que sí, claro, pero ahora date la vuelta y mira adelante si quieres conseguir algo.

Mirar bien de verdad significa abrir bien los ojos. No mires hacia dentro, a tus preocupaciones y tus penas; mira bien hacia fuera, al mundo que se extiende ante ti. Contempla las posibilidades y ten fe, y así levantarás la cabeza y mirarás hacia arriba. Los ancianos y las personas discapacitadas, si llega un momento en que no pueden levantar la cabeza y sólo pueden mirar hacia abajo, terminan por deprimirse. Tú creas tu destino cuando eliges dónde mirar.

Soulución del día

Mira arriba, haya lo que haya delante de ti,
si quieres superarlo.

SORPRESAS

Aunque sólo haya un jardín, tú sabes en lo más
profundo que el año tiene doce meses, y que
cada mes significa un jardín diferente, así
como el descubrimiento de cosas inesperadas
durante el resto del año.
MARGERY FISH

EN MI ESCRITORIO tengo un calendario en el que cada día se te ofrece una frase sobre la cual reflexionar. La de hoy dice, «Por muy finas que hagas las tajadas, siempre tendrás dos lados». Todos somos únicos y estamos llenos de sorpresas. La vida no es un cuenco de cerezas, sino una cesta de fruta. Quién sabe qué vendrá después y quién serás de un día para otro. Necesitamos vivir con la sensación de sorpresa. Necesitamos ser conscientes de la singularidad de cada día, y que eso no nos sorprenda.

Siempre digo de mí mismo que tengo personalidad múltiple, pero sigo sorprendiéndome aún con cuál de esas personalidades aparece en cada momento. Normalmente, salga la personalidad que salga, termina siendo divertido, aunque a veces tenga que pedir disculpas por su comportamiento. El problema lo tenemos en la cabeza, y en el modo en que manejamos las sorpresas. Las sorpresas y las ocurrencias inesperadas forman parte de la vida. Tú no eres el responsable, de modo que relájate y disfruta.

Soulución del día

Si tienes una personalidad múltiple, como la mayoría de las
personas, hay alguien ahí dentro que sabe cómo manejar la
próxima sorpresa que se te presente.

RECETA 363

CALOR INTERIOR

En lo más profundo del invierno aprendí,
finalmente, que en mí había
un invencible verano.
ALBERT CAMUS

¿QUÉ NECESIDAD HAY DEL INVIERNO? ¿Para qué iba a inventarse el Creador unos días breves y fríos? Yo creo que es porque hay veces en que tenemos que meternos dentro y entrar en contacto con nuestra fuente interior de energía y fuego. ¿Qué es lo que nos permite seguir adelante en los momentos difíciles? ¿Qué nos mantiene calientes?

Cuando tomamos conciencia del mensaje del invierno, cambia el modo en que lo percibimos todo. Es una época del año propicia para que nos reunamos, para así darnos calidez unos a otros. También es un tiempo para apreciar la belleza de la blanca nieve, la pureza y la belleza de la blancura, el lienzo vacío que dispuso nuestro Creador para hacernos ver el potencial que subyace silenciosamente bajo la superficie, esperando el momento de brotar.

El invierno nos enseña una importante lección: el modo de meternos dentro y encontrar aquello que nos caldeará ante cualquier situación. De modo que acepta el frío y define aquello que te calienta y te da energía, y conviértelo en parte de tu vida. Aprenderás a sobrevivir a los fríos inviernos, cuando todos los seres vivos luchan por la supervivencia, por encontrar comida y por mantenerse calientes.

La vida es un círculo. Las estaciones vienen y van, y el ciclo continúa, y lo mismo ocurre con nuestra vida. Sí, algún día tu vida llegará a su fin; pero, al igual que las hojas del otoño, regresaremos al amor que nos hizo, y nutriremos la vida que está por venir.

Soulución del día

*Entra en tu interior y pregúntate qué genera
tu calor y tu energía,
y qué te permite sobrevivir y medrar en los momentos
más oscuros de tu vida.*

RECETA 364

LOS PROPÓSITOS
DEL NUEVO AÑO

*No quiero marcarme ningún propósito. Quiero
mantener mis antiguos remordimientos.*

LUCY, EN *PEANUTS*

NO ESTÁ MAL marcarse propósitos para el nuevo año, pero también puede ser una continua predisposición al fracaso. Sé realista y condescendiente. El mejor propósito es aceptar tus limitaciones y comenzar a partir de ahí. Márcate el propósito de no renunciar a ti mismo, y de amarte, aunque no te guste tu comportamiento.

Como dice Lucy, es bastante más fácil vivir con los antiguos remordimientos y problemas que cambiar. De modo que márcate el propósito de practicar el propósito que te has marcado, en vez de alcanzar la santidad mañana.

Cuando plasmes por escrito tus propósitos, recuerda esto: sé amable; no te predispongas al fracaso marcándote múltiples propósitos que te supongan una gran dosis de abnegación. Márcate unas metas manejables y realistas. Los mejores propósitos dejan un día de la semana para disfrutar del hecho de ser humano, y no vivir según las reglas y las expectativas que te has creado.

Soulución del día

*En tus propósitos, ve pasito a pasito, no sea que te agobies y
caigas a mitad de camino.*

RECETA **365**

AÑO NUEVO

Abriremos el libro, con sus páginas en blanco.
Plasmaremos nuestras palabras en ellas. El
libro se llama **Oportunidad**, *y el primer*
capítulo es el día de Año Nuevo.
EDITH LOVEJOY PIERCE

UN «AÑO NUEVO»... yo creo que esta palabra es un oxímoron. ¿Cómo vas a tener un año nuevo? Tú eres la misma persona, y el mundo no comienza de nuevo con una pizarra limpia. Tus problemas no han desaparecido. La gente no te va a perdonar así como así por lo que les hiciste el año anterior. A menos que tengas amnesia, cuando te despiertes el primer día del nuevo año, tu vida será cualquier cosa menos nueva. Es, simplemente, una manera de medir el paso del tiempo. ¿Para qué montar tanto alboroto?

La verdad se halla en nuestro deseo de renacer, de comenzar de nuevo, de marcarse propósitos y cambios a los cuales adecuar nuestra vida. Entonces, ¿para qué esperar a determinada fecha para iniciar un nuevo año? ¿Por qué no puede ser mañana el día de Año Nuevo? ¡Quizás lo sea!

Esto es algo que veo a diario como médico; las personas descubren que su tiempo de vida está limitado e inician su comportamiento de Año Nuevo. Se mudan, cambian de empleo, dedican más tiempo a aquellos que aman, dejan de preocuparse por lo que los demás puedan pensar de ellas, y comienzan a celebrar su vida. Se sienten agradecidas por el tiempo que tienen para disfrutar de la vida, y dejan de lamentarse por lo que les hubiera gustado que ocurriera el año anterior.

Cuando cada noche es Nochevieja y cada día al que despiertas es el día de Año Nuevo es cuando estás viviendo la vida tal como se suponía que tenías que vivirla.

Soulución del día

Esta noche celebra la Nochevieja y, cuando llegue la medianoche, comienza a vivir tu Año Nuevo. Pero acuérdate de celebrar también la siguiente noche y todo lo que viene después.

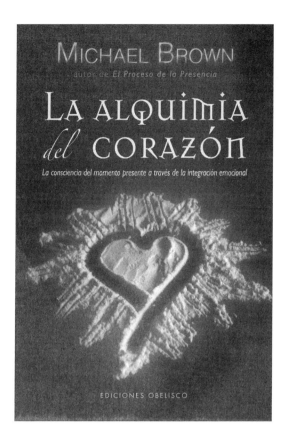

MICHAEL BROWN
autor de *El Proceso de la Presencia*

LA ALQUIMIA
del CORAZÓN

La consciencia del momento presente a través de la integración emocional

EDICIONES OBELISCO

La causa de las cosas que ocurren en nuestra experiencia cotidiana no está fuera de nosotros en los actos de los demás, sino dentro de nosotros. Durante nuestros primeros años de vida, el estado emocional de las personas que son responsables de nosotros nos deja una huella. Sus sentimientos se superponen a la esencia de quienes somos, de manera que aprendemos a comportarnos como ellas en lugar de crecer para convertirnos en nosotros mismos.

En *La alquimia del corazón*, se nos pide que seamos conscientes de la forma en que esas huellas se grabaron en nosotros y cómo influyen en nuestro comportamiento. Para corregir este rumbo debemos seguir al corazón. A través de su lenguaje, el corazón nos permite reeducarnos y nos libera de manera incondicional al amor. El corazón es nuestro puente a la dimensión vibracional de la realidad, que es experimentada como consciencia.

Este viaje consiste en permitirnos sentir la vida en todo momento, en estar presentes y despiertos siempre. Es una oportunidad única para participar de manera activa, responsable y creativa en nuestras vidas.

Penney Peirce

Entra en
FRECUENCIA
El poder de la vibración personal

EDICIONES OBELISCO

Todo es vibración. Acostumbrados a fiarnos únicamente de la percepción de nuestros sentidos, no solemos ser conscientes de que somos energía, incluyendo el cuerpo, el espíritu, los pensamientos y las emociones. Todo es vibración. Y cada persona posee una frecuencia particular que comunica al mundo quiénes somos y cómo creamos nuestra realidad.

Descubriendo nuestra verdadera frecuencia –la frecuencia personal más elevada– seremos capaces de maximizar la claridad, minimizar los conflictos, mejorar las relaciones, encontrar soluciones únicas a los problemas y descubrir nuevos talentos y capacidades.

Este libro nos enseña a manejar nuestras energías para no perder de vista nuestro singular destino y saber disfrutar de los beneficios que nos reserva.